**ClimatePartner°**
klimaneutral
Verlag | ID: 128-50040-1010-1082

*Selbstverpflichtung zum nachhaltigen Publizieren*

Nicht nur publizistisch, sondern auch als Unternehmen setzt sich der oekom verlag konsequent für Nachhaltigkeit ein. Bei Ausstattung und Produktion der Publikationen orientieren wir uns an höchsten ökologischen Kriterien. Dieses Buch wurde auf 100 % Recyclingpapier, zertifiziert mit dem FSC-Siegel und dem Blauen Engel (RAL-UZ 14), gedruckt. Auch für den Karton des Umschlags wurde ein Papier aus 100 % Recyclingmaterial, das FSC ausgezeichnet ist, gewählt. Alle durch diese Publikation verursachten $CO_2$-Emissionen werden durch Investitionen in ein Gold-Standard-Projekt kompensiert. Die Mehrkosten hierfür trägt der Verlag.

Mehr Informationen finden Sie unter:
http://www.oekom.de/allgemeine-verlagsinformationen/nachhaltiger-verlag.html

Bibliografische Information der Deutschen Nationalbibliothek:
Die Deutsche Nationalbibliothek verzeichnet diese Publikation in der Deutschen Nationalbibliografie; detaillierte bibliografische Daten sind im Internet über http://dnb.d-nb.de abrufbar.

3. Auflage
© 2017 oekom verlag München
Gesellschaft für ökologische Kommunikation mbH
Waltherstraße 29, 80337 München

Layout und Satz: Reihs Satzstudio, Lohmar
Korrektorat: Petra Kienle
Lektorat: Eva Rosenkranz
Druck: Friedrich Pustet GmbH & Co. KG, Regensburg

Bildnachweis:
Farbbogen: Gianni Bodini, außer Bild 1 (Torbogen), Bild 15 (Fähnchenbeschriftung), Bild 16 (Menschenkette): Christof Stache, Umweltinstitut München;
Bilder 12–14 (Transparente, Ja), 17 (Strohpuppe): Malser Aktivisten
Porträts (s/w): Wolfgang Schmidt

Alle Rechte vorbehalten
Printed in Germany
978-3-96006-014-7

Alexander Schiebel

# DAS WUNDER VON MALS

# Inhalt

1. **Ein unbeugsames Dorf** . . . . . . . . . . . . . . . . . . . . . . . . 7
   Wie alles begann

2. **Der weite Blick geht verloren** . . . . . . . . . . . . . . . . . . 16
   Erste Begegnungen

3. **»Konflikte muss man ausfechten!«** . . . . . . . . . . . . . . . . . 29
   Auf dem Weg zur pestizidfreien Gemeinde

4. **Spuren der Verwüstung in Natur und Gesellschaft** . . . . . . . . . 38
   Monokulturen und Massenproduktion: eine Bestandsaufnahme

5. **»Lei net roggeln«** . . . . . . . . . . . . . . . . . . . . . . . . . . 47
   Gespräch mit Johannes Fragner-Unterpertinger,
   Apotheker von Mals und Kopf des Widerstands

6. **Totenköpfe überall** . . . . . . . . . . . . . . . . . . . . . . . . . 56
   Arsenal des Schreckens

7. **Mörderische Zivilisation** . . . . . . . . . . . . . . . . . . . . . . 70
   Klösterliche Gedanken zu den Belastungsgrenzen der Erde

8. **Es wird Zeit, etwas zu tun** . . . . . . . . . . . . . . . . . . . . . 83
   Die Frauen von Mals

9. **Mit der Natur arbeiten** . . . . . . . . . . . . . . . . . . . . . . . 93
   Eckpfeiler einer Lösung

10. **»Der Verzicht auf Pestizide ändert das System nicht.«** . . . . . . 98
    Gespräch mit Hans Rudolf Herren,
    Landwirtschafts- und Entwicklungsexperte

11. **»Mir geht es darum, Mut zu machen.«** . . . . . . . . . . . . . . . 109
    Begegnung mit Alexander Agethle,
    Biobauer und Vordenker einer agrarökologischen Landwirtschaft

12. **»Wir führen keinen Kampf.«** . . . . . . . . . . . . . . . . . . . . 120
    Begegnung im Paradiesgarten von Robert und Edith Bernhard

13. **»Ich habe großes Vertrauen in die Natur.«** . . . . . . . . . . . . 131
    Begegnung mit Ägidius Wellenzohn,
    Biobauer mit moderierter Wildnis

14. **Der Malser Weg** . . . . . . . . . . . . . . . . . . . . . . . . . . . 143
    Triumph bei der Volksabstimmung

15. **Widerstand säen und wachsen lassen** . . . . . . . . . . . . . . . 152
    Vom Umgang mit Niederlagen

16 **Öffentlichkeit für die Wahrheit** .................... 165
   Ein Facebook-Kanal für das »Wunder von Mals«

17 **Zum Glück nicht gefoltert** ........................ 173
   Strafverfolgung und Wirtschaftssanktionen

18 **Das Wunder geht weiter!** ......................... 188
   Politische Macht für das Votum der Malser

19 **Die große Depression** ............................ 200
   Was uns zerstört, wächst schneller

20 **Mein Wunder von Mals (Teil 1)** ..................... 205
   Alles fügt sich wie von selbst

21 **Mein Wunder von Mals (Teil 2)** ..................... 212
   Rückenwind für die Pestizidgegner

22 **Niemals lockerlassen (Teil 1)** ...................... 219
   Denn wir sind viele

23 **Niemals lockerlassen (Teil 2)** ...................... 230
   Mit Eigensinn, Ausdauer und Vertrauen

# 1

# Ein unbeugsames Dorf
*Wie alles begann*

„In Österreich ist das Benzin viel günstiger", sagt Gianni Bodini auf dem Weg zur Kassa. »Deshalb fahren viele Südtiroler extra hier herauf, um zu tanken.« Mit »hier herauf« meint Gianni Bodini den Reschenpass an der Grenze zwischen Österreich und Italien, zwischen Tirol und Südtirol. Mein Blick fällt auf ein Schild, das den »höchstgelegenen Campingplatz Österreichs« anpreist. Er liegt direkt hinter der Tankstelle und sieht wenig einladend aus. An der Kassa bestehe ich darauf, das Benzin bezahlen zu dürfen. Schließlich gebe es für die Teilnahme an unserem Filmprojekt kein Honorar. Gianni lässt sich schließlich überreden.

Bevor wir wieder in den Wagen steigen, sehe ich im ersten Stock des Tankstellengebäudes eine Schneewittchenfigur in einem der Fenster. Hinter den anderen Fenstern stehen die dazugehörigen Zwerge. Ich zähle nur sechs. Der siebte Zwerg fehlt. Doch er ist nicht der einzige Mangel. Alles an diesem Ort strahlt eine eigenartige Trostlosigkeit aus. Vielleicht weil die meisten der Gebäude nicht mehr benötigt werden. Wehmütig erzählen sie von einer anderen Zeit, ihrer früheren Bedeutung. Sie scheinen darüber zu klagen, dass heute niemand mehr anhält. Niemand kurbelt das Seitenfenster herunter, um seinen Reisepass vorzuweisen. Niemand wechselt hier Schilling in Lire oder umgekehrt. Niemand steigt hundert Meter nach dem Grenzübertritt aus, um feierlich den ersten italienischen Espresso zu trinken.

Auch Gianni Bodini und ich steigen nicht aus. Wir parken unseren Wagen zwar vor einem flachen Gebäude mit der Aufschrift *Bar Spaghetteria Daniel*, neben dessen Eingang eine italienische Flagge lustig im Wind flattert, aber nicht, um den Grenzübertritt zu zelebrieren, sondern um die vor uns liegende Arbeit zu besprechen. Im Inneren der Bar ist es so dunkel, dass man auf Kunstlicht angewiesen ist. In einer Ecke des Raums sitzt ein dicker Mann mit heruntergezogenen Mundwinkeln und einem Bart, der an einen Seehund erinnert. Er starrt auf ein Glas Bier, das vor ihm auf dem Tisch steht. Sonst ist die Bar menschenleer. Wir gehen zum Tresen und bestellen einen Espresso und eine heiße Schokolade bei einer etwa 30-jährigen

Frau, die nur italienisch spricht. Gianni bringt in Erfahrung, dass diese Frau von Bologna hier heraufgekommen ist, weil sie weiter unten keine Arbeit gefunden hat. Mein Italienisch reicht aus, um Giannis Gespräch mit der Frau in groben Zügen zu folgen, doch es reicht nicht aus, um selbst auch nur einen Satz hervorzubringen. Es reicht übrigens auch nicht aus, um den italienischen Radiosprecher zu verstehen, der seine Moderationen in atemberaubender Geschwindigkeit vorträgt.

Zur Zeit der Römer führte die wichtigste Nord-Süd-Verbindung hier über den Reschenpass: die Via Claudia Augusta. Jahrhundertelang wurden hier Menschen und Waren vom Süden in den Norden und vom Norden in den Süden transportiert. Erst im 14. Jahrhundert, mit dem Bau einer Straße durch das Eisacktal, verlor der Reschenpass einen Teil seiner Bedeutung. Zum Glück, möchte man heute sagen. Während nämlich an diesem Morgen des 17. Oktober 2014 endlose Fahrzeugkolonnen über den Brennerpass und die Autostrada A22 durch das Eisacktal rollen, passiert den Reschenpass nur dann und wann ein vereinzeltes Fahrzeug.

## *The main ingredient is love*

»Der Film soll eine Art Road-Movie werden«, erkläre ich Gianni. »Wir folgen dem Verlauf der Via Claudia Augusta durch ganz Südtirol, vom Reschenpass bis zur Salurner Klause, und halten unsere Augen offen, warten ab, was uns widerfährt.«

»Wie zum Beispiel unsere Begegnung mit einer Frau aus Bologna, die nur am Reschenpass Arbeit findet?«, fragt Gianni.

»Genau.«

Ich bestelle ein Croissant, das parfümiert schmeckt, und plaudere mit Gianni über die Hintergründe des Filmprojekts, dessen Dreharbeiten gerade beginnen. Produziert wird dieser Film für die aktuelle Kampagne der Südtirol-Werbung. Als Regisseur war ich ausgewählt worden, weil ich als Spezialist für einfühlsame Filmporträts gelte. Seit ich nämlich vor rund drei Jahren von Wien nach Südtirol übergesiedelt war, hatte ich Monat für Monat ein solches Filmporträt gedreht und auf der Website »Südtirol erzählt« veröffentlicht. Im Mittelpunkt standen jeweils besonders interessante Menschen, die mir ihre Geschichten ausführlich erzählten.

Im ersten Porträt der Serie ging es um den Bozner Eismacher Paolo Coletto. Das Interview hatte ich damals auf Englisch geführt, da ich noch kein Wort Italienisch verstand. Das Englisch von Paolo Coletto klang ziemlich genau wie das Englisch von Roberto Begnini im Film *Down by Law*. Und irgendwann sagte Paolo dann mit unnachahmlichem Akzent einen Satz, den ich nie vergessen werde: »Let's face it – the main ingredient is love.«

Ich glaube, das trifft nicht nur auf das Handwerk des Eismachers zu, sondern auf jedes Handwerk. Ganz speziell auf mein eigenes. Immer wenn mein Herz bei einer Kameraeinstellung höher schlägt, immer wenn ich innerlich in Jubel ausbreche, während ich durch den Sucher der Kamera blicke, dann entstehen besondere Bilder. Andrej Tarkovsky sagte einmal über die Bilder, die er bei den Dreharbeiten seines Filmes Nostalgia machte, dass diese am Ende viel düsterer wirkten, als sie eigentlich dürften. Als ob sich Tarkovskys Gefühle damals in geheimnisvoller Weise auf die Bilder ausgewirkt hätten. »Ich glaube auch an die Übertragung von Gefühlen auf Zelluloid«, sage ich zu Gianni. »Obwohl es natürlich heute kein Zelluloid mehr ist. Was man mit Liebe tut, enthält diese Liebe schließlich auch.« Ich schaue ihm geradewegs in die Augen, um zu sehen, ob er mich nun für verrückt hält.

Gianni Bodini ist Fotograf. Seit Jahren erscheint Woche für Woche eines seiner Bilder in der Lokalzeitung des Vinschgau. Diese Bilder produziert er sehr aufwendig. Oft kehrt er zu einem Ort immer und immer wieder zurück, um mit großer Geduld auf den richtigen Augenblick zu warten. Er lächelt mich an. »Ich bin meine Bilder!« So werde er seine nächste Ausstellung nennen. »›Ich bin meine Bilder!‹ Das wird ihr Titel sein«, wiederholt Gianni Bodini. Er hält mich also nicht für verrückt. Und ich erinnere mich daran, dass eine seiner Ausstellungen der Grund für unsere Reise ist.

Gianni Bodini hatte nämlich eine Fotoausstellung über die Via Claudia Augusta zusammengestellt, die an verschiedenen Orten entlang der alten Römerstraße zu sehen war. Als ich diese Ausstellung vor einigen Monaten besuchte, kam mir die Idee zu diesem Filmporträt. Denn in gewisser Weise ist Gianni Bodini selbst ein Produkt der alten Römerstraße, die Norden und Süden verbindet. Ohne erkennbaren Grund war er als junger Italiener vor Jahren nach Südtirol gekommen, um sich im Vinschgau niederzulassen.

Als wir aus der Bar heraustreten, hat es zu regnen begonnen. Im Gegenlicht der aufgehenden Sonne sehen die Regentropfen wie silbrig-glänzende Fäden aus. Wir fahren los und überqueren nach kurzer Zeit den höchsten Punkt der Passstraße. Unser Blick fällt nun auf einen langgezogenen See. »Der Reschensee«, erklärt Gianni. »Ein künstlicher See. Ein Stausee.« Dahinter, in weiter Ferne, wird das Tal durch einen majestätischen Gebirgszug begrenzt. »Das Ortler-Massiv«; Gianni zeigt mit dem Finger auf einen hochaufragenden, schneebedeckten Gipfel an der östlichen Flanke des Gebirgszugs. »Und da auf der rechten Seite, das ist der Ortler selbst. König Ortler, wie die Einheimischen sagen. Mit einer Höhe von 3.900 Metern ist er der höchste Berg in Tirol.«

## *Zerstörte Kulturlandschaft für ein Überraschungsei*

Die Straße schlängelt sich am Ufer des Sees entlang. In einiger Entfernung sehe ich die Spitze eines Kirchturms aus dem Wasser ragen. Ich kenne dieses Motiv schon von Ansichtskarten und aus Südtirol-Bildbänden. Am Ufer, dort, wo der Turm aus dem Wasser ragt, wurde ein Parkplatz für Touristen angelegt. Wir halten an und steigen aus. Gianni geht hinunter zum Ufer. Ich schlendere inzwischen zu einer großen Glasvitrine, die sich genau auf der Höhe des Kirchturms befindet. Sie enthält ein Modell, das zeigt, wie es hier früher aussah. Man sieht eine weite Hochebene mit zwei kleinen Naturseen: dem Reschensee, der am Nordrand des heutigen Stausees lag, und dem Mittersee an dessen Südrand. Genau unterhalb von mir, wo jetzt der Kirchturm aus dem Wasser ragt, befand sich das Dörfchen Graun. Auf der gegenüberliegenden Seite erstreckten sich die Weiler Arlund, Piz und Gorf. Eingebettet waren diese Ansiedlungen in rund 500 Hektar Kultur- und Naturlandschaft, entstanden in 1.000-jähriger Siedlungsgeschichte.

Ein kurzer Begleittext erklärt, dass es bereits in den 20er-Jahren Pläne gab, das Niveau der Naturseen durch einen Staudamm um fünf Meter anzuheben. 1939 wurden diese Pläne von der faschistischen Regierung geändert. Der Wasserspiegel sollte nun um 27 Meter steigen. Dies lag, so lese ich, im nationalen Interesse zur Stärkung der Industrie.

Durch den Krieg verzögerte sich der Baubeginn für den Stausee bis zum Jahr 1949. Die Bevölkerung wurde enteignet und umgesiedelt. 181 Wohnhäuser und landwirtschaftliche Gebäude wurden gesprengt. Nur den romanischen Kirchturm aus dem 14. Jahrhundert ließ man stehen. Denkmalschutz.

Die betroffenen Gemeinden, so lese ich, waren dagegen machtlos. Denn unter dem faschistischen Regime in Italien hatten die Gemeinden Südtirols von 1923 bis in das Nachkriegsjahr 1952 keine gewählten Volksvertreter, weder Gemeinderäte noch Bürgermeister. Im Spätsommer 1950 wurde schließlich das gesamte Gebiet unter Wasser gesetzt, und ein riesiger Stausee mit 677 Hektar Fläche entstand.

Ich lese nicht mehr weiter und lasse stattdessen meinen Blick schweifen. Etwa zwei Dutzend Touristen spazieren vom Parkplatz zum See oder vom See zum Parkplatz. Direkt vor mir posiert eine Familie mit Kindern fürs Erinnerungsbild. Sie sehen entspannt und glücklich aus. Auf der anderen Seite der Straße gibt's ein Café mit Sonnenterrasse. Kuchen, Eis und kleine Imbisse. Es nennt sich »Kaffee zum Turm«.

Bevor ich nach Südtirol gekommen bin, habe ich in Wien beinahe zwei Jahre lang an einem Projekt mitgearbeitet, bei dem es darum ging, den ökologischen Fußabdruck von privaten Haushalten durch Grafiken sichtbar zu machen. Wie viel $CO_2$-Ausstoß verursachen unsere verschiedenen Aktivitäten als Konsumenten? Wir verglichen Wäschetrockner, Waschmaschine, Geschirrspüler, Tiefkühlfächer, Wasserboiler, Fernsehgeräte usw., um herauszufinden, wo eine Veränderung unseres Lebensstils die größten Effekte haben würde. Die Liste der Elektrogeräte ist dabei nur als Beispiel zu verstehen. Es ging uns natürlich nicht nur um unseren direkten Energieverbrauch. Wir untersuchten auch verschiedene Formen der Mobilität, der Ernährung und des Konsums. Die Ergebnisse waren oft sehr naheliegend, hin und wieder aber auch verblüffend.

Unser Fußabdruck wird zum Beispiel dramatisch reduziert, wenn wir frische, regionale und saisonale Lebensmittel essen, am besten aus dem eigenen Garten, und damit auf die Tiefkühlpizza verzichten, deren Kühlung beim Produzenten, Händler und Konsumenten viel Energie verbraucht. Auch empfiehlt es sich, gegenüber dem Wäschetrockner der guten alten Wäscheleine den Vorzug zu geben. Im Bereich der Mobilität ist es am besten, so viele Fahrten wie möglich zu vermeiden und, wo das nicht geht, auf Muskelkraft zu setzen (zum Beispiel durch Fahrradfahren) und, wo auch das nicht geht, mit anderen gemeinsam zu fahren (im Autobus oder in der Bahn).

Und natürlich erwiesen sich auch zahlreiche Formen des Konsums als äußert fragwürdig. Zum Beispiel der Kauf eines Überraschungseis. Hier verschlingt bereits die Herstellung der Aluverpackung eine Menge Energie, ebenso wie die Produktion des Plastikeis und die Produktion jener seltsamen Gegenstände, die es in seinem Inneren verbirgt und die nach längstens zwei Tagen im Müll landen.

Es gibt unzählige Formen des Fortschritts, die gar keinen Fortschritt bedeuten, denke ich, als Gianni fragt: »Sollen wir weiterfahren?«

»Ja bitte, so schnell wie möglich.« Es gefällt mir nicht, dass eine über Jahrhunderte gewachsene Kulturlandschaft versenkt und ausgelöscht wurde für ein bisschen mehr Strom, für ein Überraschungsei und eine Tiefkühlpizza.

## Wenn die Zeit stillsteht

Wir fahren durch eine Reihe von Galerien. Sie scheinen ziemlich alt zu sein, und ich vermute, dass sie die Straße vor Lawinen, Steinschlag oder Muren schützen sollen. Ihre Bauweise aus grobem Beton erinnert mich an Bunkeranlagen. Auf der rechten Seite sind diese Galerien zum See hin geöffnet. Das Wechselspiel von Licht und Schatten, das Auftauchen und das neuerliche Eintauchen in diese Galerien hat eine hypnotisierende Wirkung auf mich. Ich zähle sieben Galerien, habe das Gefühl, sieben Pforten zu durchschreiten und durch sieben Pforten in eine andere Welt zu gelangen. Und diese andere Welt taucht tatsächlich einige Augenblicke später im gleißenden Licht des Morgens auf, als wir eine weitere Hügelkuppe passieren. Unter uns liegt nun ein gewaltiger Talkessel.

»Hier beginnt das Gebiet der Gemeinde Mals«, sagt Gianni. »Mit mehr als 24.000 Hektar Fläche ist die Gemeinde Mals die zweitgrößte Gemeinde in Südtirol.«

Links und rechts von uns erstrecken sich hügelige Wiesen, Weideland für Kühe und Schafe. Ich sehe niedrige Holzzäune, Hecken und Buschwerk, vereinzelt auch Bäume und denke an die versunkene Kulturlandschaft am Grund des Reschensees. So muss es früher auch dort ausgesehen haben. Wenigstens hier unterhalb ist diese uralte Kulturlandschaft noch weitgehend intakt.

Serpentine um Serpentine fahren wir talwärts. Ich bestaune die Bäume links und rechts der Straße, wahrscheinlich sind es Maulbeerbäume. Schief, alle Zweige talwärts gerichtet. Als ob ein heftiger Wind sie peitschte. Dabei ist es heute Morgen windstill. Gianni scheint meine Gedanken zu lesen.

»Hier auf der Malser Haide weht ein konstanter Oberwind. Sogar die Bäume wachsen schief.« Er lacht.

Immer wieder hält Gianni den Wagen nun an. Dann wiederholt sich ein seltsames kleines Ritual: Gianni springt aus dem Wagen, holt seine Kamera von der hinteren Sitzbank und beginnt zu fotografieren. Ich steige auf der anderen Seite aus dem Wagen, hole meine Filmkamera und mache Filmaufnahmen von ihm, während er Bilder von der Welt macht. Gemeinsam bestaunen wir das große Geheimnis des Lebens, seine Schönheit und Vielfalt. Ein Fotograf und ein Filmemacher. Der eine liebt die Welt. Der andere liebt die Tatsache, dass der eine die Welt liebt.

*Auf der Malser Haide weht ein konstanter Oberwind. Sogar die Bäume wachsen schief.*

Gianni richtet seine Kamera auf eine sonderbare Szenerie, einige Kilometer von uns entfernt. Aus dem zarten Frühnebel, der immer noch über den Feldern liegt, erheben sich fünf Türme. Drei uralte romanische Kirchtürme, ein mächtiger halbverfallener Bergfried und der Kirchturm der Pfarrkirche von Mals.

»Eigentlich nur ein kleines Bauerndorf«, bemerkt Gianni. »Aber irgendetwas Besonderes muss es hier gegeben haben. Wieso wurden sonst genau hier so viele Kirchen errichtet? Eigentlich sind es sogar sieben Türme, zwei davon sehen wir aus dieser Perspektive nur nicht.«

Als er den Wagen wieder startet, wechselt er unvermittelt das Thema: »Es gibt keinen größeren Experten für Süßspeisen als mich«, behauptet er selbstbewusst. »Ich kenne jedes Kaffeehaus und jede Konditorei zwischen

Verona und Augsburg. Und in Mals essen wir jetzt eine Kastanientorte.« Er verkündet diesen Beschluss in einem Ton, der keinen Widerspruch duldet. »Es stimmt nämlich nicht, dass man von Süßspeisen dick wird«, ergänzt er, während wir nach Mals hineinfahren. »Von Süßspeisen wird man glücklich.«

Mals ist der Hauptort des Oberen Vinschgau. Der Vinschgau ist ein lang gezogenes Tal im äußersten Westen von Südtirol. Ein Tal mit einer Besonderheit: Während viele Alpentäler von Norden nach Süden verlaufen, erstreckt sich der Vinschgau von Osten nach Westen, sodass die Sonne frühmorgens am einen Ende des Tals erscheint und spätabends am anderen Ende untergeht. Die angenehme Begleiterscheinung dieser geografischen Lage: Die Bergkette am nördlichen Rand dieses Tals liegt beständig im Sonnenlicht. Sie wird daher Sonnenberg genannt. Und Mals liegt an einem der sonnigsten Flecken dieses sonnigen Berges.

Gianni führt mich in ein Kaffeehaus mit fantastischer Aussicht. Mit sichtlichem Vergnügen widmet er sich seiner Kastanientorte, während er gleichzeitig über deren Vorzüge doziert. Aus einem Lautsprecher direkt über uns plätschert triviale Musik. Ich kann keinen Unterschied zwischen den einzelnen Musikstücken erkennen.

Gianni erzählt mir, dass er vor einigen Jahren an der Gründung einer Wochenzeitschrift beteiligt war. Diese Zeitschrift sollte ein Gegengewicht zum Meinungsmonopol von Südtirols allmächtiger Tageszeitung bilden – und endete mit dem Verkauf an eben diesen Konkurrenten. »Damals ist mir klar geworden, dass alle Menschen käuflich sind.«

»Diese Ansicht ist schrecklich«, wende ich ein. »Wie kannst du mit einem solchen Menschenbild leben?«

»Ich erhole mich auf den Bergen«, antwortet er. »Ich verbringe ohnehin die meiste Zeit in der Natur und auf den Bergen.«

Nach dieser kleinen Kaffeepause will Gianni mir den Tartscher Bichel zeigen. Einen kleinen Hügel, der sich unweit von Mals genau in der Mitte des Tals befindet. »Man nennt ihn auch den Nabel des Vinschgau.« Um auf direktem Weg die Hügelkuppe zu erreichen, klettert er über einen Holzzaun. Als ich mein Equipment endlich auf die andere Seite des Zauns gebracht habe, ist Gianni bereits einige hundert Meter von mir entfernt. Auf der Hügelkuppe baut er mit schnellen Bewegungen sein Stativ auf. Ich mache inzwischen Aufnahmen der kleinen romanischen Kirche und von der eigenartigen, kargen und gleichzeitig zarten Vegetation auf dem Hügel. Doch ich kann mich nicht recht auf meine Arbeit konzentrieren. Zum ersten Mal habe ich jenes Gefühl, das ich dort noch oft haben sollte. Es fühlt sich an, als ob die Zeit stillstehen würde. Für den Augenblick ist nichts mehr zu tun und nichts mehr zu erstreben.

Was ich sehe, erreicht ohne Umwege und ohne Ablenkung mein Herz. Diese ungewöhnliche Fülle von Grüntönen, die an manchen Stellen ins Braun des Erdreichs übergehen, an anderen Stellen ins Grau des felsigen Untergrunds und an wieder anderen Stellen in einen hellen Gelbton, der den Eindruck vermittelt, als würden diese helleren Flächen, ich weiß nicht wie, von hinten oder unten beleuchtet. Dann die Schafe im Tal, wie mit einem Pinsel in die Landschaft getupft. Da und dort sind vollkommen harmonisch kleine Baumgruppen verteilt, erstrecken sich Bäche, Wege, niedrige Hecken. In den Gärten der Häuser: Apfel- und Birnbäume. Zwischen den Weiden wogende Kornfelder. Was für eine Vielfalt! Und was für eine Schönheit!

> »Endlose Reihen von Apfelbäumchen, gehüllt in giftige Pestizidnebel.«

## Ein medialer Schutzschirm für Mals und seine Menschen

»Schau dir die Landschaft nur gut an«, höre ich Gianni sagen, »denn in ein paar Jahren wird das alles verschwunden sein.« Langsam wende ich meinen Kopf und blicke ihn entgeistert an. »Warum?«

»In ein paar Jahren wird es hier aussehen wie überall sonst in Südtirols Tälern. Endlose Reihen von Apfelbäumchen, von zigtausend Betonpfeilern gestützt. Dazu Traktoren, die zwischen diesen Apfelbaumreihen auf und ab fahren und sie in giftige Pestizidnebel hüllen.« Immer noch schaue ich ihn fragend an. »Aber es gab doch in Mals vor einigen Wochen eine Volksabstimmung, bei der eine große Mehrheit der Bevölkerung sich gegen diese Form der Landwirtschaft ausgesprochen hat.«

»76 Prozent, bei einer Wahlbeteiligung von 70 Prozent«, bestätigt Gianni; »aber davon werden sich die Obstbauern und ihre Lobby nicht aufhalten lassen. Solange man mit dieser Form der Landwirtschaft Geld verdienen kann, wird nichts und niemand sie aufhalten.« Ich antworte nicht. »Jeder ist käuflich«, sagt Gianni leise und wiederholt damit den deprimierenden Satz aus unserer Diskussion im Kaffeehaus. »Ich nicht!«, widerspreche ich innerlich und überlege gleichzeitig, ob das überhaupt stimmt oder ob es wirklich nur eine Frage des Preises ist.

Als wir etwas später wieder Richtung Süden unterwegs sind, der alten Römerstraße folgend, komme ich aus dem Staunen nicht mehr heraus. Obwohl ich schon seit zwei Jahren in Südtirol lebe, ist es mir noch nie so deutlich aufgefallen: überall Apfel-Monokulturen, so weit das Auge reicht. Auf jedem noch so schmalen Streifen Land. Äpfel und nichts als Äpfel. »In

Südtirol ist nach dem Krieg das größte zusammenhängende Apfelanbaugebiet Europas entstanden«, sagt Gianni, der meine Gedanken zu lesen scheint. Neben den Straßen das immer gleiche Bild: lange Reihen von Betonpfeilern, Apfelbäumchen und Hagelnetzen. Die kleinen Dörfer entlang der Straße versinken buchstäblich in diesem Meer von Apfelbäumen und mit ihnen alle anderen Formen der Landwirtschaft, die es hier früher einmal gab. Ich denke an das Schicksal von Graun. An die Ohnmacht seiner Bewohner. Zwischen 1923 und 1952 gab es keine gewählten Gemeindevertreter in Südtirol, geht es mir durch den Kopf. Heute jedoch gibt es sogar Referenden auf Gemeindeebene! Kann es sein, dass sich dennoch nichts geändert hat? Gibt es tatsächlich keine Möglichkeit, die Vielfalt der gewachsenen Kulturen vor Industrie und industrieller Landwirtschaft zu schützen?

*In Südtirol entstand nach dem Zweiten Weltkrieg das größte zusammenhängende Apfelanbaugebiet Europas.*

Am Abend desselben Tages wühle ich mich bis lange nach Mitternacht durch einen großen Stapel Zeitschriften. Ich rekonstruiere die Geschichte des Malser Widerstands, so gut dies aus Medienberichten möglich ist. Denn mein Entschluss steht fest: Ich will einen Film über Mals machen, einen medialen Schutzschirm über dieses Tal und seine Menschen spannen.

Dieser Entschluss gerät auch dann nicht ins Wanken, als ich einige Wochen danach, am zweiten Adventssonntag, dem Leiter der Tourismuswerbung für das Meraner Land in der Küche meiner Wohnung gegenübersitze. Wir plaudern und essen Kekse. Wie alle anderen, mit denen ich bisher über dieses Projekt gesprochen habe, findet er das Thema wichtig. »Allerdings musst du wissen, dass du, wenn du diesen Film tatsächlich machst, ziemlich sicher keine Aufträge mehr vom Land Südtirol erhalten wirst. Und auch keine Aufträge mehr von all jenen Unternehmen und Institutionen, die es sich mit dem Land nicht verscherzen wollen.« Ich schaue ihn ungläubig an. »Also eigentlich überhaupt keine Aufträge mehr in Südtirol«, ergänzt er. Kann er das tatsächlich ernst meinen? Reicht die Macht der Obstlobby so weit? Hat die Furcht vor persönlichen Nachteilen eine Art Denk- und Diskussionsverbot in Südtirol errichtet?

Am Donnerstag, dem 6. November 2014, beginne ich mit den Recherchen zum Dokumentarfilm »Das Wunder von Mals«. Mein Ziel: Ich möchte möglichst viele Informationen über das unbeugsame Dorf im Vinschgau sammeln.

## Der weite Blick geht verloren
### Erste Begegnungen

Günther Wallnöfer sitzt entspannt in seiner hellen Zirbenholzstube auf der Ofenbank. Seine Beine hat er angezogen vor sich auf die Bank gestellt. Er trägt legere Hosen und einen roten Sweater. Wären da nicht seine großen, von harter Arbeit schweren Hände, könnte man ihn in diesem Outfit auch für einen Surfer halten. Tatsächlich ist er Biobauer.

»Bis 2010 haben wir hier eigentlich vor Pestiziden Ruhe gehabt«, sagt er. »Danach tauchten die ersten Apfelplantagen auf. Und mit den Apfelanlagen die Pestizidwolken. Direkt neben meinen Feldern.«

Während er spricht, schaut er mir direkt in die Augen.

»Deshalb habe ich mein Heu auf Pestizidrückstände untersuchen lassen. Die Ergebnisse waren schockierend.« Wieder sieht er mich ruhig an, als ob er mir Zeit lassen möchte, seine Worte richtig zu verstehen.

»Es kamen neue Anlagen – und neue Rückstandsmessungen. Auch konventionelle Bauern haben Proben gezogen. Doch wo immer das Feld auch lag, ob windgeschützt oder nicht, über 90 Prozent der Proben waren mit Rückständen belastet.«

### Der Biobauer:
### »Wir wollen eine andere Landwirtschaft!«

Günther Wallnöfer bewirtschaftet rund 20 Hektar. 14 Hektar davon liegen so, dass daneben Apfelanbau möglich wäre. »Wenn ich auf all diesen Feldern Pestizidrückstände habe, dann ist biologische Landwirtschaft nicht mehr möglich. Was soll ich dann machen? Ich kann auswandern!«

Und nach einer Pause: »Wenn ich die Rückstände hier vergleiche mit dem, was auf Lebensmitteln erlaubt ist, dann ist das schon krass ... Und dieses Zeug liegt da draußen jetzt überall herum. Auch auf den Wegen und Radwegen.«

Sein kräftiger Körper bleibt nahezu reglos, während seine Augen zornig funkeln. »Also, ich würde dort mit meiner Tochter nicht mehr spazieren gehen. Garantiert nicht.«

Günther Wallnöfer ist eine rhetorische Naturgewalt. Er legt seine ganze Leidenschaft und Energie in seine Worte. Er weiß, wann er Pausen machen muss. Und er weiß, wann es Zeit ist, eine Rede zu beenden.

In seiner Stube herrscht jenes liebenswerte Chaos, das man oft antrifft, wo kleine Kinder ihre Hände im Spiel haben. Günther erzählt mir nun von seiner Tochter und mir wird klar, dass er sich wirklich Sorgen um ihre Gesundheit macht. »Man sollte neben jedem konventionell hergestellten Apfel ein Plakat mit einer Warnung anbringen: Für kleine Kinder nicht geeignet! Denn die Rückstände auf diesen Äpfeln und auf den meisten anderen konventionell hergestellten Lebensmitteln übersteigen bei Weitem die zulässigen Höchstwerte für Babynahrung.«

Ich begleite Günther in den Stall, wo er seine Kühe versorgt. Er trägt jetzt einen kecken Strohhut. Vielleicht um seine Halbglatze zu verbergen. Wenn er eine neue Idee habe, erzählt er, dann müsse er sie sofort umsetzen. Deswegen baue er jetzt auch Gemüse an. Und vor einigen Monaten habe er sich ein paar Schweine zugelegt. Stolz führt er mich durch einen schmalen Gang zu den Schweinen, denen er eine Handvoll Futter gibt. Durch die Art, wie er sie tätschelt und hinter den Ohren krault, begreife ich, dass er Tiere gern hat.

Was er wisse, sagt er beim Weitergehen, habe er hier gelernt, und nicht in der Schule. Lachend fügt er hinzu, dass er deshalb keinen Satz ohne Rechtschreibfehler schreiben könne. Aber das sei ohnehin nicht so wichtig.

»Was aber ist wichtig?«, will ich, nun wieder ernst, von ihm wissen.

»Wir hätten hier noch die Möglichkeit, das, was an vielen anderen Orten falsch gelaufen ist, nicht zuzulassen! Viele Leute aus anderen Teilen von Südtirol sprechen uns an und ermutigen uns: ›Wehrt euch! Bei uns ist es zu spät. Wir sitzen jetzt mitten in den Apfelanlagen drin, aber ihr könnt euch noch wehren.‹«

»Und?«, frage ich. »Habt ihr euch gewehrt?«

»Ja«, sagt Günther nachdrücklich. »Wir sind zum Bauernbund gegangen und haben angefragt, wie es nun weitergehen soll.«

Wieder macht er eine eigenartig lange Pause.

»Und?«

»Man hat nicht auf uns gehört. Teils hat man über uns gelacht, teils gespottet. Doch wir bleiben dabei. Wir wollen hier eine andere Landwirtschaft.«

»Wir wollen eine andere!«, wiederholt er.

Günthers Haus ist das letzte Haus vor dem Waldrand. Es liegt an einem Hang etwas oberhalb von Laatsch. Neben dem Hauptort Mals gehören neun weitere Orte zum Gemeindegebiet von Mals. Einer dieser Orte ist Laatsch,

Günther Wallnöfer (Laatsch), Biobauer

mit rund 1.000 Metern Seehöhe der am tiefsten gelegene Ort der Gemeinde. Schlinig ist mit 1.700 Metern der höchstgelegene Ort. Ich lasse meinen Blick über das Tal schweifen, das sich vor mir erstreckt. Gegenüber von Laatsch, am nordöstlichen Rand des Tals, am sogenannten Sonnenberg, liegt der Hauptort Mals. Wie eine Eidechse döst die 2000-Seelen-Gemeinde im gleißenden Licht der Mittagssonne. Hat Gianni nicht sieben Türme erwähnt? Auch aus dieser Perspektive sehe ich nur fünf.

## Die Friseurin:
## »Schade, dass das alles nicht mehr da ist.«

Die Turmuhr schlägt, und ein Blick auf meine Armbanduhr erinnert mich, dass es Zeit ist, mich auf die Suche nach dem Frisiersalon von Beatrice Raas zu machen. Während ich durch das Dorf schlendere, denke ich an eine Bibelstelle. Lukas 17, 20–21: Die Pharisäer fragten Jesus, wann das Reich Gottes komme. Darauf antwortete er: »Das Reich Gottes kommt nicht so, dass man es an äußeren Anzeichen erkennen kann. Man wird auch nicht sagen können: ›Seht, hier ist es!‹ oder: ›Es ist dort!‹ Nein, das Reich Gottes ist mitten unter euch.«

Ich denke oft an diese Bibelstelle. Eigentlich fast immer, nachdem ich auf meine Armbanduhr geblickt habe. Denn auf dem Zifferblatt dieser Armbanduhr, genau in der Mitte, steht der Schriftzug »Lk 17,21«. Ich habe diese Uhr vor vielen Jahren direkt von dem österreichischen Künstler Leo Zogmayer erworben. Der hatte eine limitierte Auflage von Uhren herstellen lassen, in deren Mitte das Wort »Jetzt« zu lesen war. Wie es dann zur Produktion einer zweiten Serie kam, bei der das Wort »Jetzt« durch den Schriftzug »Lk 17,21« ersetzt worden war, weiß ich allerdings nicht mehr.

Der Frisiersalon von Beatrice Raas liegt etwas versteckt im Erdgeschoss eines Einfamilienhauses, das sie zusammen mit ihrem Mann und ihren zwei Kindern bewohnt. Vom Salon aus kann man über eine Veranda in den liebevoll angelegten und gepflegten Garten hinausgehen. Die Glastür zu dieser Veranda steht heute offen, und von Zeit zu Zeit hört man, wie ein Windstoß in die Blätter eines Strauches fährt und damit für einen Augenblick die Stimmen der spielenden Kinder übertönt.

Beatrice arbeitet hier allein, ohne Mitarbeiterinnen. Deshalb befinde sich nie mehr als ein Kunde in ihrem Salon. Für jeden Kunden nehme sie sich ausführlich Zeit. Denn hier gehe es nicht nur um Schönheit, hier gehe es auch um Gesundheit: um gesunde Kopfhaut und gesundes Haar. Deshalb arbeite sie ausschließlich mit natürlichen Produkten. Sie sei die erste Naturfriseurin Italiens. Mir imponiert, dass sie vor diesem Hintergrund auch hin und wieder die Wünsche ihrer Kunden zurückweisen muss. Sie sagt »ja« zum Tönen der Haare, doch »nein« zum Färben. »Nein« auch zu Dauerwellen und vielen anderen konventionellen Praktiken eines herkömmlichen Frisiersalons.

Ich schildere Beatrice nun meine Eindrücke vom Obervinschgau und staune darüber, wie sehr sie meine Begeisterung teilt: »Die Landschaft hier ist einfach wunderschön. Die Weite! Die Freiheit! Das Ortler-Massiv! Wenn man über die Malser Haide schaut, ist das traumhaft!«

»Und wenn wir die Zeit um zwanzig Jahre zurückdrehen könnten«, ergänzt sie, »dann würdest du hier auf allen Wiesen noch Waale sehen.«

»Was sind Waale?«

»Das sind von Menschen angelegte Bäche zur Bewässerung der Felder. Etwas ganz Besonderes. Doch heute sind die meisten von ihnen verschwunden. Durch Beregnungsanlagen ersetzt. Ich erinnere mich noch an jenen letzten Sommer, als es hier zwischen Laatsch und Mals noch viele Waale gab. Wir wussten damals, die Planierungsarbeiten würden in Kürze beginnen. Wir wussten also, dass die Waale im nächsten Jahr verschwunden sein würden. Da bin ich mit meinem Mann an einem wunderschönen Sommerabend bei Vollmond über die Wiesen spaziert. Und ...« Sie schluckt und kann nicht weitersprechen. Tapfer kämpft sie gegen ihre Tränen an. »Schade, dass das alles nicht mehr da ist.« Nun kann sie die Tränen nicht mehr zurückhalten.

Schließlich erzählt sie weiter.

»Als Kind musste ich meiner Oma oft beim Bewässern helfen. Zu warten, bis das Wasser von der oberen Wiese zur unteren geflossen war, das ist mir damals wirklich auf die Nerven gegangen. Doch ich habe die Zeit genutzt. Ich habe mir die Blüten angesehen oder das Krabbeln der Käfer. Die Lerchen haben gezwitschert. Die Sonne brannte heiß herunter. Und wenn man dann so über die Wiesen spaziert ist, begleitet vom Geräusch des Wassers, das war einfach schön. Gut für die Seele.«

Beatrice Raas hat zwei Kinder im Alter von zehn und acht Jahren, doch in gewisser Hinsicht scheint sie selbst noch ein Kind zu sein. Und zum zweiten Mal an diesem Tag muss ich an ein Bibelwort denken. Wieder geht es um das Reich Gottes: »Ich sage euch, sagt Jesus im Markus-Evangelium, wer das Reich Gottes nicht wie ein Kind annimmt, wird nicht hineinkommen.«

### Die Kindergärtnerin:
### »Ich bin mir so hilflos vorgekommen.«

Beatrice hat sich die Fähigkeit zum Mitgefühl bewahrt. Sie liebt nicht nur die Natur. Sie liebt auch die Menschen. Das ist unübersehbar, als sie Margit Gasser begrüßt, die für den heutigen Nachmittag einen Friseurtermin vereinbart hat. Halb, um einen Haarschnitt zu erhalten, halb, um mit mir über mein Projekt zu sprechen. Denn ich recherchiere hier im Oberen Vinschgau für einen Dokumentarfilm. Einen Dokumentarfilm über den Widerstand der Gemeinde Mals gegen das Vorrücken der Apfel-Monokulturen auf ihr Gemeindegebiet. »Zunächst war den meisten Menschen hier gar nicht bewusst, was sie erwartet, wenn die Apfel-Intensivkulturen tatsächlich hierher kommen«, erzählt Margit mir. »Die Kinder können nicht mehr unbeschwert auf den Wiesen herumtollen. Wenn du spazieren gehst, dann siehst du nur mehr Bäume, Bäume, Bäume. Der weite Blick geht verloren und die Gesundheit, durch die Pestizide. Ich glaube, wenn man das nicht selbst erlebt hat, dann dauert es schon eine Zeitlang, bis man das im vollen Umfang begreift.«

> »Die Kinder können nicht mehr unbeschwert auf den Wiesen herumtollen.«

»Warum hast du selbst es früher begriffen?«, möchte ich wissen.

»Ich komme ja aus dem Obstanbaugebiet«, erklärt Margit. »Aus dem Mittelvinschgau. Ich bin in Schlanders aufgewachsen und habe dort miterlebt, wie sich der Apfelanbau in den letzten Jahrzehnten entwickelt hat. Dann habe ich jedoch das Glück gehabt, nach Mals zu ziehen, wo die Landschaft noch offen war.«

»Und jetzt kommt der Obstbau auch nach Mals«, ergänze ich.

»Ja. Und das hat mich traurig und betroffen gemacht. Es war so deprimierend, so enttäuschend. Ich bin mir so hilflos vorgekommen.«

Auch Margit leidet, so wie Beatrice. Und sie schämt sich kein bisschen, dieses Leid mit mir zu teilen. Als ich sie frage, woran das wohl liege, dass sie ihre Gefühle so unverstellt zeigen könne, erzählt sie mir, dass sie das vielleicht von den Kindern gelernt habe. Sie arbeite nämlich in einem Kindergarten. Die Lebensfreude und Kreativität der Kinder sei ansteckend, ebenso deren Übermut und auch deren Fähigkeit, Schmerz und Trauer zu zeigen.

»Wenn ihr nicht umkehrt und wie die Kinder werdet, könnt ihr nicht ins Himmelreich kommen«, geht es mir abermals durch den Kopf. Das ist der Wortlaut derselben Textstelle im Matthäus-Evangelium. Wer sich wenig mit diesen Texten beschäftigt, denkt wahrscheinlich, dass man hier erfährt, was zu tun sei, damit man sich nach dem Ableben eine schöne Zeit im Himmel machen kann. Doch darum geht es nicht. Matthäus verwendet den Begriff Himmelreich lediglich, weil er als frommer Jude den Namen Gottes nicht aussprechen will. Es geht auch hier um das Gottesreich, das ja, wie wir gehört haben, mitten unter uns ist. Manche Philologen ziehen übrigens die Übersetzung Gottesherrschaft vor.

»Gut ist: Leben fördern und erhalten. Schlecht ist: Leben behindern und zerstören.« Mit diesen Worten hat Albert Schweitzer seine Ethik der Ehrfurcht vor dem Leben zusammengefasst. Wo Gott herrscht, bemühen sich die Menschen darum, so denke ich, Leben zu fördern und zu erhalten. Und das wäre dann wohl jenes Gottesreich, das nur betritt, wer sich sein Mitgefühl auch als Erwachsener bewahren konnte.

### Der Tierarzt:
### »Es schert sich niemand um schöne Worte.«

Am Nachmittag desselben Tages stehe ich vor einem ansehnlichen Haus im Zentrum des Hauptorts Mals. Ich habe einen Termin mit Margits Ehemann: Peter Gasser. Er arbeitet als Tierarzt. Margit öffnet mir und führt mich in den ersten Stock. Alles ist hier mit Geschmack arrangiert, gediegen, jedoch nicht museal. Peter erwartet mich an einem wuchtigen Küchentisch. Das Fenster hinter ihm gewährt einen weiten Blick auf die Türme von Mals und das gesamte Tal. Peter legt die Zeitung beiseite, erhebt sich gemächlich und begrüßt mich mit einem festen Händedruck und einer tiefen Bassstimme. Margit macht Tee und stellt uns ein paar Kekse auf den Tisch.

Peter erzählt mir, dass er vor vielen Jahren über die Bergsteigerei zum Naturschutz gekommen sei. Damals ging es um die Erschließung von Hochtälern durch Skilifte. Seit jener Zeit habe er im Verlauf von dreißig Jahren zahlreiche Kämpfe auf diesem Feld ausgefochten. Er spricht langsam und formuliert sorgfältig. Viele seiner Sätze würzt er mit einer feinen Dosis Ironie.

In den letzten Jahren habe sich eine zentrale Frage herauskristallisiert: »Wie gehen wir damit um, dass der Obstbau mit seinen Pestiziden immer näher an unsere Wiesen und damit an die Futtergrundlagen unserer Kühe heranrückt? Wie können wir einen Weg finden, dass Obstanbau und Viehwirtschaft nebeneinander bestehen können?«

»Günther Wallnöfer hat mir erzählt, dass ihr versucht habt, diese Frage mit dem Südtiroler Bauernbund zu diskutieren.«

»Nicht nur mit dem Südtiroler Bauernbund. Auf Anregung der Umweltschutzgruppe Vinschgau«, zu deren Gründungsmitgliedern Peter zählt, »wurde ein runder Tisch eingerichtet, an dem verschiedene Vereinigungen und Institutionen Platz nahmen: neben dem Südtiroler Bauernbund das Landwirtschaftsinspektorat, die Landwirtschaftsschule Fürstenburg, der

Beratungsring für Obstbau und natürlich die Gemeinde Mals und die Umweltschutzgruppe Vinschgau selbst. In zähen Verhandlungen wurde an diesem runden Tisch ein Leitfaden ausgearbeitet, wie Viehzucht und intensiver Obstbau nebeneinander existieren können. Dieser Leitfaden wurde schließlich als schöne bunte Broschüre veröffentlicht. Viele schöne Worte, mit nur einem kleinen Haken ... Kaum war dieser Leitfaden gedruckt, wurde klar: Es schert sich eigentlich niemand um dieses ganze schöne, theoretische Konstrukt.«

Ich verlasse Peter und Margit und spaziere hinunter zur Pfarrkirche. Kurz bevor es dunkel wird, zeigt sich am Himmel ein Blauton, der mich jedes Mal in Begeisterung versetzt. Im warmen Lichtkegel einer Straßenlaterne halte ich plötzlich an, weil all das mich an eine Szene erinnert, die sich vor dreißig Jahren in Salzburg abgespielt hat.

Ich hatte damals gerade die Schule abgeschlossen und unterhielt mich im Licht einer Straßenlaterne mit meinem Lieblingslehrer. Ich erzählte ihm, dass er der Grund gewesen sei, warum ich mich für chinesische Philosophie interessierte. In seiner Tasche hatte ich nämlich das Buch »Das Tao der Physik« gesehen und es mir kurz danach gekauft. Fridjof Capra, der Autor des Buches, zog darin Parallelen zwischen dem Weltbild der chinesischen und indischen Philosophie und dem Weltbild der Atom- und Quantenphysik.

Mein Lieblingslehrer sah mich durchdringend an, legte den Kopf leicht zur Seite und sagte: »In ethischer Hinsicht«, hier machte er eine kurze Pause, »haben die chinesischen und indischen Religionen allerdings nichts hervorgebracht, das mit der Bergpredigt vergleichbar wäre.«

Bergpredigt?! Christentum?! Das waren Themen, die mich bis dahin nicht im Geringsten interessiert hatten. Als Protestant war ich im katholischen Salzburg damit auch wenig konfrontiert worden. Meine Mutter glaubte an einen Gott, der es gut mit den Menschen meinte. Mein Vater glaubte, dass man über Gott nichts Genaues in Erfahrung bringen könnte. Und für mich und meine Geschwister waren die Geschichten rund um Jesus von Nazareth nichts weiter als Folklore aus Kindertagen.

Nach dem Gespräch mit meinem Lehrer warf ich jedoch, auf einer Bahnfahrt von Salzburg nach Wien, einen Blick in das Matthäus-Evangelium. Gefangen von diesem Text las ich es von Anfang bis Ende durch. Und weder davor noch danach hat mich jemals ein Text so beeindruckt. Aus dem Zug stieg, glaube ich, ein anderer Mensch, als eingestiegen war. Ich habe bis heute nicht aufgehört, diese Texte immer wieder zu lesen.

Von Anfang an rezipierte ich sie jedoch durch die Brille anderer Weltreligionen. Ich las sie ohne Leseanleitung, sozusagen auf eigene Faust. Ob Jesus nun Gottes Sohn war oder nicht, interessierte mich seltsamerweise gar nicht. Ob ich selbst oder irgendwer anderer durch seinen Tod am Kreuz erlöst worden war, war mir gänzlich einerlei. Mich faszinierte dieser Mensch, der mir durch seine Worte und Taten klar und deutlich vor Augen stand. Mich interessierte der Glaube *des* Jesus und nicht der Glaube *an* Jesus. Im Laufe der Jahre wurde mir dann klar, dass ich glaubte, was Juden glauben.

## Die Rückkehrerin:
### »Ich konnte nie woanders zuhause sein.«

Am nächsten Morgen setze ich mich auf eine Bank in der Fußgängerzone von Mals. Ein Vogel wird nicht müde, sich zu wiederholen, und ich beschäftige mich damit zu atmen. Dabei steigt mir die Bergluft zu Kopf wie ein Glas Champagner zum Frühstück.

Schließlich gehe ich in gemächlichem Tempo die Hauptstraße hinab. Licht ist hier Licht und Schatten Schatten. Klar und eindeutig sind Formen und Farben und Strukturen voneinander getrennt.

Ich sehe auch einige leerstehende Lokale und einige ungeschminkte Häuser, von denen der Putz schon vor langer Zeit abgefallen ist. Es war und es ist eine arme Gegend, geht es mir durch den Kopf, und ich erinnere mich daran, was ich gestern Abend in einem Buch über Mals gelesen habe. Hier erbt nicht nur der älteste Sohn, sondern jedes Kind einen gleichen Anteil vom elterlichen Besitz. Man nennt diese Form des Erbrechts »alemannische Realteilung«. Am Ende sind alle gleichmäßig arm, doch niemand ist völlig besitzlos. Diese relative Armut, so erfuhr ich aus dem Buch, sei auch einer der Gründe dafür, dass es hier so viele romanische Kirchen gebe. Denn Armut sei ein guter Konservator. In reicheren Regionen würden die Gotteshäuser in jeder neuen Epoche im Stil der Zeit überarbeitet. Nicht so im Oberen Vinschgau, wo dafür ganz einfach das Geld fehlte.

Martina Hellrigl bewohnt ein Haus zwischen der Pfarrkirche und dem Turm von St. Martin, dem höchsten der drei romanischen Türme. Davor hatte sie, nach dem Studium in Innsbruck, für einige Jahre mit ihrem Mann und den Kindern in Zürich gelebt. »Doch aus irgendeinem Grund«, sagt Martina jetzt, »konnte ich nie woanders zuhause sein als hier. Also sind wir vor ein paar Jahren mit der ganzen Familie hierher zurückgekommen.«

Während Martina spricht, blicke ich über ihre Schulter hinaus in den Garten, der das Haus umgibt. Zwischen schönen alten Obstbäumen liegen da und dort Spielsachen im halbhohen Gras. Aus der Sicht von Kindern, denke ich, ist das der perfekte Garten. Und aus meiner Sicht eigentlich auch.

In Zürich, erzählt Martina weiter, habe sie die Malser Diskussion nur aus der Ferne mitbekommen. »Erst im März 2013 habe ich das Ganze zum ersten Mal live miterlebt. Ich besuchte damals eine Informationsveranstaltung. Der Saal war brechend voll, und ich habe einen der letzten Plätze ergattert. Ein Biokräuterbauer hat erzählt, wie im Jahr zuvor neben seinem Feld eine Obstplantage aufgetaucht war. Ich weiß nicht mehr, ob Kirschen oder Erdbeeren. Und danach waren seine Kräuter plötzlich nicht mehr bio. Der Nachbar hat sich jedoch nicht bemüßigt gefühlt, an seiner Spritzpraxis irgendetwas zu ändern. Also musste der Biobauer weichen und sein Feld räumen. Er hat ein anderes Feld gepachtet und noch einmal von vorne begonnen. Nur um schließlich zu erfahren, dass auch hier im kommenden Jahr eine Obstplantage entstehen würde.«

Während Martina spricht, bestaune ich den schnellen Wechsel des Ausdrucks auf ihrem Gesicht. Ein strenger, missmutiger, abweisender Ausdruck kann in nur einem einzigen Augenblick in ein strahlendes, warmherziges Lächeln umschlagen.

»Diese Geschichte ist mir nicht mehr aus dem Kopf gegangen. Die Veranstaltung war an einem Freitag, und ich war mir sicher, dass diese Sache am Montag in allen Zeitungen stehen würde. Denn solche Sachen gehen einfach nicht! Die Leute werden auf die Barrikaden gehen! Da war ich mir sicher. Doch am Montag geschah einfach nichts. Gar nichts. In den Medien nicht. Und auch sonst nirgends.«

Martina ist eine wunderbare Geschichtenerzählerin. Wenn sie eine Geschichte erzählt, versetzt sie sich buchstäblich in die Vergangenheit zurück. Sie sieht dann, was sie damals sah, hört, was sie damals hörte, und fühlt, was sie damals fühlte.

»Das alles hat mir keine Ruhe gelassen. Meine Tochter war gerade erst ein halbes Jahr alt, und die Nächte waren noch sehr unruhig. Also lag ich oft wach und dachte nach. Ich glaube, ich habe wochenlang im Kopf Leserbriefe geschrieben. Ganze Romane habe ich geistig verfasst.«

Sie erinnert sich daran und lacht über sich selbst.

»Und dann?«, frage ich.

»Und dann ging ich zur Friseurin«, sagt Martina und lacht noch mehr.

Diese Friseurin war Beatrice Raas.

Ich möchte unbedingt noch mehr erfahren. Doch zunächst muss ich zurück nach Meran. Meran liegt rund 60 Kilometer westlich und 800 Meter tiefer als Mals. Nach ungefähr zehn Kilometern, als ich den Oberen Vinschgau verlasse, tauche ich in das Meer der Betonpfeiler ein, das Meer der Apfelplantagen.

Das geht dann mehr als 100 Kilometer lang so weiter. Bis hinab nach Meran, ohne Unterbrechung, und danach weiter bis nach Bozen und von dort hinunter bis zur Salurner Klause. Plötzlich erinnern mich diese Anlagen an eine Krebserkrankung, die sich unbarmherzig im Körper ausbreitet. Verkehrsinseln ausgenommen, gibt es wirklich kein Fleckchen Erde mehr, ohne Betonpfeiler oder Hagelnetze.

### Der Kräuterbauer:
### »Passiert ist effektiv nichts!«

Auf halbem Weg nach Meran habe ich noch ein Gespräch mit Urban Gluderer vereinbart. »Wenn du wissen willst, wovor wir uns fürchten, dann besuch das Kräuterschlössl in Goldrain«, hatte Günter Wallnöfer zu mir gesagt. Die Fassade von Urbans Hof erinnert nämlich an ein kleines Schlösschen, daher der Name Kräuterschlössl.

Urban Gluderer führt mich herum und zeigt mir seinen Hof. »Ich kann mich noch gut erinnern«, sagt er; »als ich ein Kind war, gab es rund um unseren Hof nur Wiesen. Und Kühe auf den Wiesen! Aber nach und nach sind dann die Äpfel gekommen. Und bis heute ist daraus diese gewaltige Monokultur entstanden. Im Herbst sieht man hier nur noch Betonsäulen, soweit das Auge reicht.«

Das Kräuterschlössl galt jahrelang als Südtiroler Vorzeigebetrieb. Es erhielt viel Aufmerksamkeit von in- und ausländischen Medien und war eine Touristenattraktion – bis vor einigen Jahren Spritzmittelrückstände auf Urbans Biokräutern auftauchten. Urban konnte dadurch Teile seiner Ernte nicht mehr als Bioware verkaufen. Er begann, sich zu wehren und zu prozessieren. Diese Prozesse, die er alle gewann, haben viel Zeit und Geld gekostet. Doch an der Spritzpraxis seiner Nachbarn haben sie nichts geändert.

»Unsere Nachbarn hatten null Verständnis dafür, dass wir hier Kräuter anbauen. Daher mussten wir unsere Kräuter schließlich durch einen Folientunnel schützen«, berichtet Urban weiter.

»Aber hier werden nicht nur Kräuter angebaut«, fügt er nach einem Augenblick des Nachdenkens hinzu, »hier leben auch Menschen! Und diese Menschen haben ein Recht darauf, saubere und unbelastete Luft zu atmen.«

»Auch meine Enkel«, fügt er trotzig hinzu.

Auf Urbans Hof wohnen vier Generationen unter einem Dach. Seine Enkelkinder, seine Kinder, seine Eltern und Urban selbst mit seiner Frau Annemarie. Er erzählt uns, dass seine Kinder vor einigen Jahren vor der Entscheidung standen, ob sie in den Betrieb des Vaters einsteigen wollten. Sie haben sich dafür entschieden. Darum fühle er sich nun dafür verantwortlich, sein Erbe wohlbehütet an die nächste Generation weiterzugeben.

Für Urban geht es also nicht nur um die Schönheit und Vielfalt seiner Heimat. Er will und muss seinen Hof und seine Familie schützen.

»Mein Folientunnel«, sagt er mit unterdrücktem Zorn in der Stimme, »ist vielleicht der einzige Ort im Tal, wo meine Enkel in Sicherheit spielen können. Unbehelligt von der Gefahr, durch Pestizide vergiftet zu werden.«

Vom Dach seines Hofes aus hat Urban in den letzten Jahren einige hundert Verstöße gegen die Regeln der Pestizidausbringung beobachtet und mit einer Videokamera aufgezeichnet. Als er mir diese Videos zeigt, bin ich fassungslos.

> *Dieser Spritznebel aus Pestiziden steigt ungefähr 50 Meter hoch auf.*

»Dieser Spritznebel da«, sagt Urban und zeigt auf den Bildschirm seines Computers, »steigt ungefähr 50 Meter hoch auf. Und das ist nur, was man sieht. Die feinen Aerosole, die man nicht sieht, gehen noch zwei- bis dreimal so weit hinauf. Das belastet effektiv das ganze Tal!«

Im nächsten Video weist er mich auf einen Baum hin: »Dieser Baum da ist rund drei Meter hoch. Siehst du die Pestizidwolke dahinter? Als ob es brennen würde, oder? Siehst du, wie lang sich der Spritznebel in der Luft hält? Und wie er durch die Thermik immer weiter aufsteigt?« Es scheint ihm selbst den Atem zu verschlagen, obwohl er die Bilder bereits kennt. »Man meint, eine Bombe hat eingeschlagen.«

»Und diese Aufnahme hier habe ich am Palmsamstag gemacht«, kommentiert Urban sein nächstes Video. »Die Windstärke hat an diesem Tag sicher 30 Stundenkilometer betragen. Schau mal, wie weit die Spritzwolken hier über die Felder verweht werden. Ich schätze 15 bis 20 Baumzeilen weit.«

»Was sagen die Politiker dazu?«, will ich wissen.

»Du weißt ja, wie Politiker sind. Unter vier Augen sprechen sie anders als in der Öffentlichkeit. Unter vier Augen versprechen sie dir, dass sich bald etwas ändern wird, dass nächstes Jahr alles besser wird. ›Wir ändern die Sprühtechnik. Wir passen in Zukunft besser auf.‹ Und das geht jetzt schon seit Jahren so. Passiert ist effektiv nichts. Meines Erachtens wird es sogar schlimmer.«

## *Die Malser: »In unserer Gemeinde spritzt ihr überhaupt nicht mehr!«*

Ist dieses ewige Vertrösten eine perfide Strategie?, frage ich mich am Heimweg. Die Freunde der industriellen Landwirtschaft geben sich verbindlich, schütteln dir die Hand, versprechen dir das Blaue vom Himmel und denken doch nicht im Traum daran, ihren Worten Taten folgen zu lassen. »Dass einer lächeln kann und immer lächeln und doch ein Schurke sein«, geht mir ein Shakespeare-Zitat durch den Kopf. In Südtirol kann's so sein.

Als ich in Meran ankomme, denke ich daran, wie Peter Gasser mir am Ende unseres gestrigen Gesprächs erzählt hat, dass die Menschen in Mals irgendwann zu der Überzeugung gelangt seien, dass die ganze Diskutiererei nichts bringe.

Und Peter hatte dann diese Erfahrungen der Malser zusammengefasst: »Entweder sind wir im Stande, das Übel an der Wurzel zu packen, indem wir sagen: ›In unserer Gemeinde spritzt ihr überhaupt nicht mehr!‹ – oder wir gehen mit fliegenden Fahnen unter. So ist die Idee entstanden, in Mals eine Volksbefragung zu machen, um zu erfahren, was die Menschen hier eigentlich wollen.«

# 3

# »Konflikte muss man ausfechten!«
## Auf dem Weg zur pestizidfreien Gemeinde

Mein Lieblingsort in Meran ist die Buchhandlung Alte Mühle. Sie ist wie jede Buchhandlung eine Oase des Geistes. Ein Wasserloch, zu dem die Geistvollen strömen auf der Suche nach geistiger Nahrung. Und in der Mitte dieser Buchhandlung steht wie ein Fels in der Brandung, oder – besser vielleicht – wie eine Palme in der Oase, Rainer Schölzhorn, der Eigentümer. Er steht da und beobachtet seine Kunden, denkt über deren Interessen nach und über deren Entwicklung, die er hin und wieder durch den passenden Buchtipp zum richtigen Zeitpunkt unterstützt.

Ich sitze in einem Fauteuil, einen Bücherstapel auf meinem Schoß. Von einem der Bücher, die Rainer für mich zur Ansicht bestellt hat, lächelt mir ein weißhaariger Mann entgegen. Es ist ein spitzbübisches Lächeln. Ich blättere zum Bildblock in der Mitte des Buches und sehe denselben Mann zusammen mit Jimmy Carter. Das Bild wurde offenbar in Afrika aufgenommen, und der Mann ist darauf ungefähr zwanzig Jahre jünger.

Auf einem anderen Bild trägt er Krawatte und Anzug und hält eine gerahmte Urkunde in Händen. Neben ihm steht Margaret Thatcher, die frühere britische Premierministerin. Auf der nächsten Doppelseite ist sein Haar bereits ergraut. Auf der rechten Seite grinst er Prinz Charles an, auf der linken Seite Bill Clinton. Es ist das gleiche jugendliche Lächeln, das mich sofort für ihn einnahm. Unter dem Bild auf der rechten Seite lese ich: US-Präsident Bill Clinton gratuliert Hans Rudolf Herren zum Welternährungspreis.

Auf der letzten Seite des Buches finde ich schließlich eine Art Chronologie und verstehe, dass Hans Rudolf Herren neben dem World Food Prize zahlreiche weitere Preise erhalten hat. Den Sir and Lady Rank Prize (1991), den Kilby Award (1995), den Tylor Prize for Environmental Achievement (2003), den One World Award (2010) und schließlich den Right Livelihood Award (2013), der im Allgemeinen Alternativer Nobelpreis genannt wird.

Erst jetzt lese ich den Titel des Buches: »Wie Hans Rudolf Herren 20 Millionen Menschen rettete«. Ja, wie denn?, denke ich. Das will ich wissen. Und ich kaufe das Buch.

Ich bin nämlich auf der Suche nach einem weltweit anerkannten Agrarexperten, mit dem ich über das Pro und Kontra der industriellen Landwirtschaft sprechen kann. Vielleicht ist es ja Hans Rudolf Herren ...

Das Buch in der Tasche, marschiere ich zielstrebig zu meinem zweiten Lieblingsort in Meran. Im Café Wandelhalle angekommen, finde ich einen Tisch direkt an der Passer, jenem reißenden Wildbach, der mitten durch die Kurstadt fließt. In der Nähe der Passer ist es angenehm kühl, und das Rauschen des Wildbachs entrückt mich buchstäblich, macht mich für andere unerreichbar.

## *Schlupfwespe als giftfreier Helfer, der Leben rettet*

Maniok ist eine essbare Wurzel, lese ich. Maniok wächst von Senegal im Westen bis Madagaskar im Osten, in einem Tropengürtel, der größer ist als die USA und Indien zusammen, und deckt für 200 Millionen Afrikaner bis zu 50 Prozent ihres täglichen Kalorienbedarfs.

Anfang der 70er-Jahre ereignete sich jedoch eine Katastrophe. Schmierläuse gelangten auf importierten Manioksteckungen von Südamerika nach Afrika. Und da diese importierten Schmierläuse in Afrika keinen natürlichen Feind hatten, kam es zu einer Epidemie. In manchen Gegenden wurden bis zu 80 Prozent der Maniokernte zerstört. Auf den Feldern von Mosambik sah Hans Rudolf Herren Menschen, die in ihrer Verzweiflung völlig ungeschützt das hochgiftige Pestizid DDT versprühten. Sie sahen aus wie mit Staubzucker gepudert. Zusätzlich zur Hungerkatastrophe bahnte sich eine verheerende Umweltkatastrophe an.

Hans Rudolf Herren trommelte ein kleines Team von Experten für biologische Schädlingsbekämpfung zusammen, die er von der ETH Zürich und aus Berkley kannte. Der Plan: Man wollte sich in Südamerika auf die Suche nach dem natürlichen Feind dieser Schmierlaus machen. Doch dazu musste man zuerst die Schmierlaus selbst aufspüren.

Das jedoch schien eine schier unlösbare Detektivaufgabe. Denn diese Schmierlaus trat in Lateinamerika nur in sehr geringen Zahlen auf, da sie ja dort von ihrem natürlichen Feind in Schach gehalten wurde. In einem Kombi, der zum fahrbaren Labor umgebaut worden war, führte die Suche nach der Maniokschmierlaus von Mexiko über Kolumbien, Venezuela und Brasilien bis nach Paraguay im Süden. Im allerletzten Suchgebiet stieß man schließlich in der Nähe der Hauptstadt von Paraguay auf die verzweifelt Gesuchte.

In einem englischen Labor stellte sich danach eine Schlupfwespenart als Hauptgegner dieser Schmierlaus heraus. Doch wie sollte man Millionen dieser Schlupfwespen züchten? Und wie sollte man sie per Flugzeug über weiten Gebieten Afrikas freisetzen?

Es kostete Hans Rudolf Herren viel Mühe, das Geld für die Errichtung einer Forschungsstation für die Aufzucht der Nützlinge zu beschaffen. Doch schließlich errichtete er direkt neben der Universität von Cotonou in Benin eine Art Raumstation, mit zwölfeckigem Kern und ringförmig angeordneten Gewächshäusern. Dort wurde nun die aus Südamerika importierte Schlupfwespen-Population systematisch vermehrt.

Doch auch die Verteilung aus der Luft erwies sich zunächst als beinahe unüberwindbares Problem. Setzt man die Wespen bei einer Geschwindigkeit von 380 Stundenkilometern frei, so werden sie beim Zusammenprall mit den Luftmassen zerfetzt. Deshalb wurde ein spezielles System für den Flugzeuginnenraum konstruiert, das die Tiere auf 380 Stundenkilometer vorbeschleunigte, bevor sie abgeworfen wurden.

Auch ein System zum Abwurf der Insekten in kleinen Portionen musste entwickelt werden. Dabei half die Wiener Firma Eumig, die Filmkameras und Projektoren herstellte und sich mit automatischen Taktsystemen auskannte.

Schließlich musste man noch einen fähigen Piloten finden. Dieser Pilot war Captain Bob Coles, ein ehemaliger Kampfpilot der Royal Air Force, der dort aus dem Dienst entlassen worden war, weil er ohne Erlaubnis Kunstflugübungen durchgeführt hatte. Mit seiner Hilfe wurden von 1982 bis 1992 in 30 afrikanischen Ländern 1,6 Millionen Schlupfwespen ausgebracht.

1993 war die Schmierlausgefahr gebannt. Das Programm dürfte 20 Millionen Menschen das Leben gerettet haben. Ein vergleichsweise bescheidenes Budget von 20 Millionen Dollar hatte einen Nutzen von 14 Milliarden Dollar erbracht. Eine im Pflanzenschutzgeschäft einmalige Bilanz.

Wahnsinn! Das Leben von Hans Rudolf Herren bietet eigentlich selbst Stoff für einen Film. Bisher hatte ich noch nie von biologischer Schädlingsbekämpfung gehört. Ich frage mich, ob es nicht besser wäre, weniger Geld in die Entwicklung von immer neuen Pestiziden zu investieren und mehr Geld in agrarökologische Ansätze.

Ich lese weiter und erfahre, dass ich nicht der Einzige bin, der über eine Neuausrichtung von Forschung und technischer Entwicklung nachdenkt. Weltbank und FAO (die FAO ist die Organisation für Ernährung und Landwirtschaft der Vereinten Nationen) stießen 2003 ein internationales Forschungsprojekt an, das herausfinden sollte, ob und wie Agrarforschung und globale Agrarpolitik neu ausgerichtet werden müssten, um die sozialen und ökologischen Herausforderungen für die Ernährung der Welt zu bewältigen.

Das Projekt trug den sperrigen Titel »International Assessment of Agricultural Knowledge, Science and Technology for Development (IAASTD)«, der allerdings recht genau beschrieb, um was es ging. Hans Rudolf Herren übernahm zusammen mit der Kenianerin Judi Wakhungu, einer Professorin des African Centre for Technology Studies, die Leitung des Projekts. In der Vorbereitungsphase trugen über 900 Menschen aus 110 Ländern zu dem Projekt bei, und im September 2004 trafen sich schließlich Vertreter von 30 Regierungen und von 30 internationalen Organisationen in Nairobi, um den offiziellen Startschuss für das Projekt zu geben. 400 Experten aus aller Welt machten sich danach an die Arbeit und entwickelten in vier Jahren fünf regionale Teilberichte und einen Gesamtbericht. Die Agrarkonzerne Monsanto, Syngenta und BASF zogen sich allerdings vorzeitig aus dem Projekt zurück. Die Themen Biotechnologie und Gentechnik standen für ihren Geschmack zu wenig im Fokus.

Bei der Präsentation des Gesamtberichts im April 2008 wurde dieser dennoch von 60 Staaten begeistert aufgenommen. Er erhielt den Status eines Konsenses zur Neuausrichtung der internationalen Agrarforschung. Nur die USA, Kanada und Australien stimmten diesem Abschlussbericht nicht zu. Unter dem Titel »Agriculture at a Crossroad« (Landwirtschaft am Scheideweg) erschien dann 2009 ein Synthesebericht, der für eine breitere Öffentlichkeit gedacht war und der von seinen Lesern »Weltagrarbericht« genannt wurde.

Ich lese, dass dieser Bericht auch in deutscher Übersetzung im Internet verfügbar ist. Sofort lade ich ihn herunter. Hans Rudolf Herren ist eindeutig der Mann, mit dem ich sprechen will. Warum sollte ich zu Hänschen gehen, wenn ich auch direkt zu Hans gehen kann? Aber kann ich überhaupt zu Hans gehen?, frage ich mich. Nobelpreisträger bekommen täglich so viele Gesprächsanfragen, dass man als Journalist eigentlich immer abblitzt, wenn man nicht im Auftrag eines renommierten und auflagenstarken Mediums recherchiert.

Ich klappe das Buch zu und mache mich auf den Weg nach Mals.

## *Das Volk ist der Souverän – auch in Mals*

Uli Veith ist der Bürgermeister der Gemeinde Mals und wird von Malser Bürgern immer wieder als zentrale Stütze des Widerstands genannt. Das Büro des Bürgermeisters ist ein freundlicher, heller Raum in einem freundlichen, hellen Neubau. Ich nehme auf einem Sofa Platz, zwischen halbhohen Zimmerpflanzen.

»Wann und wie wurdest du das erste Mal mit dem Pestizidproblem in Mals konfrontiert?«, beginne ich das Gespräch.

»Das Thema kam bei uns auf die Tagesordnung, als Günther Wallnöfer zu mir kam und mir erklärte, dass die Biobauern ein immer größeres Problem bekämen, weil es immer mehr Obstbauern gäbe, die Pestizide in ihr Heu spritzten.«

»Und was habt ihr dagegen unternommen?«

»Zuerst haben wir versucht, die Obstbauern für dieses Problem zu sensibilisieren. Durch einen runden Tisch, eine Informationsbroschüre mit Empfehlungen. Und so weiter. Wir wurden nicht ernst genommen. Man hat gemeint, ›die paar Spinner da oben, die werden schon wieder Ruhe geben‹.«

»Naja, das ist manchmal die eigentliche Funktion von runden Tischen und Broschüren: Der Bevölkerung soll Sand in die Augen gestreut werden«, sage ich.

Uli Veith nickt: »Man wollte einfach auf Zeit spielen. Zuerst wird ein Jahr lang diskutiert. Dann wird in Ruhe eine Broschüre gedruckt. Und dann wird man weitersehen.«

»Und wenn während dieser Zeit ein konkretes Rückstandsproblem auftaucht, dann heißt es, es handle sich dabei nur um ein einzelnes schwarzes Schaf.«

»Richtig. Aber in Wirklichkeit hat sich überhaupt niemand an unsere Empfehlungen gehalten. Nicht einer. Deshalb haben wir dann gesagt: ›Wir brauchen eine Volksabstimmung.‹«

»Hattet ihr das Gefühl, dass ihr eine solche Abstimmung gewinnen könntet?«

»Ja, denn in einer Befragung, die wir durchgeführt hatten, haben wir gesehen, dass der Erhalt der Kulturlandschaft ein Riesenthema für die Menschen in Mals war.«

»Peter Gasser hat mir erzählt, dass ihr zunächst das Gemeindestatut überarbeiten musstet. Hattet ihr da schon die Pestizidfrage im Hinterkopf oder habt ihr das Statut einfach geändert, weil ihr mehr direkte Demokratie wolltet?«

»Beides. Hauptsächlich hat mich aber gestört, dass die damalige Satzung keine Möglichkeiten bot, die Bevölkerung zu beteiligen. Wir haben uns damals vorgenommen: ›Wir machen jetzt eine Musterverordnung in Mals, die auch für andere Gemeinden vorbildlich sein kann. Wir öffnen uns komplett! So, dass jeder Mensch in der Gemeinde entscheiden kann, wie er leben will, was ihm wichtig ist, mit was er einverstanden ist und mit was nicht.‹ Und deshalb haben wir den Auftrag zur Überarbeitung der Gemeindesatzung und der Verordnung erteilt.«

»An wen habt ihr diesen Auftrag erteilt?«

»An die Initiativgruppe für mehr Demokratie und an eine Arbeitsgruppe unter meiner Leitung, bestehend aus Gemeinderäten und Bürgern aus

Ulrich Veith (Mals), Bürgermeister

der Gemeinde. Aber als wir mit der Arbeit begannen, wusste ich bereits, welches die erste Abstimmung sein würde.« Er lächelt: »Die pestizidfreie Gemeinde Mals.«

Ich lächle auch und denke: Ich sende euch wie Schafe mitten unter die Wölfe. Seid darum klug wie die Schlangen und ohne Falsch wie die Tauben.

»Du wusstest also«, sage ich, »dass die neuen Werkzeuge der direkten Demokratie zum Instrument des Pestizidabwehrkampfes werden könnten, aber du hast es nicht an die große Glocke gehängt, weil du befürchten musstest, dass sonst deine eigene SVP-Gemeinderatsfraktion diese Entscheidung für direkte Demokratie nicht mittragen würde.«

»Ja. Und das wäre auch so gewesen.«

Die deutschsprachigen Südtiroler wählen seit dem Zweiten Weltkrieg mehr oder weniger geschlossen eine einzige Partei, die Südtiroler Volkspartei SVP, damit diese Partei die Interessen der deutschsprachigen Südtiroler in Rom mit Nachdruck vertreten kann. Seit dem Zweiten Weltkrieg regiert diese Partei daher ohne Unterbrechung das Land und stellt auch so gut wie alle Bürgermeister. (In die Politik gehen und in die SVP eintreten, war in Südtirol in den letzten Jahrzehnten eigentlich ein und dasselbe. Und einen politischen Diskurs gab es, wenn überhaupt, nur im Inneren dieser Einheitspartei der deutschsprachigen Südtiroler.)

»Ist eine Entwicklung wie in Mals auch in einem Dorf denkbar, in dem der Bürgermeister sich nicht für direkte Demokratie begeistert?«, möchte ich wissen.

»Ich denke, es braucht beides: eine Verwaltung, die bereit ist, auf die Bürger zu hören, und aktive Bürger.«

»Findest du, dass man in einer Demokratie die Bevölkerung ans Ruder lassen sollte?«

»Davon bin ich voll und ganz überzeugt. Und die Erfahrungen, die ich gemacht habe, bestärken mich noch zusätzlich in dieser Überzeugung.«

Uli Veith ist sehr sorgfältig gekleidet. Bei mir ist es genau umgekehrt. Ich trage nur Kleidungsstücke, die mehr oder weniger zufällig in meinen Kleiderschrank gelangt sind. Danach aber trage ich sie so lange, bis sie buchstäblich zerfallen. Doch trotz dieser augenfälligen Unterschiede in der äußeren Erscheinung spüre ich, dass unser Gespräch uns leichtfällt, dass wir einander gut verstehen. Man sieht nur mit dem Herzen gut, denke ich, und ich sehe einen Mann, der – ohne viel Aufhebens davon zu machen – zu dem steht, was er verspricht.

»Was hat sich eigentlich konkret an eurer Gemeindesatzung geändert?«, möchte ich als Nächstes wissen.

»Wir haben viele verschiedene Methoden der Bürgerbeteiligung eingeführt. Bei uns kann jetzt jeder Beschluss der Gemeinde von der Bevölkerung angefochten werden. Die beratende Volksabstimmung haben wir ganz abgeschafft. Bei uns sind nun alle Volksabstimmungen bindend. Das heißt, was das Volk sich wünscht, muss die Gemeindepolitik umsetzen.

Dann haben wir das Quorum für Volksabstimmungen heruntergesetzt und auch die Anzahl der Unterschriften, die man sammeln muss, um eine Volksabstimmung zu initiieren. Darüber hinaus gibt es noch die Möglichkeit, Volksabstimmungen auf Fraktionsebene zu machen. Falls ein Thema also nur eine Fraktion betrifft, zum Beispiel Laatsch, dann kann auch in Laatsch darüber abgestimmt werden.«

»Weil du die Möglichkeit zur Anfechtung von Beschlüssen erwähnst. Hat die Bevölkerung schon einen eurer Beschlüsse angefochten?«

»Nein. Und ich glaube, das liegt daran, dass wir – bevor wir ein Projekt angehen – gut überlegen, ob die Leute das tatsächlich wollen oder ob sie etwas anderes wollen. Außerdem bereiten wir die meisten Projekte in Arbeitsgruppen vor. Und in diesen Arbeitsgruppen sitzen immer auch kritische Bürger, Leute, von denen ich weiß, dass sie dagegen sind. Und zwar, weil ich auch deren Meinung hören will! Ich will hören, wieso sie dagegen sind. Erst dann bekomme ich ein vollständiges Bild. Und treffe bessere Entscheidungen zum Wohle aller.«

Ich denke eine Weile nach. Dann frage ich: »Warum hast du dich überhaupt für das Anliegen der Pestizidgegner engagiert? Und woher nimmst du die Kraft dazu?«

»Ich bin hier aufgewachsen, und ich habe gesehen, wie schön das Leben hier ist. Und wenn man dann eine Veränderung beobachtet, über die man sich jeden Tag ärgert, dann kann man daraus sehr viel Kraft schöpfen. Bei uns hat es das nie gegeben, dass jemand Grund und Boden mit Giften kaputt macht. Das kannten wir nicht. Wenn jetzt aber, mit einer beispiellosen Arroganz, die gesamte Kulturlandschaft verändert wird, die Böden kaputt gemacht werden und die Luft verschmutzt wird, dann stört mich das extrem. Und zwar Tag für Tag. Als Bürgermeister bin ich verpflichtet, dagegen etwas zu unternehmen. Dazu bin ich gewählt worden. Das ist meine Aufgabe.«

»Damit man sich also gegen den Strom stellen kann, muss man ein wirklich tiefes Anliegen haben?«

»Ja, sonst geht es nicht. Sonst spült dich die erste Welle weg.«

> »Bei uns hat es das nie gegeben, dass jemand Grund und Boden mit Giften kaputt macht. Das kannten wir nicht.«

»Und wie gehst du mit den vielen Anfeindungen um?«

»Damit kann ich gut leben. Denn ich bin davon überzeugt, dass wir das Richtige tun. – Natürlich finde ich es schade, wenn Menschen, die anders denken, sich der Diskussion mit uns nicht stellen. Doch das geht vorüber. Früher oder später werden sie zugeben, dass die biologische Landwirtschaft der richtige Weg ist. Und dann werden sie auch selbst diesen Weg beschreiten.«

»Wie es scheint, gehst du mit den Aggressionen, die du auf dich ziehst, recht locker um?«

»Nein, ich habe schon auch schlaflose Nächte gehabt.«

»Aber?«

»Aber in dem Unternehmen, in dem ich früher gearbeitet habe, hat uns einmal ein Berater gesagt: ›Ihr kommt nicht weiter, weil ihr zu harmoniebedürftig seid. Ihr müsst die Probleme einmal auf den Tisch bringen. Ihr müsst sie ausstreiten. Dann erst kommt ihr weiter.‹ Bestimmte Konflikte gehören einfach ausgetragen. Sonst kann man sich nicht weiterentwickeln.«

»Ja«, ergänze ich, »man soll sich nicht zu sehr verbiegen. Man muss eigensinnig bleiben. Ein Kirschbaum muss Kirschbaum werden, ein Birnbaum Birnbaum. Und so hat auch jeder Mensch das Recht und die Pflicht, unterschiedlich zu sein. Und daher können keine zwei Menschen derselben Meinung sein, oder?«

»Genau. Und deshalb nehmen wir auch immer kritische Menschen in unsere Arbeitsgruppen herein. Wenn wir nämlich nur Leute reinnehmen würden, die die gleiche Meinung haben wie wir, dann geht das Projekt zwar vielleicht reibungsloser, aber es wird dadurch nicht besser. Unsere Projekte sind alle besser geworden, als ich sie ursprünglich im Kopf hatte.«

»Ich habe gehört, dass du beruflich viel in der Schweiz zu tun hattest. Hat dich diese Erfahrung verändert?«

»Ja, schon. Wenn in Südtirol jemand sagt, ›das Volk darf nicht entscheiden‹, dann verstehen das die Menschen in der Schweiz nicht.«

»Ich verstehe das auch nicht«, unterbreche ich ihn. »Wer soll denn sonst in einer Demokratie entscheiden?«

»Ja, wer denn sonst? Wenn der Gesetzgeber uns vorschreiben will, was wir entscheiden dürfen, dann ist das absurd. Das Volk ist der Souverän. Das Volk gibt den Politikern den Auftrag zur Umsetzung seiner Entscheidungen. Als Politiker bin ich nur ein Ausführender. Und so muss das auch sein.«

## 4

# Spuren der Verwüstung in Natur und Gesellschaft

*Monokulturen und Massenproduktion: eine Bestandsaufnahme*

Was heißt eigentlich industrielle Landwirtschaft? Ist es nur ein Kampfbegriff rückwärtsgewandter Weltverbesserer? Ich will es genau wissen und mich möglichst umfassend über Monokulturen, Dünger- und Pestizideinsatz informieren. Zunächst möchte ich mir einen Überblick verschaffen. Also nehme ich den Begriff »Überblick« wörtlich und treffe mich mit drei Freunden in Südtirols Unterland.

Einer von uns trägt eine Datenbrille auf der Nase und eine Fernbedienung in den Händen. Er steuert den Flug einer Drohne, die mit einer Kamera bestückt ist. Ein Zweiter starrt in einen Monitor, den er wie einen Bauchladen umgehängt hat. Er bedient einen Steuerknüppel und koordiniert damit die Bewegungen der Kamera. Zwischen den beiden steht der Kameramann. Er gibt den anderen Anweisungen zum Flug der Drohne und zu den Schwenks und Zooms der Kamera. In einiger Entfernung davon stehe ich selbst und filme die drei bei der Arbeit. Vielleicht kann ich diese Bilder für eine Art »Making of« verwenden.

Die Drohne steigt nun kerzengerade auf, bis sie nur noch ein kleiner Punkt ist. Dort oben, so haben wir es vereinbart, wird sich die Kamera einmal um die eigene Achse drehen. Ich bin schon gespannt auf diese Bilder. Doch bevor ich sie sehen werde, steht noch ein weiterer Dreh auf dem Programm. 45 Kilometer nördlich und 45 Kilometer westlich vom ersten Drehort. Dazwischen liegen 90 Kilometer Apfelland. 90 Kilometer Monotonie. Zwischen Laas und Eyrs, nur zehn Kilometer von Mals entfernt, wird die Drohne abermals startklar gemacht. Hier führt eine schnurgerade Straße am Ufer der Etsch entlang. Unsere Drohne folgt dieser Straße, soweit ihr Aktionsradius reicht. Dann fliegt sie zu uns zurück, wie ein Hund, der einen Ball apportiert.

Am selben Abend noch schaue ich mir die Bilder der Drohne immer und immer wieder an. Sie schockieren mich. Während nämlich die Drohne im

Unterland immer höher emporstieg, enthüllte sie einen immer weiteren Ausschnitt des Unterlands. Doch bis an den fernsten Horizont sieht man auf diesen Bildern immer nur eines: Apfel-Monokulturen. Und im Vinschgau westlich von Laas, an unserem zweiten Drehort, zeigen unsere Luftaufnahmen das gleiche gruselige Bild. Unter uns Äpfel, Äpfel, Äpfel, ohne Abwechslung, ohne Ende.

Hier wurde die Idee der Massenproduktion radikal auf die Landwirtschaft übertragen. Je mehr man von einer Sache produziert, umso niedriger die Stückkosten. Und natürlich geht es auch um die Idee der Arbeitsteilung: Jede Region soll nur das anbauen, was dort besonders gut wächst. So entstehen endlose Monokulturen.

## Töten für Lebensmittel

Bei Wikipedia suche ich nun nach diesem Begriff: »Monokulturen«. Und ich staune darüber, wie genau der Begriff hier die Sache beschreibt. »Monos« hat griechische Wurzeln und bedeutet soviel wie »allein«, und »Cultura« ist ein lateinisches Wort und bedeutet in diesem Fall »Anbau«. »Als Monokultur«, lese ich weiter, »werden daher landwirtschaftliche Flächen bezeichnet, auf denen ausschließlich eine einzige Nutzpflanzenart über mehrere Jahre hintereinander angebaut wird. Man verwendet den Begriff auch zur Bezeichnung der regionalen Konzentration auf ein einziges landwirtschaftliches Produkt.« In unserem Fall auf Äpfel. Schon im dritten Satz wird erklärt, dass diese Anbaumethode sehr anfällig für Schädlinge ist und außerdem den Boden auslaugt. »Dies führt dazu«, so lese ich nun unter dem Stichwort »Monokulturen« auf einer Website zur Pflanzenforschung, »dass Monokulturen oft einen erhöhten Einsatz von Dünge- oder Pflanzenschutzmittel zur Folge haben.«

Heute spricht man euphemistisch von Pflanzenschutzmitteln, früher ganz ungeniert von Pestiziden. Das Wort »Pestizide« setzt sich aus zwei Teilen zusammen: aus dem lateinischen »pestis«, das in diesem Fall wohl »Seuche« bedeutet (eigentlich aber »Geißel«), und aus dem Verbum »caedere«, einem der zahllosen römischen Worte für ‹töten›.

Tötungsmittel mit der Nachsilbe »zide« gibt es für alles in der Natur, das einer Monokultur in die Quere kommen könnte: Insektizide gegen Insekten, Herbizide gegen Pflanzen, Fungizide gegen Pilze, Bakterizide gegen Bakterien, Akarizide gegen Milben, Avizide gegen Vögel, Rodentizide gegen Nagetiere, Algizide gegen Algen, Arborizide gegen Gehölze, Graminizide gegen Gräser, Molluskizide gegen Schnecken, Nematizide gegen Fadenwürmer, und so weiter.

Die gleiche Nachsilbe steckt übrigens auch in dem Wort »Genozid«, das den Massenmord an einem Volk bezeichnet. Pestizide sollen unerwünschte Lebewesen oder Pflanzen schädigen oder töten. Nicht nur zum Schutz von landwirtschaftlichen Produkten, wie das Wort »Pflanzenschutz« nahelegt, sondern auch zur Arbeitserleichterung oder aus ästhetischen Gründen. Der kommerzielle Apfel muss schließlich lange haltbar sein und im Supermarkt möglichst makellos und verlockend aussehen.

Je länger ich darüber nachdenke, umso größer erscheinen mir die Ähnlichkeiten zwischen Massentierhaltung und Monokulturen. Pflanzen und Lebewesen haben in beiden Fällen keinerlei Eigenwert. Sie dienen ausschließlich der Befriedigung unserer Bedürfnisse. Und beide, Monokulturen und Massentierhaltung, werden nur durch den massiven Einsatz von Produkten der chemischen Industrie aufrechterhalten. Im Falle der Massentierhaltung sind es Antibiotika, die verhindern sollen, dass die Tiere vorzeitig unter der Last ihrer qualvollen Existenz verenden.

Es ist bereits kurz nach Mitternacht. Doch ich fühle mich immer noch hellwach. Der Wahnsinn, der auf dem Feld beginnt, beschränkt sich keineswegs nur auf das Feld. Die gesamte Apfelernte muss ja gelagert und gekühlt und danach um die halbe Welt transportiert werden. Nach Russland oder Saudi-Arabien. Ich erinnere mich an einen Artikel, den ich vor einigen Jahren las. Die Autoren rechnen darin vor, welche Transportwege die einzelnen Bestandteile eines Erdbeerjoghurts zurücklegen, bevor das Produkt im Regal steht. Insgesamt 9.000 Kilometer. Die Erdbeeren kommen aus Polen, die Joghurtkulturen aus Schleswig-Holstein und das Weizenpulver aus Amsterdam. Verpackungsteile werden aus allen Teilen Deutschlands geliefert. Dabei ist dieser Erdbeerjoghurt hinsichtlich seiner Transportintensität keineswegs ein Extremfall. Die Wege, die Lebensmittel zurücklegen, bevor sie im Regal stehen, werden immer länger. Falls man solche Produkte überhaupt noch »Lebensmittel« nennen kann. Denn was am Ende in so einem Erdbeerjoghurt tatsächlich drin ist, rechtfertig eher die Bezeichnung »Industriedrink«. Pro 150 Gramm muss so ein »Drink« nämlich nur eine einzige Erdbeere enthalten. Damit das Endprodukt dennoch nach Erdbeere schmeckt, werden rund 200 verschiedene chemische Strukturen eingesetzt. Das Molekül, das die Hauptverantwortung für den Erdbeergeschmack trägt, heißt Vanillin. Es lässt sich relativ einfach aus Holzspänen gewinnen. Na, dann Mahlzeit. Ich klappe meinen Laptop zu. Für heute reicht's mir.

*Pro 150 Gramm muss ein Erdbeerjoghurt nur eine Erdbeere enthalten.*

## Übersicht des Schreckens

Als ich mich am Tag danach wieder an die Arbeit begebe, lege ich einen Zeichenblock, Bleistifte und einen Radiergummi vor mich auf den Tisch. Ich möchte eine Skizze der Nebenwirkungen der industriellen Landwirtschaft anfertigen. In der Mitte des Blatts notiere ich in Großbuchstaben: »Negative Auswirkungen der industriellen Landwirtschaft.« Auf die eine Seite schreibe ich »für die Umwelt« und auf die andere »für die Gesellschaft«.

Auf der Seite der Umweltprobleme notiere ich als ersten Unterpunkt das Wort »Bodenzerstörung«. Nach kurzer Recherche finde ich heraus, dass von den heute genutzten Agrarflächen ein Drittel bereits durch Erosion, Versalzung, Verdichtung, Versauerung und Schadstoffbelastung mehr oder weniger stark degradiert ist. Ein Drittel der Böden!

Im Zuge dieser Recherche stolpere ich auch über ein zweites Problem, den enormen »Wasserverbrauch« der industriellen Landwirtschaft: Sage und schreibe 70 Prozent des globalen Süßwasserverbrauchs gehen heute auf ihr Konto. In vielen Regionen Asiens und Afrikas sinkt dadurch der Grundwasserspiegel dramatisch. Die Trinkwasserversorgung ist bedroht.

Drittens: »Abnahme der Biodiversität«. Oder soll ich besser den Begriff »Artensterben« verwenden? Ich füge ihn in Klammern hinzu.

Im Laufe der letzten Jahrtausende hat die Menschheit mehr als 10.000 Nahrungspflanzen genutzt. Heute sind es nur noch rund 150. In den letzten 100 Jahren sind zudem mehr als 1.000 Nutztierarten verschwunden. 17 Prozent der verbleibenden Nutztierrassen sind vom Aussterben bedroht.

Als dramatisch kann man getrost die Aussterberate bei Wildtieren bezeichnen. Sie ist heute rund tausendmal höher als vor der industriellen Revolution. Derzeit sterben jährlich (!) 10.000 bis 25.000 Tier- und Pflanzenarten aus. Einer der größten Verursacher dieses beispiellosen Artensterbens ist die industrielle Landwirtschaft. Direkt, durch den Einsatz von Pestiziden, und indirekt, durch die Zerstörung von Lebensräumen.

Ich muss daran denken, was Urban Gluderer vom Kräuterschlössl zu mir gesagt hat: »Als wir Kinder waren und über die Wiesen gelaufen sind, waren da Hunderte von Schmetterlingen. Wenn ich heute einmal einen Schmetterling sehe, ist das eine Rarität. Oder einen Heuhüpfer. Oder eine Fledermaus.«

Anders als im bekannten Kinderlied sind in Südtirol (und nicht nur dort) nicht mehr alle Vöglein da. Die Lerche? Verschwunden. Ebenso die Wachtel. Bedroht: Wiedehopf und Wendehals. Mit jeder Art, die verschwindet, beschleunigt sich der Prozess des Zusammenbruchs ganzer Ökosysteme.

Natürlich bleibt auch die Landwirtschaft selbst nicht von den Auswirkungen dieser Katastrophe verschont, da auch immer mehr »Nützlinge«

diesem Artensterben zum Opfer fallen. Zurzeit arbeiten noch mehr als 100.000 Arten als Erntehelfer in der Landwirtschaft. Doch ihre Zahl nimmt von Jahr zu Jahr ab. Und mit jedem natürlichen Gegenspieler, der ausgerottet wird, entstehen neue Schädlingsprobleme. Besonders gefährlich für die Landwirtschaft ist das weltweite Bienensterben, denn zwei Drittel der weltweiten Nahrungsmittelproduktion hängen direkt oder indirekt von bestäubenden Insekten ab.

»Wir leben in der Zeit des sechsten großen Artensterbens«, warnen Wissenschaftler. Das könnte auf den ersten Blick beinahe beruhigend klingen. Schließlich gab es schon früher fünf ähnliche Phasen. Allerdings wurden diese früheren Phasen durch Naturkatastrophen ausgelöst, wie zum Beispiel durch einen Kometeneinschlag. Heute wird das Artensterben vom Menschen verursacht. Und auch früher hat es danach 100.000 Jahre gedauert, bis das Leben sich regeneriert hatte. So lange wird es wieder dauern. Viele Arten werden dann allerdings für immer verschwunden sein. Wahrscheinlich auch der Mensch, denn wir hängen natürlich wie alle anderen Säugetiere von funktionierenden Ökosystemen ab. Ökosysteme erbringen für uns Ökosystemdienstleistungen. Ohne funktionierende Ökosysteme kein sauberes Wasser, kein fruchtbarer Boden, kein Schutz vor Lawinen und keine Luft zum Atmen.

Das dramatische Artensterben wird durch den Klimawandel im wahrsten Sinne des Wortes weiter angeheizt. »Klimawandel« ist mein nächstes Stichwort. Doch ich radiere es gleich wieder weg und schreibe stattdessen: »Erderwärmung«. »Klimawandel« verharmlost das Phänomen. Es suggeriert eine natürliche Entwicklung, Wandel eben.

Was ich zu diesem Punkt recherchiere, ist vielen Menschen zu wenig bewusst: Die industrielle Landwirtschaft ist für 31 Prozent der weltweiten Treibhausgasemissionen verantwortlich und damit der größte Verursacher des Klimawandels. 13 Prozent dieser Emissionen entstehen durch Methan aus den Mägen und Därmen von Wiederkäuern, durch Lachgas aus überdüngten Feldern und durch den $CO_2$-Ausstoß bei der Verwendung fossiler Energieträger. Den mit Abstand größten Anteil an diesen 13 Prozent verursacht also die industrielle Tierhaltung (durch Methan und Lachgas). Doch auch der $CO_2$-Ausstoß beim Betrieb von Landwirtschaftsmaschinen und bei der Produktion von Mineraldünger und Pestiziden trägt erheblich zum Klimawandel bei. Für eine produzierte Nahrungskalorie werden bei der industriellen Nahrungsmittelproduktion bis zu zehn Kalorien Fremdenergie verbraucht.

Weitere 18 Prozent der Erderwärmung werden durch Waldrodung zur Gewinnung von Ackerflächen verursacht. Einerseits durch das Treibhausgas $CO_2$, das bei der Brandrodung selbst entsteht, andererseits durch das

Verschwinden der Wälder. Denn Wälder, die nicht mehr existieren, können auch kein $CO_2$ mehr binden und absorbieren.

Die Erderwärmung wird dazu führen, dass Starkregen und Dürreperioden häufiger werden. Der gesamte Wasserhaushalt der Erde wird sich verändern, Schädlinge und Krankheitserreger werden ihr Verbreitungsgebiet verschieben. All dies wird die Nahrungsmittelproduktion vor zusätzliche, gigantische Herausforderungen stellen.

Vor allem in Afrika, wo sich die Auswirkungen des Klimawandels schon heute zeigen. In Kenia, Uganda, Ruanda und Burundi stiegen die Temperaturen zwischen 1966 und 2006 um 1,54 Grad Celsius. In Süd- und Nordafrika nehmen die winterlichen Regenfälle ab, während in Ostafrika die Niederschläge zunehmen. Da 90 Prozent der Landwirtschaft in Afrika vom Regen abhängig sind, haben diese Verschiebungen bereits dramatische Auswirkungen. Wetterbedingte Katastrophen, wie Überschwemmungen oder Dürreperioden, haben sich in den letzten 25 Jahren in Afrika verdoppelt. Großflächige Ernteausfälle sind die Folge.

## *Jeder Zweite isst zu wenig, zu viel oder falsch*

Es heißt vielfach, dass die industrielle Landwirtschaft notwendig sei, um eine wachsende Weltbevölkerung zu ernähren. Wenn ich darüber nachdenke, was ich innerhalb von wenigen Stunden über die von der industriellen Landwirtschaft verursachten Umweltprobleme erfahren habe, dann scheint eher das Gegenteil der Fall zu sein. Die industrielle Landwirtschaft zerstört systematisch Böden, Artenvielfalt und Klima und verschwendet sorglos unsere Wasserreserven.

Tatsächlich wundere ich mich darüber, dass es überhaupt noch irgendjemanden gibt (die Pharma- und Chemieindustrie einmal ausgenommen), der ein solches Landwirtschaftsmodell verteidigt. Wer sich drei Stunden Zeit nimmt und sinnerfassend lesen kann, kommt eigentlich an den von mir aufgezählten Problemen nicht so leicht vorbei.

Auch der Weltagrarbericht kommt zum Ergebnis, dass wir die Welt nur dann nachhaltig ernähren können, wenn wir uns auf agrarökologische Methoden besinnen, wenn wir also *mit* der Natur und nicht *gegen* sie arbeiten.

Die industrielle Landwirtschaft arbeitet jedoch nicht nur gegen die Natur, sie scheitert gleichzeitig auch an ihrem vorgeblichen Ziel: nämlich die Ernährung der Weltbevölkerung sicherzustellen. 795 Millionen Menschen – knapp 11 Prozent der Weltbevölkerung – sind unterernährt. In Afrika südlich der Sahara sind es sogar 23 Prozent. Weitere zwei Milliarden Menschen werden unzureichend mit Vitaminen und essenziellen Mineralstoffen versorgt. Während gleichzeitig in den reichen Ländern der Erde rund 1,4 Milliarden erwachsene Menschen übergewichtig sind. 500 Millionen davon fettleibig. Die Folgen: Diabetes, Bluthochdruck, Schlaganfälle und Krebserkrankungen. Insgesamt isst heute jeder zweite Mensch zu wenig, zu viel oder falsch.

Die wirklichen Ursachen des Hungers sind gesellschaftlicher Natur. Und das aktuelle Ernährungssystem ist weit davon entfernt, sie zu bekämpfen. Es ist deren wahrer Ursprung. Um den Hunger auf der Welt rasch zu beseitigen, würde es zum Beispiel ausreichen, das Problem der »Nahrungsmittelverluste« zu lösen. Ich notiere dieses Stichwort auf der rechten Seite meines Zeichenblatts, unter »soziale Probleme«. Die meisten Menschen wissen nicht, und sollen es vielleicht auch gar nicht erfahren, dass bereits heute weltweit genügend Lebensmittel produziert werden, um 14 Milliarden Menschen zu ernähren. Ein Großteil dieser Nahrung geht allerdings verloren, wird vernichtet oder landet in der Mülltonne.

*Bereits heute werden weltweit genügend Lebensmittel produziert, um 14 Milliarden Menschen zu ernähren.*

In den Entwicklungsländern entstehen diese Nahrungsmittelverluste größtenteils durch fehlende Lagerungs-, Verarbeitungs- und Transportkapazitäten. Ein Problem, das man relativ leicht lösen könnte. Und in den Industrienationen werfen Handel und private Haushalte alles, was nicht mehr ganz frisch aussieht oder das (fragwürdige) Mindesthaltbarkeitsdatum erreicht hat, in die Tonne.

In der Schweiz fallen 45 Prozent aller Lebensmittelverluste in privaten Haushalten an. (Da übrigens die Produktion dieser ungenutzten Nahrung acht Prozent aller Treibhausgase verursacht, könnte die Bekämpfung dieser Lebensmittelverschwendung gleichzeitig die drohende Klimakrise zumindest kurzfristig entschärfen.)

Anstatt also immer mehr Nahrungsmittel mit immer rücksichtsloseren Methoden zu produzieren, sollten wir lieber daran arbeiten, dass nicht so viele Lebensmittel auf dem Müll landen.

## *Obszöner Fleischhunger*

Ein weiteres soziales Problem, das ich auf der rechten Seite meiner Skizze verzeichne, ist die unmäßige »Fleisch-, Milch- und Käseproduktion«. Gäbe es ein Gesetz, das den Verzehr tierischer Nahrungsmittel wochentags verbietet, gäbe es von heute auf morgen keinen Hunger mehr auf der Welt. Denn um eine Kalorie tierischer Nahrung zu produzieren, müssen zwei bis sieben Kalorien pflanzlicher Nahrung verfüttert werden. Mit den Kalorien, die auf diese Weise verloren gehen, könnten laut einer Berechnung des UN-Umweltprogramms 3,5 Milliarden Menschen zusätzlich satt werden.

Heute jedoch wandert ein Drittel der Weltgetreideernte in die Futtermittelproduktion. Die dazu genutzten Ackerflächen fehlen für den Anbau von Nahrungsmitteln vor Ort. Denn ein Großteil dieser Futtermittel stammt von den Ackerflächen der Entwicklungsländer, deren eigene Bevölkerung an Hunger leidet. Das ist nicht nur verrückt, das ist obszön.

Die Produktion tierischer Nahrungsmittel ist – aus agrarökologischer und humanistischer Perspektive – ohnehin nur so lange sinnvoll, solange sich Wiederkäuer von Gras- und Weideland ernähren, das als Ackerfläche für die Ernährung des Menschen nicht genutzt werden kann (das sind immerhin zwei Drittel der weltweiten Agrarfläche), und solange Hühner und Schweine Nahrungsmittelabfälle und Nebenprodukte verwerten, kurz: solange die Tiere nicht zu Nahrungsmittelkonkurrenten für den Menschen werden (also nicht fressen, wovon wir leben könnten).

*Um eine Kalorie tierischer Nahrung zu produzieren, müssen zwei bis sieben Kalorien pflanzlicher Nahrung verfüttert werden.*

Eine Einschränkung des Fleischkonsums auf ein gesundes und vernünftiges Maß würde nicht nur den Hunger auf der Welt beenden, sondern auch das unsägliche Tierleid der Massentierhaltung mit ihrem gewaltigen Antibiotika-Einsatz von 70 Prozent der weltweiten Antibiotika-Produktion.

Doch leider entwickelt sich der Fleischverbrauch in die entgegengesetzte Richtung. In den letzten fünfzig Jahren hat er sich weltweit vervierfacht. Der durchschnittliche Fleischkonsum pro Jahr liegt bei 32 Kilogramm pro Person, in Deutschland sind es 60 Kilogramm, in Frankreich sogar 86 Kilogramm. Und mit dem Fleischhunger wächst auch der Hunger nach Ackerflächen. Immer mehr Länder und Institutionen des Nordens machen sich auf die Jagd nach den fruchtbarsten Agrarflächen des Südens, um dort Agrarprodukte für den Export herzustellen. Kleinbauern vor Ort verlieren dadurch ihr Land und ihre Existenzgrundlage und enden nicht selten in den Slums der Megacitys. Ich notiere also drei weitere Stichworte bei den sozialen Problemen der industriellen Landwirtschaft: »Landgrabbing«, »Bauernsterben« und »Stadtflucht«.

Ein zusätzliches Problem für die kleinbäuerlichen Strukturen des Südens entsteht durch subventionierte »Nahrungsmittelimporte« aus dem Norden. Dort werden nämlich (gestützt durch gewaltige Subventionen) riesige Überschüsse produziert, die danach (abermals durch Subventionen gestützt) in die Länder des Südens exportiert werden. Solche Billigimporte treten im Süden in Konkurrenz zur lokalen Landwirtschaft und zerstören diese nicht selten.

Ist jedoch die lokale Landwirtschaft im Süden erst einmal großflächig auf den Export ausgerichtet, entsteht eine fatale Abhängigkeit von importierten Nahrungsmitteln und damit von Nahrungsmittelpreisen, die auf den Weltmärkten festgesetzt werden. Von Juli 2007 bis Juli 2008 erhöhte sich der von der FAO berechnete Preisindex für Grundnahrungsmittel um 52 Prozent. Die Nachfrage nach Biosprit und Futtermitteln hatte, zusammen mit Börsenspekulationen, die Preise nach oben getrieben.

Arme Familien in den Ländern des Südens geben jedoch 50 bis 80 Prozent ihres Einkommens für das Essen aus. Plötzliche Preisschwankungen auf den Weltmärkten bedeuten für sie existenzielle Not. Die Zahl der unterernährten Menschen stieg in diesem Zeitraum um 70 bis 100 Millionen an.

Ich starre auf das Blatt vor mir auf dem Tisch. Ich zähle bis jetzt vier Umweltprobleme am linken Rand (Bodenzerstörung, Wasserverbrauch, Artensterben und Klimawandel) und sieben soziale Probleme am rechten Rand (Nahrungsmittelverschwendung, Fleischproduktion, Landgrabbing, Bauernsterben und Stadtflucht, Nahrungsmittelimporte und Abhängigkeit von Preisschwankungen auf den Weltmärkten).

Nach nur einem Tag Recherche habe ich keinen Zweifel daran, dass die Idee der landwirtschaftlichen Massenproduktion nicht nur in der Natur eine Spur der Verwüstung hinterlässt, sondern auch in der Gesellschaft.

## 5

# »Lei net roggeln«

*Gespräch mit Johannes Fragner-Unterpertinger, Apotheker von Mals und Kopf des Widerstands*

Johannes Fragner-Unterpertinger ist der Apotheker von Mals und, wie mir von allen Seiten versichert wurde, der Kopf des Pestizid-Abwehrkampfes. Bei ihm bin ich zum Mittagessen eingeladen. In seiner Einladung hat er mich darum gebeten, auf die Sekunde pünktlich zu sein. Ich bin jedoch eine Minute zu spät. Als ich vom Parkplatz Richtung Apotheke gehe, winkt mir ein Mann aus dem ersten Stock des Hauses zu: »Willkommen in Mals!«, ruft er. Als ich näher komme, sagt er in scherzhaftem Ton: »Das Essen ist bereits am Tisch.« Leider verliere ich auch im Stiegenhaus weitere wertvolle Minuten. Denn hier hängt Bild an Bild, wie in einer Galerie für moderne Kunst. Johannes begrüßt mich warm und freundlich und führt mich in die Stube. Auf dem Tisch hat er einen Packen Bücher und Hörbücher für mich bereitgelegt. Einen Auszug aus seinem bisherigen Œuvre. Johannes ist nämlich nicht nur Apotheker, sondern auch Schriftsteller, Verleger und Organisator eines Kulturfestivals. Neben dem Stapel mit seinen Schriften steht ein Säckchen mit Kräutertee für mich. Aus eigenem Anbau. Er serviert köstliche hausgemachte Gnocchi. »Alles bio.« Die Gnocchi, der Salat, das Brot, das ich unbedingt kosten müsse.

Beim Essen entspinnt sich eine lebhafte Unterhaltung. Er entschuldigt sich, dass seine Antworten oft etwas länger ausfallen. Er leide nämlich an Logorhoe. An Redefluss, denke ich und lächle. Und tatsächlich: Wenn man Johannes eine Frage stellt, beantwortet er sieben. Er schwingt sich nicht nur geschickt von Thema zu Thema, sondern baut auch kunstvoll gestaltete Exkurse in seine Rede ein, ohne dabei jemals den Faden zu verlieren.

Ich will von Johannes wissen, wie die Geschichte in Mals weiterging, nachdem der Beschluss einmal gefasst war, eine Volksabstimmung abzuhalten.

»Da alle Bemühungen der letzten Jahre fruchtlos blieben«, erzählt er, »da immer weiter angepflanzt und gespritzt wurde, ohne Rücksicht auf den Nachbarn, stand unser Entschluss fest: Wir leisten Widerstand. Natürlich keinen ›Widerstand um des Widerstands Willen‹, sondern um etwas Posi-

Johannes Fragner-Unterpertinger (Mals), Apotheker

tives, etwas Neues, etwas Besseres zu schaffen, um eine Alternative aufzuzeigen. Wir waren überzeugt davon, dass unser Konzept und unsere Ideen viel nachhaltiger waren, viel rücksichtsvoller. Nicht nur im Umgang mit uns selbst, sondern auch im Umgang mit nachfolgenden Generationen. Also haben wir im Februar 2013 das ›Promotorenkomitee für eine pestizidfreie Gemeinde Mals‹ gebildet.«

Johannes zwinkert mir fröhlich zu.

»Ich selbst bin weichgeklopft worden, den Vorsitz zu übernehmen. Meine Freunde haben zu mir gesagt: ›Johannes, du hast Mut. Du traust dich was. Und du bist wirtschaftlich unabhängig. Du bist nicht erpressbar. Und du lässt dich auch nicht erpressen.‹ Und obwohl ich tausend andere Sachen zu tun hätte und zu tun habe, sagte ich schließlich zu. Aber ich habe von Anfang an darauf bestanden, nur als Sprecher des Promotorenkomitees aufzutreten. ›Ihr müsst alle, die ihr hier sitzt, jeder in seinem Bereich, jeder in dem Bereich, in dem seine Stärken liegen, mithelfen. Nur dann vertrete ich unser Komitee nach außen.‹«

»Hast du dir keine Sorgen gemacht, dass du dir mit deinem Widerstand Probleme einhandeln könntest?«, will ich wissen.

»Ich hatte damals gerade das schmale Büchlein ›Empört euch!‹ des deutsch-französischen Widerstandskämpfers Stéphane Hessel gelesen«, erzählt Johannes, »und war davon sehr beeindruckt. Was hat der Mann für einen Mut gehabt! In der Résistance mitzumachen! In nicht demokratischen Zeiten! In Zeiten, die ganz anders waren als die Zeiten heute, wo man mehr oder weniger alles frei sagen kann, was man will. Da dachte ich mir: ›Was bist du für ein armer Schlapp, wenn du nicht den Mut hast, Widerstand zu leisten.‹«

»Peter Gasser hat mir erzählt, dass ihr als Nächstes die Fragestellung für die Volksabstimmung formuliert habt, um bei der Gemeinde einen Antrag zu stellen. Dieser erste Antrag wurde dann von der Kommission, die das Vorhaben auf seine Rechtmäßigkeit überprüfen sollte, verworfen. Peter hat angedeutet, dass in dieser Kommission womöglich eine Person saß, die sich weniger der Politik der Gemeinde verpflichtet fühlte, als vielmehr der Politik des Landes? Sozusagen eine Doppelagentin.«

»Peter und ich sind damals zu Fuß zum Bahnhof hinuntergegangen. Eva Prantl, die Vorsitzende der Umweltschutzgruppe Vinschgau, kam mit dem Zug nach Mals. In der hintersten Stube im Bahnhofscafé haben wir dann zu dritt, eine pensionierte Lehrerin, ein Tierarzt und ein Apotheker, in unserer Blauäugigkeit einen einfachen und klaren Text aufgesetzt.«

Johannes kramt in einem Stapel Papier, den er vorsorglich bereitgelegt hat, zieht eines davon heraus und liest: »Das Promotorenkomitee beantragt zum Schutz der Gesundheit und zum nachhaltigen Umgang mit Boden,

Wasser und Luft die Abhaltung einer einführenden Volksabstimmung in der Gemeinde Mals mit folgender Fragestellung: Sind Sie dafür, dass auf dem Malser Gemeindegebiet der Einsatz von chemisch-synthetischen Pflanzenschutzmitteln und Herbiziden verboten ist? (Für bestehende Produktionsflächen tritt diese Regelung 2 Jahre nach deren Annahme in Kraft, für Neuanlagen nach 30 Tagen.) Ja/Nein.«

Er legt das Blatt beiseite.

»Wir hatten unserem Antrag nichts beigelegt. Immer aufgrund der Empfehlung der Gemeindesekretärin, alles so kurz wie möglich zu halten. Sie hatte gesagt: ›Bringt mir so wenig Text wie möglich. Ganz einfach und klar.‹ Das war unser Fehler.«

»Euer Fehler bestand darin, der Empfehlung der Gemeindesekretärin zu folgen?«

»Ja. Wir hätten sofort Juristen zurate ziehen sollen. Doch auch die Gemeindesekretärin hat einen Fehler gemacht. Einen Formfehler. Sie hat mich nicht, wie vom Gesetz vorgesehen, zu einer 20-minütigen Anhörung eingeladen. Am Tag, an dem die Anhörung für 11 Uhr angesetzt gewesen wäre, erhielt ich um 5 Minuten vor 11 einen Anruf in der Apotheke: ›Du Johannes, wir haben jetzt diese Sitzung hier. Willst du nicht kommen? Ich habe vergessen, dich einzuladen.‹ ›Nein‹, sagte ich, ›ich kann jetzt nicht alles liegen und stehen lassen. Ich habe die Apotheke voller Menschen. Wenn ich die Apotheke jetzt schließe, bekomme ich eine Strafanzeige wegen Unterbrechung öffentlichen Dienstes.‹ – Nebenbei war ich natürlich der Meinung, dass die Kommission unseren Antrag ohnehin durchwinken würde.«

»Und, wurde euer Antrag durchgewunken?«

»Nein. Am Nachmittag kam die Nachricht, dass die Kommission die Zulassung zur Unterschriftensammlung für eine Volksabstimmung abgelehnt hatte. Peter und ich haben dann für einen der nächsten Tage um eine Aussprache mit der Gemeindesekretärin nachgesucht, bei der die Emotionen hochgingen. Peter wäre ihr beinahe an den Kragen gegangen: ›Du hast uns reingelegt!‹ Nach einem unschönen Wortgefecht habe ich zu Peter gesagt: ›Du, geh jetzt bitte heim. Lass mich hier weiterreden.‹ – Dann haben wir eine gute Stunde weiterdiskutiert. Ich habe zur Gemeindesekretärin gesagt: ›Du hast Fehler gemacht – und wir haben Fehler bei der Einreichung gemacht. Wir haben weder juridische noch fachwissenschaftliche Beilagen geliefert. Wir werden bei einem neuerlichen Versuch genau solche Studien vorlegen. Die fachwissenschaftlichen Studien bezüglich der Gefährlichkeit von Pestiziden könnt ihr, die Kommissionsmitglieder, ohnehin nicht bewerten; ihr müsst aber deren Existenz zur Kenntnis nehmen. Und wir werden außerdem juridische Studien vorlegen, die zeigen werden, dass weder das europäische Recht noch das Verfassungsrecht eine solche Volksabstimmung verbieten. Vor allem aber möchte ich mein Recht in Anspruch nehmen und 20 Minuten von der Zulassungskommission angehört werden. – Wir machen jetzt ein Reset‹, habe ich schließlich vorgeschlagen. ›Alles wird wieder auf null gestellt.‹ Und so kam es dann auch.

Danach haben wir die besten italienischen und europäischen Juristen aufgetrieben, um den Abstimmungstext in Einklang mit nationalen und europäischen Normen zu bringen. Diese Juristen haben uns den Text für das zweite Ansuchen geschrieben. Und wir haben die Abstracts und die Bibliografien der besten wissenschaftlichen Publikationen zum Thema ›Pestizide‹ beigelegt. Um Interessenskonflikte zu vermeiden, hatte die Gemeinde Mals die Zulassungskomission neu gebildet. Diesmal wurden nur Personen berufen, die ihren Wohnsitz nicht im Vinschgau hatten. In der zweiten Kommission war also auch die Gemeindesekretärin nicht mehr vertreten.

Und vor dieser zweiten Kommission durfte ich dann auch sprechen und unser Anliegen sowohl auf juridischer als auch auf wissenschaftlicher Seite begründen. Die Redezeit war auf 20 Minuten beschränkt. Nachmittags um fünf kam dann der Bescheid: Ja, wir können mit der Unterschriftensammlung für eine Volksabstimmung beginnen. Da brach bei uns großer Jubel aus: ›Jetzt machen wir die Volksabstimmung!‹«

»War die Sache damit endlich in trockenen Tüchern?«

»Noch lange nicht. Als Nächstes hat die Landesregierung massiv interveniert: Die Kommission müsse neuerlich zusammentreten und ihre Entscheidung nochmals überdenken. Auch der allmächtige Bauernbund hat sich eingeschaltet. Und einige Wochen später wurde die Kommission tatsächlich gezwungen, sich noch einmal zusammenzusetzen.«

»Warum sollte die Kommission noch einmal zusammentreten? Mit welcher Begründung?«

Johannes erwidert in ironischem Tonfall. »Na, vielleicht hatte sich die Kommission ja beim ersten Mal geirrt.« Er fügt hinzu: »Die Landesregierung wollte eindeutig verhindern, dass die Volksabstimmung in Mals stattfindet, also sollte die Kommission entsprechend befinden.«

Ich staune.

Johannes fährt fort: »Bei dieser zweiten Sitzung der Kommission hätte ich keinen Pfifferling mehr darauf gewettet, dass die Kommissionsmitglieder nicht umfallen. Denn das ist schon extrem, wenn die Landesregierung dich unter Druck setzt. Wenn sie dir symbolisch die Pistolen an die Schläfen setzt. Eine links und eine rechts. Dann musst du erst einmal den Mut haben, standhaft zu bleiben.«

»Und wann war dir klar, dass die Abstimmung stattfinden würde?«

»Die Kommission trat in Algund zusammen und tagte bis sechs oder halb sieben am Abend. Ich erinnere mich noch, wie ich zu meiner Lebensgefährtin gesagt habe: ›Sei mir nicht bös, ich hör jetzt mit dem Essen auf. Ich muss Nachrichten schauen. Vielleicht erfährt man ja schon, ob die Volksabstimmung nun stattfinden kann oder nicht.‹ Und tatsächlich, es war eine der ersten Meldungen: Die Zulassungskommission hatte auch beim zweiten Mal keine Einwände gegen eine Volksabstimmung auf Gemeindeebene zu unserem Thema. Das war schon ein großer Augenblick.«

## In Bozen habt ihr sowieso keine Chance

Unser Gespräch stockt für einen Augenblick, bis Johannes hinzufügt: »Nicht lange danach hat die Landesregierung dann beschlossen, dass in Zukunft nur eine von der Landesregierung beziehungsweise vom Südtiroler Landtag eingesetzte Kommission für alle Volksabstimmungen auf Gemeindeebene zuständig sein wird.«

»Damit nie wieder ein ›Fall Mals‹ vorkommen kann?«

»Ganz genau. Denn in dieser Kommission des Landes werden vermutlich Leute sitzen, die von der Landesregierung respektive vom Südtiroler Landtag ernannt werden. Wie übrigens auch im Verwaltungsgericht. Das gibt es ja auch nur in Südtirol! Die Verwaltungsrichter werden bei uns teilweise vom Landtag ernannt. Nicht de jure. Aber de facto. Es werden halt ein paar genehme Vorschläge zwischen Bozen und Rom hin und her geschickt, bis schließlich in Rom die vom Landtag ›empfohlenen‹ Verwaltungsrichter ernannt werden. Wann immer sich eine Gemeinde in Südtirol unbotmäßig verhält, wird dieses Verwaltungsgericht am Ende des Tages darüber befinden. Ein Gericht, das de facto von der Regierungsmehrheit ernannt wurde. Deswegen sagen uns Juristen ganz oft: ›In Bozen habt ihr juridisch sowieso kaum Chancen. Vielleicht in Rom.‹«

»Obwohl ihr einen Bürgermeister habt, der sich für direkte Demokratie einsetzt, der extra die Statuten ändern lässt, hattet ihr so viele Schwierigkeiten?«

»Das lag am Thema«, sagt Johannes. »Wäre das Thema harmloser gewesen, hätte niemand was dagegen gehabt.«

»Offenbar gibt es neben der formalen Macht«, überlege ich, »zum Beispiel der Macht der Landesregierung, auch ein informelles Machtsystem in Südtirol, in dem – in vorauseilendem Gehorsam – vom Verwaltungsbeamten über Gemeindesekretäre bis zum Verwaltungsrichter alle genau das machen, von dem sie annehmen, dass es ihrer Karriere dienlich ist, also genau das, was die Landesregierung will.«

»Du hast es ziemlich gut beschrieben. Natürlich gibt es in jeder Kategorie auch Unbestechliche und Aufrechte, aber im Großen und Ganzen triffst du es ziemlich genau.«

Johannes zitiert nun Heinrich Heine, der den Volksaufstand der Tiroler unter Andreas Hofer mit beißendem Spott überzog: »Von der Politik wissen sie nichts, als dass sie einen Kaiser haben, der einen weißen Rock und rote Hosen trägt. Als sie erfuhren, dass sie jetzt einen Fürsten bekommen, der einen blauen Rock und weiße Hosen trage, da griffen sie zu ihren Büchsen, küssten Weib und Kind und stiegen von den Bergen hinab und ließen sich totschlagen für den weißen Rock und die lieben alten roten Hosen.«

Johannes schaut mir in die Augen und lacht. »Damit es nachher gleich weitergeht wie vorher, dafür kämpfen die Tiroler.«

»Ruhe ist die erste Bürgerpflicht.« Wieder zitiert er damit ein geflügeltes Wort, das ursprünglich aus der Zeit der napoleonischen Kriege stammt, ein Wort, mit dem nach dem Wiener Kongress politische Aktivitäten unterdrückt werden sollten.

»Lei net roggeln‹, hat Landeshauptmann Silvius Magnago nach dem Zweiten Weltkrieg gesagt«, ergänzt Johannes. »Nur nichts aufkratzen. Alles lassen wie bisher. Probleme unter den Teppich kehren.«

Ich denke: Südtiroler Biedermeier, und frage: »Ist euer Verbrechen in den Augen des Landes eigentlich mehr inhaltlicher Natur – ihr berührt immerhin das Tabuthema Pestizide – oder mehr formaler Natur – ihr wagt es, zu widersprechen?«

»Halb-halb«, sagt Johannes. »Ein Doppelverbrechen. Einerseits macht man so etwas nicht und andererseits schon gar nicht zu diesem Thema. Dessen Deutungshoheit allein der Südtiroler Bauernbund für sich beansprucht. Meine eigene Mutter wäre entsetzt gewesen, wenn sie gewusst hätte, was ich hier anstelle. So was tut man einfach nicht.«

»Es muss auch anders gehen, oder?«

»Nein. Wenn die Obrigkeit sagt, so geht's nicht, dann geht's weder so noch anders. Dann ist Schluss.«

Er denkt an seine Mutter und fügt hinzu: »Aber Gott sei Dank hat sich meine Mutter dann zwischen dem 70. und 80. Lebensjahr ein wenig von ihrer Südtiroler Volkspartei abgewandt, in der sie zeitlebens Mitglied war. ›Da sind ja nur noch Opportunisten drin‹, hat sie gesagt. ›Ich sehe hier nur noch Leute, die abkassieren wollen.‹«

»Wobei wir natürlich in Erwägung ziehen müssen«, wende ich ein, »dass deine Mutter diese Züge der SVP-Mitglieder erst im Alter erkannt hat.«

»Vielleicht. Vielleicht ist aber auch die Generation der edlen Gründerväter, die sich noch selbstlos fürs Gemeinwohl opferten, von weit weniger edlen Personen abgelöst worden. Wie dem auch sei, wenn du so obrigkeitshörig erzogen wirst wie meine Mutter, dann ist das, was der Pfarrer dir sagt, der Bürgermeister und der Landeshauptmann, fast ein göttliches Gesetz. Darüber hat man nicht nachzudenken. Eine Volksabstimmung gegen den

Willen der Obrigkeit durchzusetzen, das ist beinahe schon Gotteslästerung.«

»Wieso wurde eigentlich euer Abstimmungsprojekt vom offiziellen Südtirol so frühzeitig bemerkt?«, frage ich, das Thema wechselnd.

»Das fragst du dich noch? Wenn wir beide hier einen Furz lassen, dann würde ich nicht meine Hand dafür ins Feuer legen, dass nicht spätestens um 15 Uhr ›jemand im Land‹ Nachricht darüber bekommt, was Alexander und Johannes hier veranstalten.«

»Inklusive genauer Beschreibung der Duftnoten?«

Wir lachen.

»Mein Telefon war übrigens eine Zeitlang angezapft. Bis Oktober 2014.«

»Nein?!«

»Doch. Man hat mir das inoffiziell bestätigt.« Er lächelt.

»Warum?«

»Augenscheinlich war ich eine gewisse Zeit Staatsfeind Nummer 1. Vielleicht verdächtigten sie uns, als Nächstes darüber abstimmen zu wollen, ob sich der Obervinschgau der Schweiz anschließen soll.«

»Keine schlechte Idee«, werfe ich ein.

»Sobald du den italienischen Behörden den Floh ins Ohr setzt, dass hier womöglich die Einheit des Staates gefährdet sein könnte, schalten sie sich ein. Aber bei einem Offizier der Reserve hatten sie dann doch keine Bedenken. Dennoch habe ich in den ersten Jahren darauf bestanden, dass wir uns immer im Gasthaus treffen. Im öffentlichen Raum kann sich jeder dazusetzen, kann jeder mithören, kann jeder mitdiskutieren. Wir hatten und wir haben ja nichts zu verbergen. Im Gegenteil. Aber natürlich haben wir das auch deshalb gemacht, weil wir wussten, dass man in unserem Lande und in Zeiten der NSA, die sogar die Klogeräusche der deutschen Kanzlerin aufzeichnet, ohnehin nichts tun kann, ohne dass alle mithören.«

»Und dieses Wissen ist Macht?«

»Sicher. Jeder kleinste Regelverstoß macht dich erpressbar. Solange du brav bist, sieht man huldvoll darüber hinweg. Doch wenn du aufmucken willst, dann heißt es plötzlich: ›Sieh da, dein Dachaufbau ist 10 Zentimeter zu lang geraten‹, und eine Strafanzeige flattert dir ins Haus. Diese Methode gibt es übrigens auch in einer aktiven Variante. Zuerst ermutigt man dich, ganz beruhigt, einen halben Meter höher zu bauen als genehmigt, und dann hat man dich in der Hand. ›Wehe, du bist nicht brav! Dann reißen wir dir den ganzen Aufbau ab, oder – wenn es sein muss – das ganze Haus!‹«

»Keine schlechte Methode.«

> »Die Macht funktioniert hier wie ein Tintenfisch, dessen Tentakel überall hineinkriechen.«

»Ja, nicht schlecht. Die Macht funktioniert hier wie ein Tintenfisch, dessen Tentakel überall hineinkriechen. Auch wenn zunächst nicht alle Möglichkeiten ausgenutzt werden, so stehen sie doch für den Ernstfall bereit.«

»Nichtsdestotrotz«, halte ich fest, »die erste Runde ging an euch.«

»Ja, am 5. Dezember 2013 wurde uns offiziell das Recht zugesprochen, mit der Sammlung von Unterschriften für die Abhaltung einer Volksabstimmung zu beginnen. – Doch kurz darauf tauchte das nächste Problem auf. Auf Staats- und Landesebene ist es so eingerichtet, dass es gewisse Sperrfristen gibt, zum Beispiel vor und nach Landtagswahlen, in denen keine Volksabstimmungen stattfinden dürfen. Auch nicht auf Gemeindeebene. Und diese Sperrfristen führten nun dazu, dass es de facto unmöglich gewesen wäre, überhaupt eine Volksabstimmung abzuhalten. Zum Glück hat unser Bürgermeister die meisten dieser Sperrfristen auf Gemeindeebene abschaffen können. Sonst wären wir nicht in der Lage gewesen, unsere Abstimmung in Mals durchzuführen. Ab 12. Februar 2014 haben wir dann aber endlich Unterschriften gesammelt. Innerhalb von 90 Tagen mussten wir 289 beglaubigte Unterschriften zusammenbringen und abgeben. Innerhalb der ersten 30 Tage hatten wir allerdings bereits mehr als 400. Insgesamt kamen rund 800 Unterschriften von Unterstützern zusammen.«

»Welche Gefühle hast du, wenn du heute an diese Zeit zurückdenkst?«

»Im Nachhinein verklärt man ja alles. Doch ich hatte hin und wieder schon eine Stinkwut und schlaflose Nächte. Wie ein Hamster haben wir uns oft im Rad gedreht und kamen nicht von der Stelle. Du läufst gegen Gummiwände. Vielfach. Zum Glück hat unser Bürgermeister uns immer zum Durchhalten ermuntert.«

»Wer ein solches Unternehmen angeht«, fasse ich zusammen, »sollte sich also darauf gefasst machen, dass die Macht der Gegner einer Hydra gleicht, deren Schlangenköpfe auch an völlig unerwarteten Orten auftauchen. Du gehst gut vorbereitet in einen solchen Prozess, wenn du dir sagst: Ich glaube nicht, dass sich meine Gegner an die Gesetze halten werden. Ich rechne mit vielen, gelinde gesagt, kreativen Auslegungen des Gesetzes seitens meiner Gegner an den Hebeln der Macht, bis ich am Ende, vielleicht, nur vielleicht, und nur wenn ich sehr ausdauernd bin, Recht bekommen werde.«

»Genau. Du musst zu 100 Prozent von der Richtigkeit und Wichtigkeit deines Anliegens überzeugt sein, sonst wirfst du irgendwann mal das Handtuch. Du musst überzeugt sein, dass es um das Gemeinwohl, um die Res Publica, um die gemeinsame Zukunft geht. Wenn auch nur der kleinste Zweifel aufkommt, dann hast du keine Chance mehr. Wir jedoch wussten immer: Weitermachen wie bisher ist keine Option. Sonst geht alles hier kaputt: Land und Leute.«

## 6

# Totenköpfe überall
*Arsenal des Schreckens*

Alle Jalousien sind heruntergelassen. Der Raum, in dem ich sitze, ist dunkel. Bis auf das Geräusch einer Klimaanlage ist es still. Für die Welt bin ich hier unerreichbar. Nur wer den Weg kennt, findet mich. Denn der Eingang zu meinem Hinterzimmer ist versteckt hinter hohen Bücherregalen und staubigen Bücherstapeln. Ich befinde mich nämlich in einem leerstehenden Büroraum im ersten Stock der Buchhandlung Alte Mühle. Mein Freund Rainer Schölzhorn hat mir diesen Raum zur Verfügung gestellt. Um ihn zu erreichen, muss man den Weg durch das Antiquariat genau kennen, das sich ebenfalls im ersten Stockwerk über der Buchhandlung befindet. Neben seiner Abgeschiedenheit und Dunkelheit hat der Raum einen weiteren unschätzbaren Vorteil für mich. Eine hervorragende Internetanbindung über Glasfaserkabel, die mir den blitzschnellen Upload fertiggestellter Videos erlaubt.

Hier habe ich mir also meinen Schnittplatz eingerichtet. Doch im Augenblick schneide ich nicht, sondern lese meine E-Mails. Leider habe ich noch keine Antwort auf meine schriftliche Interviewanfrage bei Hans Rudolf Herren erhalten. Ich ermahne mich zur Geduld, klappe meinen Laptop zu, ziehe die Tastatur des Schnittcomputers zu mir und tippe auf die Leertaste, um die aktuelle Sequenz zu starten.

### *Krebserregend, akute Toxizität, gewässerschädigend*

Johannes sitzt in seiner Stube. Hinter seinem Rücken befindet sich ein Kachelofen in klassischem Grün. An der Wand: ein Kreuz, der Kopf eines Engels und einige kleine Porträtbilder in ovalen und rechteckigen Rahmen.

Johannes ärgert sich darüber, dass die Obstlobby immer wieder betont, die in Südtirol verwendeten Mittel seien vollkommen harmlos. Das sei ein Märchen, so Johannes. Als Beleg zieht er das Agrios-Rundschreiben No. 1 vom 18. 2. 2015 aus seiner Mappe und legt es vor sich auf den Tisch. Agrios, der Beratungsring der Obstbauern, koordiniert den allwöchentlichen Pestizideinsatz in Südtirol per SMS.«»Sieh an, sieh an! Die beiden ersten Pestizide, die hier empfohlen werden – bis zu 14 Einsätze im Jahr (!) –, sind Captan und Dithianon.«

Aus einer Mappe, die vor ihm auf dem Tisch liegt, zieht Johannes nun ein Produktblatt heraus und hält es direkt in die Kamera: »Captan ... Krebserregend: Kategorie 2A. Akute Toxizität. Giftig beim Einatmen. Kann allergische Hautreaktionen verursachen. Verursacht schwere Augenschäden: Kategorie 1. Akut gewässerschädigend: Kategorie 1. Und, und, und ... – Oder das krebserregende Dithianon«, fährt er fort, »das in Deutschland für so gefährlich gehalten wird, dass man eine Anlage, die mit Dithianon gespritzt wurde, 48 Stunden lang nicht betreten darf. Zumindest nicht ohne Schutzkleidung. Oder Chlorpyrifos«, er zieht ein weiteres Produktblatt aus seiner Mappe und hält es vor die Kamera, »das viel zu oft und viel zu viel eingesetzt wird.« Er zeigt auf das Symbol eines Totenkopfs mit zwei gekreuzten Knochen.

»Der Totenkopf springt einem vom Produktblatt direkt entgegen! Akute Toxizität. Umweltschädlich. Gewässergefährdend. Etc. Chlorpyrifos war in Frankreich Gegenstand eines Gerichtsverfahrens, das bis zum Höchstgericht ging. Das Resultat: Chlorpyrifos ist die Ursache des parkinsonartigen Zittersymptoms. Das ist ausjudiziert. Diese Krankheit gilt in Frankreich nun als Berufskrankheit der Bauern.

»Also«, fasst Johannes zusammen, »alle diese angeblich so harmlosen Mittel sind alles andere als harmlos.« Er spricht nun nicht mehr mit mir, sondern direkt in die Kamera: »Heute kann jeder lesen und schreiben. Die meisten haben daheim einen kleinen Computer – in der Form eines Mobiltelefons. Tippt dort die Namen der Pestizide ein, die in Südtirols Apfelwirtschaft verwendet werden! Dann springen euch die Totenköpfe entgegen. Wer diese Mittel als harmlos darstellt, verarscht die Bevölkerung absichtlich. Anders kann ich es leider nicht ausdrücken.«

Meine Kamera macht Johannes nicht sonderlich nervös. Er zeigt sich eloquent, angriffslustig und humorvoll. Er selbst bezeichnet sich bescheiden als Sprecher der Bewegung in Mals, die meisten anderen jedoch sehen in ihm den Kopf. Und obwohl er als Kopf gilt und Köpfchen hat, ist kaum jemand missgünstig. Das erstaunt mich. Denn ein Mensch, der viel zu sagen hat, gilt schnell als überheblich. Man betrachtet ihn mit Misstrauen. Bei Johannes jedoch ist es anders. Vielleicht, weil er sein großes Wissen mit großer Herzensgüte verbindet, mit Fürsorglichkeit und Mitgefühl. Die Menschen in Mals schätzen ihn vermutlich so sehr, weil er sich als Dorfapotheker und als Mensch rastlos für sie einsetzt.

Er hat mir eine kleine vierseitige Flugschrift im A5-Format mitgegeben: »Mit unserem Manifest für den Schutz der Gesundheit und für den nachhaltigen Umgang mit Boden, Wasser und Luft bringen wir unsere große Besorgnis um die allgemeine Gesundheit zum Ausdruck. Wir fordern mit unserer Unterschrift nicht nur die Bürgermeister des Einzugsgebiets Oberer Vinschgau, sondern alle im Land Südtirol Verantwortlichen, insbesondere aber die Mitglieder der Südtiroler Landesregierung, auf, ernsthafte Alternativen zum konventionellen und integrierten Obstanbau anzudenken und dann auch umzusetzen, bis hin zum Verbot der Ausbringung von chemisch-synthetischen Pestiziden und Insektiziden, insbesondere auf dem Einzugsgebiet der ›Malser Haide‹.«

Ich muss über den Duktus dieses Manifests lächeln. Der Text liest sich fast wie ein – etwas unbeholfen formulierter – Gesetzestext. *Politichese* nennt man in Italien das Fachchinesisch der Politiker. Vielleicht ist es ja ein wenig ansteckend.

Mein Blick fällt auf die Überschrift: »Manifest der Ärzte, Zahnärzte, Tierärzte, Biologen und Apotheker des Oberen Vinschgaus.«

Ich wende das Blatt und zähle 51 Unterschriften. Das müssen ja beinahe alle Ärzte, Zahnärzte, Tierärzte, Biologen und Apotheker des Oberen Vinschgaus sein. Die Wirkung in der Bevölkerung muss enorm gewesen sein, da vermutlich die meisten Menschen ihrem Arzt oder Apotheker vertrauen. Zumindest in Gesundheitsfragen.

Bisher habe ich zwar viel über die Schattenseiten der industriellen Landwirtschaft erfahren, über Umweltprobleme und Hunger – Probleme, die meines Erachtens den sofortigen Ausstieg aus dieser Wirtschaftsform nötig machen –, doch über die Gesundheitsgefahren für die Bevölkerung, die mit dem Einsatz von Pestiziden verbunden sind, habe ich bisher erst wenige Informationen.

Das soll sich morgen ändern, wenn ich erstmals mit einem kleinen Filmteam in den Oberen Vinschgau aufbreche. Mauro Podini wird Ton machen, Martin Rattini Kamera. Gemeinsam wollen wir zehn Drehtage aus unserer Tasche finanzieren, um zu sehen, wie sich die Sache entwickelt. Morgen drehen wir ein Interview mit einer Gruppe von Medizinern.

## *Diese Gifte wirken still*

Am folgenden Tag zur Mittagszeit treffen wir Johannes, Peter und zwei weitere Gesprächspartner in der Apotheke von Mals. Johannes führt uns in ein kleines Hinterzimmer, wo wir unsere Gesprächspartner bitten, sich nebeneinander aufzustellen. Johannes ganz links, im weißen Kittel. In der Mitte Peter, im karierten Hemd. Daneben Elisabeth Viertler, Kinderärztin aus Mals, und Wunibald Wallnöfer, Allgemeinmediziner aus Prad. Beide in Weiß, wie Johannes.

Martin, Mauro und ich stehen rund zwei Meter entfernt, womit wir eigentlich bereits an der hinteren Wand des Raums anstoßen. Der Raum dient, wie es scheint, als eine Art Labor. Ich glaube, hier werden Salben gerührt, denn auf den Regalen stehen zahlreiche kleine weiße Tiegel mit knallroten Verschlüssen.

Mauro hält eine Tonangel mit einem Richtmikrofon am Ende. Er trägt einen Kopfhörer und kontrolliert die Tonaufzeichnung. Martin richtet die Kameras ein. Ich selbst habe wenig zu tun, stehe nur da und stelle Fragen. Meistens jedoch lass ich dem Gespräch einfach seinen Lauf und bemühe mich nur darum, aufmerksam zuzuhören.

»Johannes hat den Basistext des Manifests erarbeitet. Danach wurde dieser Text bei einem Treffen zwischen Apothekern, Ärzten, Tierärzten und Biologen diskutiert und ausformuliert. Wir machten uns nämlich – und machen uns immer noch – große Sorgen um die Gesundheit der Menschen«, sagt Elisabeth Viertler. Sie ist eine zerbrechlich wirkende Frau, der man ihr Alter nicht ansieht. Sie spricht leise und kontrolliert und scheint sich dabei etwas unwohl zu fühlen. Ihr wahres Wesen zeigt sich nur, wenn sie sich sicher fühlt und sich über etwas freut. Dann lächelt sie nämlich über das ganze Gesicht und strahlt auf kindliche Weise.

»Wenn heute jemand behauptet, dass Pestizide harmlos sind, dann ist das eine glatte Lüge«, fügt Wunibald Wallnöfer hinzu. Ich wundere mich über die Formulierung, denn sie ist identisch mit einer Formulierung, die Johannes in meinem Vorgespräch zu diesem Thema verwendet hat. »Es gibt unzählige Studien, die zeigen, dass diese Substanzen Schaden anrichten. Großen Schaden sogar. Nicht nur an dieser Generation, sondern vor allem auch bei den Ungeborenen und Säuglingen. Es geht wirklich darum, unsere Kinder zu schützen.«

»Frau Dr. Gentilini, Onkologin und wissenschaftliches Mitglied der ISTE, hat öffentlich gemacht, dass bis zu 200 giftige Substanzen im Nabelschnurblut vorhanden sind. Man muss sich nur überlegen, zu welchen Anreicherungen es dadurch im fötalen Gehirn kommt. Diese Anreicherungen werden dann zur Ursache für spätere Schäden, wie Aufmerksamkeitsdefizitsyndrom oder Autismus«, erklärt Elisabeth. »Wir sprechen hier von akut nicht wahrnehmbaren Schäden. Diese Gifte wirken still, ganz langsam, haben jedoch am Ende dramatische Effekte. In meiner Ausbildung wurde gesagt: ›Die Dosis macht das Gift.‹ Aber das stimmt so längst nicht mehr. Bei diesen Giften wirken oft bereits kleinste Dosen. Und die Langzeitwirkungen können fatal sein. – Es ist unglaublich«, fasst sie zusammen, »dass diese Substanzen zugelassen sind. Und es ist noch unglaublicher, dass man uns bekämpft, wenn wir auf deren Gefahren hinweisen.«

Peter Gasser (Mals), Tierarzt

## *Trotz Schaden bleibt man dumm*

»Ich dachte, alle Pestizide werden erst nach strengster Prüfung zugelassen? In Südtirol hört man das immer wieder von offizieller Stelle. Aufgrund dieser Zulassungsverfahren bestehe überhaupt keine Gefahr für die Bevölkerung«, gebe ich zu bedenken.

»Wer heute behauptet, diese Mittel sind unbedenklich, weil sie zugelassen sind, der möge sich doch bitteschön die Geschichte des DDT zu Gemüte führen«, mischt sich Peter ein. »DDT wurde nach dem Krieg als Wundermittel für die Agrarindustrie angepriesen. Als man erkannte, wie schädlich es ist, wurde es schleunigst verboten. Aber bis heute – 20 Jahre danach also – findet man das Zeug immer noch. Sogar am Nordpol, im Fettgewebe der Robben.«

Wenn Peter spricht, spürt man manchmal seinen unterdrückten Zorn. Wie es scheint, hat er diese Argumente schon viele Male wiederholt. Meist wohl ohne erkennbare Wirkung.

»Jedes Mittel enthält neben dem Wirkstoff sogenannte Beistoffe, damit das Mittel beispielsweise am Blatt haften bleibt. Und diese Kombination aus Wirkstoff und Beistoff wird nur sehr mangelhaft untersucht. Gar nicht untersucht wird die Wechselwirkung zwischen den verschiedenen Wirkstoffen im Körper. Kein Mensch kann im Moment vorhersagen, wie sich dieser Giftcocktail auf unsere Gesundheit auswirken wird. Und dazu kommen noch die Abbauprodukte, die im Körper entstehen, wenn er einen solchen Giftcocktail abbaut. Diese Abbauprodukte sind oft noch schädlicher als der eigentliche Wirkstoff selbst. Auch deren Wirkung wird in den Zulassungsverfahren überhaupt nicht berücksichtigt.«

Peter fasst seine Überlegungen zusammen: »Geprüft werden also weder die Wechselwirkung der Wirkstoffe untereinander, noch die Wirkung der Beistoffe, noch die Wirkung der Abbauprodukte. Und schon gar nicht, wie sich alle diese Substanzen unter gewissen Bedingungen verhalten. Bei Feuchtigkeit. Bei Kälte. Im UV-Licht. Und so weiter. Da spielen ja Hunderte Faktoren zusammen. Zu behaupten, ein Mittel sei sicher, weil es zugelassen sei, ist schlicht und einfach absurd.«

Mit seinem struppigen Dreitagebart erinnert mich Peter an einen Räuberhauptmann. Oder besser vielleicht an einen Schauspieler, der einen Räuberhauptmann spielt. Denn seine Ruppigkeit wirkt manchmal kokett. So als ob jemand breiten Dialekt spricht, einzig weil er das in diesem Augenblick dem Burgtheaterdeutsch vorzieht.

»Man kann sagen, dass sich in jenen Produkten, die effektiv in den Handel kommen«, ergänzt Johannes, »nicht nur das befindet, was zugelassen wurde. Diese Handelsprodukte stellen eigentlich eine Mogelpackung dar.

Im Gegensatz zu Arzneimitteln, bei denen jeder kleinste Bestandteil – qualitativ und quantitativ – aufgeführt werden muss und wo entsprechende Studien durchgeführt werden müssen. Bei Pestiziden ist das so nicht vorgeschrieben.«

»Okay«, werfe ich ein, »ich verstehe, dass die Prüfverfahren für Pestizide unzureichend sind. Aber was ist mit den Grenzwerten? Ich höre immer, dass die Mengen, denen wir ausgesetzt sind, angeblich so gering sein sollen, dass deshalb von Pestiziden keine Gefahr für unsere Gesundheit ausgehen könne.«

»Auch das stimmt so nicht«, widerspricht Peter. »Erstens sind die Mengen nicht so gering. Und zweitens ist es, wie Elisabeth vorher gesagt hat: Man weiß heute, dass diese Wirkstoffe schon in kleinsten Mengen wirksam werden. Oft sind es sogar diese kleineren Dosierungen, die mehr Schaden anrichten. Zum Beispiel im hormonellen Bereiche.«

»Wenn ich einmal im Leben einem Pestizid mit Beistoffen ausgesetzt bin«, ergänzt Johannes, »dann werde ich dieses Gift als gesunder Mensch wahrscheinlich problemlos verstoffwechseln. Aber durch die Häufigkeit der Anwendung – Captan darf bis zu 14-mal pro Jahr ausgebracht werden – reichert sich der Wirkstoff im Körper an, oft über Jahre oder Jahrzehnte hinweg. Das zu verharmlosen, ist fahrlässig, ich möchte fast sagen kriminell.«

»Eines habe ich auf der Veterinärmedizin in Wien gelernt«, sagt Peter mit einem grimmigen Lächeln. »Höchstwerte sind amtlich zugelassene Intoxikationswerte. Die werden hinaufgeschraubt und heruntergeschraubt, so wie man es eben braucht. Das hat sehr viel mit Politik zu tun. Das hat sehr viel mit Wirtschaft zu tun. Aber es hat in ganz vielen Fällen überhaupt nichts mit Wissenschaftlichkeit zu tun.«

»Wieso lässt die Politik das zu, dass wir dauerhaft mangelhaft überprüften Giftstoffen ausgesetzt werden, bei denen schon kleinste Dosen fatale Auswirkungen haben können?«, frage ich.

»Dahinter stehen große wirtschaftliche Interessen«, antwortet Peter. »Wenn ein Unternehmen heute einen Wirkstoff entwickelt, dann ist es natürlich in dessen Interesse, dass dieser Wirkstoff möglichst rasch zum Einsatz kommt. Um die Kosten der Entwicklung abzudecken.«

»Und wie kommt es, dass sich die Wissenschaft hier instrumentalisieren lässt?«

»Die Wissenschaft sollte einzig der Wahrheit verpflichtet sein. Doch in der Praxis verliert dieses Ideal immer mehr an Bedeutung. Wissenschaftler sind heute oft nur noch Marionetten der Industrie. Die Forschung, auch an den Universitäten, wird zum größten Teil von der Industrie bezahlt. Der Großteil der Wissenschaftler steht daher – auf die eine oder andere Weise – im Sold der Industrie.«

»Deswegen bin ich dafür«, sagt Johannes, »dass man in den Zulassungsverfahren möglichst firmenunabhängige Studien zurate zieht. Studien von öffentlichen Institutionen beziehungsweise von Wissenschaftlern, die nicht gezwungen sind, jene Resultate zu liefern, die ihre Arbeitgeber fordern.«

»Toxikologen, die diesem System kritisch gegenüberstehen, haben uns erzählt«, sagt Peter, »dass sie eigentlich keinen Einblick in diese Zulassungsverfahren erhalten. Wenn es aber für kritische Fachleute nicht möglich ist, in die Grundlagen dieses Zulassungsverfahrens Einblick zu nehmen, dann kann man schon vermuten, dass da irgendetwas nicht ganz koscher ist, oder?«

»Ganz bestimmt. Du hast vorher DDT erwähnt«, ergänze ich, »aber da gibt es ja noch eine ganze Menge ähnlicher Fälle. Das Muster ist immer das Gleiche: Zunächst wird ein Wirkstoff zugelassen und dann verboten und vom Markt genommen. Endosulfan zum Beispiel oder Atrazin. Zuerst ist das neue Mittel angeblich harmlos. Dann geht die Zivilgesellschaft auf die Barrikaden und …«

Peter unterbricht mich. »Nicht nur harmlos. Ein Segen! Zuerst ist das neue Mittel ein Segen! Dann aber erkennt man die Schädlichkeit.«

»Genau. Ist das nicht immer das Gleiche? Zuerst ist alles in Ordnung. Dann plötzlich sagt man, dass ein bestimmtes Mittel von heute auf morgen dringend weg muss.«

»Ja, auf einmal …«, sagt Peter müde.

»Und im nächsten Jahr muss dann vielleicht Chlorpyrifos-ethyl weg. Und dann Fluazinam. Und irgendwann vielleicht Glyphosat. Oder?«

Peter nickt. »Man könnte ja nichts machen, wenn unser Leben an diesen Stoffen hinge. Doch wir wissen heute sehr genau, dass wir denselben Apfel in besserer Qualität anders produzieren können. Nur verdienen dann halt gewisse Kreise der Wirtschaft nicht mehr mit.«

Eine Zeitlang sagt niemand mehr etwas. »Wir können denselben Apfel auch anders anbauen.« Peter denkt nach: »Ich will nicht behaupten, dass alles, was in der biologischen Landwirtschaft praktiziert wird, bereits perfekt ist. Aber immerhin ist man dort wesentlich weiter als im konventionellen, integrierten Obstanbau.«

Wieder legt er lange eine Pause ein: »Aber statt sich die biologische Landwirtschaft zum Vorbild zu nehmen, dreschen die konventionellen Bauern reflexartig auf den Bioanbau ein, sobald sie das Stichwort Pestizide hören.« Wieder spricht Peter mit unterdrücktem Zorn in der Stimme.

Es heißt ja, dass man aus Schaden klug wird. Aber im Fall der Pestizidwirtschaft habe ich den Eindruck, dass es genau andersherum verläuft. Trotz Schaden bleibt man dumm.

Ich höre Peter sagen: »Natürlich kommen wir heutzutage in *allen* Lebensbereichen mit giftigen Substanzen in Kontakt. Das geht vom Verkehr über die Ernährung bis hin zu den Pestiziden, die wir einatmen. Genau deshalb muss man ja versuchen, aus dieser Belastung herauszukommen. Schritt für Schritt. Und da macht es – denke ich – Sinn, zunächst diejenigen Substanzen wegzulassen, auf die man am leichtesten verzichten kann. Und das sind hier in Mals die Pestizide. Denn chemisch-synthetische Pestizide bringen uns hier rein gar nichts. Wir können Obst auch biologisch anbauen! Das funktioniert tadellos! Wir haben hier auf der Malser Haide die letzten 5.000 Jahre überlebt. Und wir werden auch die nächsten 5.000 Jahre überleben. Ohne dieses Zeug.«

## *Giftcocktails mit Nebenwirkungen*

Einige Wochen nach diesem Gespräch sitze ich mit rund 300 anderen Zuhörern im Vortragssaal des Kolpinghauses in Bozen. Es ist stickig und heiß, und ich frage mich, ob der Saal überhaupt eine Belüftung hat. Auf dem Podest sitzen drei Wissenschaftler. Eine Ärztin projiziert gerade Informationsmaterial auf eine große Leinwand hinter ihrem Kopf. Es ist Frau Dr. Patricia Gentilini, die als führende Expertin zum Thema Pestizide in Italien gilt. Die Folien zeigen Auszüge aus wissenschaftlichen Studien zur Gesundheitsgefährdung durch Pestizide.

Am Anfang ihres Vortrags führt Frau Dr. Gentilini eine Suchanfrage auf einem internationalen Spezialserver für medizinische Studien durch (http://www.ncbi.nlm.nih.gov). Der Suchbegriff »pesticides human health« führte zu 14.565 Suchtreffern (2014). Frau Dr. Gentilini scheint es sich zur Aufgabe gemacht zu haben, alle diese Studien auszuwerten und in komprimierter Form zu präsentieren.

Ich kann dem Vortrag nur mit einiger Mühe folgen. Mein Italienisch reicht zwar, nach zwei Jahren in Südtirol, zur Alltagskonversation, aber nicht zum Verständnis von Fachvorträgen. Deshalb bin ich froh, dass zwei Freunde mich begleiten, die mehr von der Sache verstehen als ich: zwei Ärzte aus Meran. Ich hoffe, dass die beiden mir nach dem Vortrag das eine oder andere Detail erklären können, vor allem aber bin ich auf ihre Einschätzung der Inhalte gespannt.

Während Frau Dr. Gentilini Folie um Folie zeigt, kann ich mich des Eindrucks nicht erwehren, dass es eigentlich kein Teilsystem des menschlichen Körpers gibt, das von Pestiziden nicht geschädigt wird. Die vorgestellten Studien betreffen Gefäß- und Herzkrankheiten, Krebserankungen, chronische Atemwegserkrankungen (wie Asthma oder Bronchitis), Stoffwechselerkrankungen, Knochen- und Gelenkerkrankungen, Erkrankungen des Nervensystems (wie Parkinson oder Alzheimer), Zuckerkrankheit, Erkrankungen des Autoimmunsystems, Nierenkrankheiten, Fruchtbarkeitsstörungen, Entwicklungsstörungen und Fehlbildungen, anormales Wachstum von Gebärmutterzellen, Erkrankungen der Schilddrüse usw. usf.

Studie um Studie weist Frau Dr. Gentilini auf sogenannte OR-Werte hin. Ich begreife, dass die Abkürzung für »Odds ratio« steht, also für die Wahrscheinlichkeit, mit der eine Krankheit ausbricht. In den meisten Studien werden zwei getrennte OR-Werte ermittelt. Einer für die Anwohner und ein weiterer für die Bauern, die natürlich noch intensiver mit den ausgebrachten Giften in Kontakt kommen. Diese OR-Werte schockieren mich. Bei manchen Krankheiten steigt die Wahrscheinlichkeit ihres Ausbruchs um 10 bis 20 Prozent an, bei anderen um 100 bis 200 Prozent. In Bezug auf die Bauern selbst kann man alle diese Werte noch einmal verdoppeln.

Nach dem Vortrag stehen meine Begleiter und ich am Tresen einer kleinen italienischen Bar in Bozen. Das Gespräch will nicht recht in Schwung kommen, und ich merke den beiden Ärzten ihre Betroffenheit an. Allgemeiner Tenor: Das Thema Pestizide ist sicher ein Thema, mit dem sich das offizielle Südtirol viel sorgfältiger auseinandersetzen sollte, aber mit dem es sich, wie es scheint, – aus dem einen oder anderen Grund – nicht auseinandersetzen will.

Ich jedenfalls gehe mit gutem Beispiel voran und verbringe die nächsten Abende damit, den Vortrag von Patricia Gentilini Folie für Folie ins Deutsche zu übersetzen. Silvana Mezzacasa, eine Gefäßchirurgin aus dem Meraner Krankenhaus und Freundin unserer Familie, sitzt neben mir und erklärt mir, was ich nicht verstehe. Sie war es auch, die Frau Dr. Gentilini darum bat, uns das Material des Vortrags zuzusenden.

Als ich eine der ersten Folien zu übersetzen versuche, muss ich daran denken, was ich hin und wieder von Südtirols Obstbauern höre. Die sagen nämlich: »Wie ist es möglich, dass wir im Durchschnitt immer älter werden, wenn das Zeug doch angeblich so giftig ist?« Die Grafik auf der Folie zeigt nämlich tatsächlich, dass die Lebenserwartung in Italien, wie in den meisten Ländern der westlichen Welt, in den letzten Jahren beständig anstieg. Gleichzeitig, und das zeigt die darauffolgende Folie, ist die Anzahl der in Gesundheit verbrachten Lebensjahre seit dem Jahr 2000 dramatisch gesunken. Während Männer früher damit rechnen durften, im Alter von 68 Jahren zu erkranken, müssen sie jetzt bereits im 61. Lebensjahr mit einer schweren Erkrankung rechnen. Bei den Frauen ist die Entwicklung noch dramatischer. Im Jahr 2000 mussten Frauen

*In Italien sind 56,9 Prozent des Oberflächenwassers und 31 Prozent des Grundwassers mit Pestiziden kontaminiert.*

Arsenal des Schreckens | **65**

in Italien erst mit 71 Jahren mit dem Verlust ihrer Gesundheit rechnen, heute werden sie bereits ab dem 60. Lebensjahr von schweren Krankheiten geplagt.

Dass die Allgegenwart von Pestizidrückständen daran einen wesentlichen Anteil hat, legen eine Reihe weiterer Studien und Statistiken nahe: Gemäß Rapporto Nazionale Pesticidi Nelle Acque von 2014 sind in Italien 56,9 Prozent des Oberflächenwassers und 31 Prozent des Grundwassers mit Pestiziden kontaminiert. Nachgewiesen wurden 175 verschiedene Wirkstoffe. In manchen Einzelproben mehr als 30 verschiedene Substanzen. In der Lombardei fand man Glyphosat und/oder dessen Abbauprodukt AMPA bei 90 Prozent der Wasserüberwachungsstellen. Auch Obst und Gemüse weist in Italien zu 36 Prozent Pestizdrückstände auf.

Der Giftcocktail wird also nicht nur über die Atemluft aufgenommen, er gelangt auch über Trinkwasser und Nahrung in unseren Körper. Das erinnert mich daran, was Johannes mir vor einigen Tagen erzählt hat: »Wir haben ganze Stapel von Rückstandsmessungen aus Mals, wo all jene Mittel, die angeblich nicht verwendet werden, in Höchstkonzentrationen nachgewiesen werden: Captan, Dodin, Chlorpyrifos. Wir wären nicht Ärzte, Apotheker und Biologen, wenn wir hierzu schweigen würden.«

Ich glaube, dass jeder, der sich auch nur oberflächlich mit jenen 14.565 Studien beschäftigt, rasch die Gesundheitsgefahren erkennt, die von diesen Substanzen ausgehen. Auch bei Silvana Mezzacasa, die mir mit großer Geduld über alle sprachlichen und medizinischen Verständnisschwierigkeiten hinweghilft, beobachte ich im Lauf unserer Zusammenarbeit wachsende Bestürzung.

## *Schwarze Liste der Pestizide*

Wie finde ich nun heraus, welche von diesen Giften in Südtirol eingesetzt werden? Johannes hatte mich darauf hingewiesen, dass ich all diese Angaben in den offiziellen Agrios-Richtlinien für den Obstanbau in Südtirol finde. Und nach kurzer Recherche finde ich in diesem Dokument tatsächlich Tabellen über Tabellen mit unaussprechlichen Pestizidbezeichnungen. Doch bald gewinne ich einen Überblick. Die für Südtirols Obstanbau empfohlenen Gifte fallen in drei Hauptkategorien: 27 Fungizide, um Pilzerkrankungen zu bekämpfen; 35 Insektizide und Akarizide gegen Insekten, Milben und Spinnen; 5 Herbizide gegen Gräser und Kräuter.

Auch die Häufigkeit der Verwendung wird in diesem Dokument Wirkstoff für Wirkstoff empfohlen oder vorgeschrieben. Manche Mittel darf man, so scheint es, einsetzen, so oft man möchte. Andere, je nach Mittel, ein- bis zwölfmal pro Jahr.

Genau 68 Pestizide werden also in Südtirols Obstanbau eingesetzt. Aber wie gefährlich sind sie? Und welche davon sind besonders gefährlich? In meinem verdunkelten Büro lade ich dazu nun Studie um Studie aus dem Web herunter. Am meisten beeindruckt mich eine Studie, die Lars Neumeister im Auftrag von Greenpeace erstellt hat. Lars Neumeister scheint aktuell der führende Experte zum Thema in Deutschland zu sein. In den letzten Monaten wurde er von ARD, NDR, SWR und BR um seine Einschätzung der Gefährlichkeit von Pestiziden gebeten. Im Auftrag von Greenpeace stellte er eine Schwarze Liste der gefährlichsten Pestizide zusammen und entwickelte dabei ein Klassifizierungssystem, das mir einleuchtend erscheint. Es beruht übrigens ausschließlich auf Studien aus den offiziellen Zulassungsverfahren.

*In Südtirols Obstanbau werden Fungizide, Insektizide, Akarizide und Herbizide eingesetzt.*

Seine Studie untersucht im Wesentlichen zwei Fragen: 1) Wie gefährlich ist ein Wirkstoff für Menschen und andere Säugetiere? 2) Wie gefährlich ist er für die Umwelt?

In beiden Bereichen – Gesundheit und Umwelt – listet die Studie eine Reihe von Parametern auf. Im Gesundheitsbereich sind das:
1. Akute Giftigkeit
2. Karzinogenität (ist das Mittel krebserregend?)
3. Reproduktions- und Entwicklungstoxizität (Schädigt es das Fortpflanzungssystem und die Entwicklung des Kinds?)
4. Mutagenität oder Genotoxizität (Führt es zu permanenten Veränderungen des Erbmaterials?)
5. AOEL (Acceptable Operator Exposure Level) und ADI (Acceptable Daily Intake) (Wie schädlich ist das Mittel für den Ausbringer und wie hoch ist die erlaubte Tagesdosis?)
6. Endokrine Effekte (Schädigungen des Hormonsystems)
7. Neurotoxizität (Schädigung von Nervenzellen und -gewebe).

Bezüglich der Umweltschädlichkeit bewertet die Studie gleichfalls sieben Parameter:
1. Algenbildung
2. Schädigung von Fischen und Wirbellosen
3. Giftigkeit für Vögel
4. Giftigkeit für Bienen
5. Giftigkeit für Nützlinge
6. Bioakkumulation (Anreicherung der Substanz im Organismus)
7. Persistenz (Langlebigkeit der Substanz).

Wenn ein Gift bei einem der Gesundheitsparameter den höchsten Gefahrenwert erreicht, kommt es auf die Liste. Das ist bei 111 Giften der Fall. Mir leuchtet das ein: Denn wenn ein Wirkstoff zum Beispiel sehr stark krebserregend ist, gehört er auf jeden Fall auf die Schwarze Liste, unabhängig davon, was er sonst noch anrichtet.

Und auch wenn ein Gift bei zwei Umweltparametern den höchsten Schaden anrichtet, wird es auf die Liste gesetzt. Wenn es zum Beispiel besonders schädlich für Fische und Bienen ist. Dieses K.o.-Kriterium bringt weiter 62 Pestizide auf die Liste.

*Fluazinam, Mancozeb, Tetraconazol, Trifloxystrobin, Abamectin, Milbemectin ...*

Was aber geschieht mit Giften, frage ich mich, die in zahlreichen Kategorien ziemlich schädlich sind, aber in keiner Kategorie den Höchstwert erreichen? Kurz darauf finde ich die Antwort in der Studie. Überschreitet die Summe der negativen Bewertungen eine gewisse Schwelle, so wird auch dieser Wirkstoff auf die Liste gesetzt. Weitere 36 Pestizide wandern dadurch auf die Liste.

Ich rechne im Kopf zusammen: 111 + 62 + 36 = 209. 209 von 520 in der EU zugelassenen Wirkstoffen stehen also auf der Schwarzen Liste. Daraus folgt: Immerhin 311 Wirkstoffe sind, nach heutigem Wissensstand, weniger schädlich. Wenn also der integrierte Obstanbau in Südtirol so fortschrittlich ist, wie der Bauernbund immer wieder behauptet, dann, so hoffe ich noch immer, werden die in Südtirol eingesetzten Mittel nicht auf dieser Schwarzen Liste zu finden sein, sondern auf der Liste der weniger schädlichen Pestizide.

Ich nehme mir also den ersten in Südtirol verwendeten Wirkstoff vor und suche ihn auf der Schwarzen Liste. Und ich finde ihn. Ebenso den zweiten und dritten. Und mit jedem weiteren Treffer nimmt mein Erstaunen oder eigentlich mein Entsetzen zu.

Am Ende habe ich 55 von 68 in Südtirol verwendeten Wirkstoffen auf der Schwarzen Liste gefunden. 55 von 68! Das sind 82 Prozent. Ich erinnere mich daran, was Johannes Fragner-Unterpertinger zu mir gesagt hat: »Dass die in Südtirol eingesetzten Pestizide harmlos sind, ist eine glatte Lüge, durch die der Bevölkerung, im Interesse der Pestizidwirtschaft, Sand in die Augen gestreut werden soll.«

Acrinathrin, ein in Südtirol verwendeter Wirkstoff, erreicht übrigens in sechs Kategorien den negativen Höchstwert. Chlorpyrifos-ethyl und Emamectinbenzoat in fünf Kategorien.

Weitere sechs Wirkstoffe aus Südtirols Obstwirtschaft (Quinoxyfen, Spirodiclofen, Pyridaben, Oxadiazon, Indoxacarb, Chlorpyrifos-methyl) befinden sich auf der Schwarzen Liste, weil sie das K.o.-Kriterium in vier Kategorien erfüllten.

Diese insgesamt neun Gifte, alle in Südtirol im Einsatz, qualifizieren sich damit für die Top-40 der negativsten Mittel der Schwarzen Liste.

Auf den nächsten 40 Rängen – also unter jenen Pestiziden, die in drei Kategorien brandgefährlich sind – finde ich weitere 13 Wirkstoffe, die in Südtirol großflächig ausgebracht werden: Fluazinam, Mancozeb, Tetraconazol, Trifloxystrobin, Abamectin, Milbemectin, Tebufenpyrad, Pirimicarb, Etofenprox, Phosmet, Clothianidin, Imidacloprid.

Ich denke an die Kindergärten in Meran. Neben vielen von diesen Kindergärten befinden sich Apfelanlagen. Direkt daneben. In einen davon geht mein Sohn. Das Land Südtirol weigert sich jedoch, trotz wiederholter Anfragen der Opposition im Landtag, dort Rückstandsmessungen durchzuführen.

Von Umweltschutzverbänden wissen wir, dass jede dieser Messungen positiv ausfallen würde. Es würden zahlreiche Rückstände entdeckt. Wann auch immer unabhängige Organisationen oder Umweltverbände solche Rückstandsmessungen durchgeführt hatten, wurden in praktisch allen Proben die zulässigen Höchstwerte überschritten.

*... Tebufenpyrad, Pirimicarb, Etofenprox, Phosmet, Clothianidin, Imidacloprid.*

OR-Werte, geht es mir durch den Kopf, das klingt so harmlos. Wie hoch ist eigentlich der kumulierte OR-Wert, der sich aus allen Einzelstudien ergibt, wenn man die jahrelange Belastung durch jene 55 hochgefährlichen Pestizide zugrunde legt, die in Südtirol in Verwendung sind? Ein Prozent? Zwei Prozent? Noch höher? – Und wie viele Kinder sind das im Kindergarten meines Sohnes? 5? Oder 10? Oder sogar 15?

Wie viel Prozent der Kinder dort werden in den nächsten 30 Jahren schwere Krankheiten bekommen, die sie ohne Pestizide nicht bekommen würden? Und wie viele dieser Krankheiten werden tödlich verlaufen?

Warum geht kein Aufschrei durch die Bevölkerung Südtirols? Die einzigen, die schreien, sind die Obstbauern. Sie bejammern ihr schweres Los, wenn jemand ihre unreflektierte Spritzpraxis kritisiert.

»Man fühlt sich ja schon wie ein Schwerverbrecher, wie ein Mörder gar«, sagen sie. Wirklich? Nein, so weit würde ich nicht gehen. Es handelt sich eher um fahrlässige Tötung. Oder eigentlich, nein, auch dieser Begriff trifft es nicht ganz genau. Nicht fahrlässig. Vorsätzlich!

Tötung durch vorsätzliches Ignorieren der Gefahren. Das lässt sich wahrscheinlich sogar statistisch beweisen. Und in einer solchen Statistik ginge es nicht um Zahlen, sondern um Menschenleben.

# 7

# Mörderische Zivilisation
*Klösterliche Gedanken
zu den Belastungsgrenzen der Erde*

Das Kloster Marienberg liegt oberhalb von Burgeis an den Hang des Watles geschmiegt. Ich habe mit der Werbeagentur des Landes Südtirol vereinbart, einen Film über das Kloster zu drehen. Darin soll es um eine Art Selbstversuch gehen. Die Idee: Ich gehe für ein paar Tage ins Kloster, um zur Ruhe zu kommen. Und Ruhe habe ich in der Tat dringend nötig. Denn alles, was ich über die industrielle Landwirtschaft bis jetzt erfahren habe, hat mich aufgewühlt. Wer mich zur Ruhe bringt, bringt jeden zur Ruhe, denke ich, als ich mich dem Kloster nähere. Den letzten Anstieg zum Kloster lege ich zu Fuß zurück. Martin Rattini, der meine Ankunft filmen soll, folgt mir mit der Kamera.

Das Kloster ist ein wuchtiges weißes Gebäude mit vielen Stockwerken. Ein Kind würde es vielleicht für eine Burg halten. So wehrhaft und stolz überblickt es das Tal von seinem Berghang aus. Ich durchschreite also die Pforte, durchquere den Hof und ziehe mehrfach an einer Klingel. Ein Pater nimmt mich in Empfang und stellt sich als Gastpater Pius vor. Auch ich stelle mich vor, und er führt mich über eine verwinkelte Treppe zu meinem kleinen Zimmer, das genauso aussieht, wie ich mir ein Zimmer in einem Kloster vorstelle: Bett, Tisch, Schrank. Sonst nichts.

Der Pater erklärt mir den Tagesablauf, dann lässt er mich allein zurück. Das heißt, natürlich nicht ganz allein. Martin Rattini hat all das aufgezeichnet. Kurz darauf verlässt auch er mich, denn die ersten Tage im Kloster möchte ich allein erleben. Ohne Kamera und Kameramann.

Ich gehe in meinem Zimmer auf und ab. Danach gehe ich hinaus auf den Gang, um dort auf und ab zu gehen. Dann wieder in mein Zimmer zurück. Immerzu gehe ich auf und ab. Meine Schritte knarren auf den Dielen. Sonst höre ich nichts.

Am nächsten Tag stehe ich früh auf und gehe hinunter in die Kapelle. Es ist 5:45 Uhr. Die erste Gebetszeit des Tages wird Vigil genannt. Die Mönche versammeln sich schweigend, stehen still und beginnen auf ein Klopfzeichen hin mit ihren gesungenen Gebeten.

Wir singen Psalmen. Das freut mich, denn ich mag das Psalmenbuch. Ich mag überhaupt Songlyrics. Gereimte gesungene Sprache brennt sich auf sonderbare Weise in meinen Geist ein und wirkt dort oft für lange Zeit nach.

Zurück auf meinem Zimmer hole ich eines von zwei Büchern hervor, die ich hierher mitgebracht habe. Ein Buch, das mir lieb und teuer ist. Ich habe es ausgewählt, weil ich wusste, dass in den Klöstern der Benediktiner Tag für Tag Psalmen gesungen werden. Es ist das Psalmenbuch in der Übersetzung von Martin Buber, der versucht hat, die archaische Wucht der hebräischen Texte durch eine sehr wörtliche Übersetzung ins Deutsche zu übertragen. Ich blättere zum 12. Psalm, der heute während der Vigil in der Kapelle gesungen wurde.

»Wahnspiel reden sie,
jedermann mit seinem Genossen.
Mit zweierlei Herz reden sie!«

Ich beginne zu lesen, und die Zeit vergeht. Als ich wieder auf die Uhr blicke, ist es erstaunlicherweise bereits 6:45 Uhr. Zeit für die nächste Gebetszeit, die Laudes genannt wird. Solange ich im Kloster bin, will ich mich an Punkt 43,3 der Benediktsregel halten: »Dem Gottesdienst soll nichts vorgezogen werden.« Daher besuche ich auch um 7:15 Uhr die Messe und um 11:45 Uhr die Mittagshore. Um 17:45 Uhr geht es zur Vesper. Und die letzte Gebetszeit des Tages findet um 19:30 Uhr statt und wird Komplet genannt. Bei jeder Gebetszeit singen wir Psalmen. Dazwischen gehe ich auf und ab. Schweigend.

Auch die Mahlzeiten sind übrigens genauestens geregelt: Frühstück gibt es nach der zweiten Gebetszeit. Zu Mittag isst man nach der Mittagshore. Und das Abendessen wird schließlich nach der Vesper serviert. Die Mönche versammeln sich dann um eine u-förmige Tafel, an der auch die Gäste Platz nehmen. Kein Wort wird während des Essens gesprochen. Einer der Mönche geht von Platz zu Platz und stellt vor jedem der Brüder schweigend eine Schüssel ab, aus der sich die Mönche und die Gäste bedienen. Ein Mönch sitzt etwas abseits und liest aus erbaulichen Schriften vor. Er wird seine Mahlzeit später einnehmen. Nach dem Essen erledigen einige Mönche den Abwasch, andere plaudern ein wenig und wieder andere spielen eine Runde Tarock, bevor schließlich alle zur letzten Gebetszeit des Tages aufbrechen.

Als ich nach dem ersten Tag im Kloster abends auf mein Zimmer zurückkehre, liegt das Psalmenbuch noch immer aufgeschlagen auf meinem Tisch. Ich blättere zum ersten Psalm, den ich vor vielen Jahren auswendig lernte. In ihm wird »das Glück des Mannes« gepriesen,

> »der Lust hat an SEINER Weisung,
> über SEINER Weisung murmelt tages und nachts!«.

Gemeint ist natürlich Gottes Weisung. Buber verwendet in seiner Übersetzung Ich und Mein, wo Gott redet, Du und Dein, wo er angeredet wird, Er und Sein, wo von ihm geredet wird.

Ich saß tatsächlich bei Tag und bei Nacht lesend und murmelnd über seiner Weisung, so scheint mir. Ich weiß nicht, wie oft ich die biblischen Texte in meinem Leben gelesen habe. Und auch die heiligen Schriften der anderen Weltreligionen. Worin diese Weisung besteht, an die sich glückliche Menschen halten, war mir dabei schon früh klar gewesen: »Du sollst Leben erhalten und fördern.« Das ist das einzige Gebot. Wer sich daran hält, der wird sein wie ein Baum

> »an Wassergräben verpflanzt,
> der zu seiner Zeit gibt seine Frucht
> und sein Laub welkt nicht:
> was alles er tut, es gelingt«.

## *Alles Leben ist heilig*

Ich schlafe ein, doch wache ich immer wieder auf. Mehrfach träume ich denselben Traum mit minimalen Variationen: Ich befinde mich in einem ehemaligen Hühnerstall, der zu einer Arztpraxis umgewandelt wurde. Es ist die Zeit der Abenddämmerung. Ein weißhaariger Mann versorgt einen stöhnenden Schwarzen, spricht beruhigende Worte. Im Licht der heruntergebrannten Kerzenstummel erkenne ich nicht viel. Ich erzähle dem Weißhaarigen aufgeregt von einer riesigen Spinne, die ich in meiner Hütte entdeckt habe. Er wendet den Kopf zu mir, schaut mich streng an und antwortet: »Lass die Spinne zufrieden, sie war vor dir da!«

Ich erkenne den Mann. Das amerikanische *Life* Magazin hatte ihn einst als »greatest man of the world« bezeichnet. Nie zuvor wurde einem Menschen ohne politisches Amt so viel Verehrung entgegengebracht wie Albert Schweitzer in den 50er- und 60er-Jahren. Ich selbst darf mich zu diesen Verehrern zählen. Nachdem ich schon in jungen Jahren die meisten seiner Werke gelesen hatte, habe ich mir im letzten Jahr Monat für Monat jeweils einen Band seiner »Werke aus dem Nachlass« bestellt.

Im Dämmerzustand zwischen Schlaf und Wachsein höre ich Albert Schweitzers Stimme: »Solange ich zurückblicken kann, habe ich unter dem vielen Elend, das ich in der Welt sah, gelitten.« Er rollt beim Sprechen das R wie ein Vinschger. Ich auch. Ich habe auch, solange ich zurückblicken kann, unter dem vielen Elend in der Welt gelitten.

Ich wälze mich im Bett hin und her, das für mich viel zu weich ist.

»Ich bin Leben, das leben will, inmitten von Leben, das leben will.« Diesen Satz bezeichnete Schweitzer als die fundamentalste Erkenntnis. Sie diente ihm als Grundlage für die Entwicklung seiner Ethik der »Ehrfurcht vor dem Leben«: Der denkende Mensch erkennt, dass es nötig ist, allem anderen »Leben, das leben will« die gleiche Ehrfurcht entgegenzubringen wie dem eigenen.

Gut ist daher: »Leben erhalten, Leben fördern, entwickelbares Leben auf seinen höchsten Wert bringen.«

Böse ist: »Leben vernichten, Leben schädigen, entwickelbares Leben niederhalten.«

»Dies«, so Schweitzer, sei »das denknotwendige, universelle, absolute Grundprinzip des Ethischen.« Ethisch sei der Mensch nur dann, wenn ihm das Leben als solches heilig sei, das der Menschen und das aller Lebewesen.

Beim Frühstück, nach Vigil und Laudes, erzähle ich einem anderen Klostergast von meinem leichten Schlaf, und er erklärt mir, dass dies womöglich an der Höhenluft liege. Schließlich befänden wir uns auf 1.300 Metern Seehöhe, und man müsse sich erst daran gewöhnen.

Als ich am Nachmittag spazieren gehe, denke ich noch immer über die Höhenluft nach. Denn die Luft im Obervinschgau hat tatsächlich eine erstaunliche Wirkung auf mich. Alles wirkt sehr viel klarer hier oben. Mein Gehirn begrüßt, wie es scheint, diese Extradosis Sauerstoff.

Nur das Gute, das Rücksichtsvolle kann sich langfristig durchsetzen, hat Bestand, funktioniert, ist nachhaltig. Wer daran festhält, kann nicht fehlgehen. »Was alles er tut, es gelingt.« Anders ergeht es den Frevlern am Ende des ersten Psalms. All ihre Mühe ist letztlich vergebens. Ihr Werk vergeht wie Spreu, die vom Winde verweht wird. »Gilt das auch für den Wahnsinn der industriellen Landwirtschaft?«, frage ich mich und hoffe es. Ich hoffe auf ein Wunder.

Die Bergkulisse am Horizont ändert ihr Aussehen beständig. Mit dem Wetter, der Tageszeit, dem Lichteinfall, dem Luftdruck und hundert anderen Faktoren. Nichts ist so vollkommen statisch wie diese Bergketten da, die eben deshalb zum Spiegel beständiger Änderung werden.

Nicht weit von hier, fällt mir ein, liegt das Engadin. Und im Engadin liegt Sils Maria. Der Ort, an dem Nietzsche grübelte, seine reifsten Gedanken aufschrieb. Immer wieder staunte er dort darüber, wie seine Gedanken tatsächlich durch diese Bergwelt geformt wurden. Erlebe ich hier etwas Ähnliches?

## Alarmstufe rot – Belastungsgrenzen der Erde

Ich reiße mich von dem Anblick los und kehre zurück in mein karges Zimmerchen. Denn ganz gelingt es mir nicht, meine aktuelle Recherche auszublenden. Ich habe ein zweites Buch ins Kloster geschmuggelt: »The Age of Sustainable Development« von Jeffrey Sachs.

Jeffrey Sachs ist ein US-amerikanischer Ökonom. Seit 2002 arbeitet er als Professor für nachhaltige Entwicklung an der Columbia-Universität. Gleichzeitig ist er Direktor des Earth Institute. Er war auch Sonderberater für die Millennium Development Goals des Generalsekretärs der Vereinten Nationen Ban Ki-moon und Forschungsmitglied am National Bureau of Economic Research. Auch für den IWF, für die Weltbank, die OECD, die WTO und das UNDP war er als Berater tätig.

Das sechste Kapitel seines Buchs, das mich seit Wochen beschäftigt, trägt den Titel »Planetary Boundaries«. Vor sieben Jahren haben sich 28 renommierte Wissenschaftler, darunter Johan Rockström (Stockholm Resilience Centre), Will Steffen (Australian National University), Hans-Joachim Schellnhuber (Potsdam-Institut für Klimafolgenforschung) und der Nobelpreisträger Paul Crutzen, zusammengetan, um einen Rahmen zum Verständnis und zur Messung der ökologischen Belastungsgrenzen der Erde zu entwickeln. Diese Wissenschaftler benannten neun Teilsysteme, die für das Funktionieren des Gesamtsystems Erde unverzichtbar sind, und definierten für jeden dieser Bereiche globale Grenzwerte der Belastbarkeit. Werden diese Grenzen überschritten, so besteht die Gefahr irreversibler Umweltzerstörung.

Für sieben von neun ökologischen Teilsystemen konnten die Wissenschaftler bereits Parameter definieren, um den Grad der Gefährdung genau zu messen. In manchen Bereichen, zum Beispiel bei der Erderwärmung, war die Definition dieses Parameters nicht allzu schwer. Man wählte den durchschnittlichen weltweiten Temperaturanstieg und errechnete eine maximale Belastungsgrenze von 2 Grad Celsius. Dieser Wert wurde übrigens danach von der internationalen Klimapolitik als 2-Grad-Ziel übernommen. Beim Klimagipfel in Paris einigten sich 175 Nationen darauf, den maximalen Anstieg der Durchschnittstemperaturen auf der Erde durch gezielte Maßnahmen auf unter 2 Grad Celsius zu begrenzen.

Wenn in einem Teilsystem die Belastungsgrenze überschritten wird, gelangt dieses System an seinen Kipppunkt (englisch tipping point), und es entstehen fatale Rückkopplungen. Würden beispielsweise die Permafrostböden in Sibirien durch den Klimawandel auftauen, so würden gewaltige Mengen des hochwirksamen Treibhausgases Methan freigesetzt, das dort in den Böden gebunden ist. Diese Methanfreisetzung würde ihrerseits den Klimawandel dramatisch beschleunigen.

Bei vier ökologischen Teilsystemen der Erde wurden diese planetaren Belastungsgrenzen bereits überschritten: Klimawandel, Stickstoffkreislauf, Landnutzung und Biodiversitätsverlust. Alle vier Bereiche werden stark von der industriellen Landwirtschaft und von unserem Ernährungssystem beeinflusst, von der Art also, wie wir Lebensmittel produzieren und konsumieren.

> *In vier Bereichen wurden die planetaren Belastungsgrenzen bereits überschritten: Klimawandel, Stickstoffkreislauf, Landnutzung und Biodiversitätsverlust.*

## Achtung! Zu warm!

Von diesen vier Bereichen wird die drohende Klimakatastrophe in der Öffentlichkeit am stärksten wahrgenommen. Seltsamerweise fällt es dennoch vielen Menschen schwer, Entstehung und Auswirkungen genau zu beschreiben. Dabei ist es gar nicht so kompliziert. Die Sonneneinstrahlung, die auf die Erde fällt, wird nur zum Teil ins Weltall zurückgeworfen. Ein Teil wird von der Atmosphäre zurück auf die Erde gelenkt. Dieser Effekt, Treibhauseffekt genannt, verschärft sich seit Beginn der industriellen Revolution beständig. Die Erdatmosphäre erwärmt sich. Der Grund: Der natürliche Treibhauseffekt wird durch sogenannte Treibhausgase verstärkt. Die Konzentration dieser Gase in der Atmosphäre nimmt zu. Die wichtigsten davon sind $CO_2$, Methan und Lachgas. Wobei Methan 25-mal klimawirksamer ist als $CO_2$ und Lachgas sogar 300-mal so stark wirkt.

$CO_2$ entsteht durch Verbrennung fossiler Brennstoffe wie Kohle, Erdöl oder Erdgas, hauptsächlich zur Gewinnung von Energie. Da der Energiebedarf von Produktion, Transport und Konsum seit der industriellen Revolution beständig anstieg, stieg auch die $CO_2$-Konzentration in der Atmosphäre in den zurückliegenden 200 Jahren von 280 auf 379 ppm ($CO_2$-Teile pro Millionen Luftmoleküle).

Auch die industrielle Landwirtschaft trägt maßgeblich zu diesem weltweiten $CO_2$-Ausstoß bei, da die Produktion und der Betrieb von landwirtschaftlichen Maschinen viel Energie verbrauchen und da auch die Herstellung von Pestiziden und Kunstdüngern sehr energieintensiv ist.

Ebenso setzt die Rodung von Tropenwäldern zur Gewinnung von Ackerflächen (hauptsächlich für die Futtermittelproduktion) gewaltige Mengen von $CO_2$ frei. Gleichzeitig geht mit dem Verschwinden der Regenwälder ein wichtiges biologisches System zum $CO_2$-Abbau verloren. Allein dieser Prozess ist für rund 20 Prozent der weltweiten Treibhausgasemissionen verantwortlich.

Auch Lachgas und Methan, die um ein Vielfaches zerstörerischer wirken als $CO_2$, entstehen hauptsächlich in der industriellen Landwirtschaft. Stickstoffdüngemittel und Massentierhaltung sind die Hauptquellen der weltweiten Lachgas- und Methanemissionen. 2012 stammten 53 Prozent der gesamten Methan- und sogar 77 Prozent der Lachgasemissionen aus der Landwirtschaft. Was die wenigsten wissen: Der kumulierte Effekt von $CO_2$, Lachgas und Methan macht die industrielle Landwirtschaft zum Klimakiller Nummer eins.

> $CO_2$, Lachgas und Methan machen die industrielle Landwirtschaft zum Klimakiller Nummer eins.

Die Folgen des vom Menschen verursachten Klimawandels werden regional sehr unterschiedlich ausfallen. Manche Regionen werden heißer, manche trockener, andere feuchter. Insgesamt nehmen Wetterextreme, wie Starkregenfälle oder Trockenperioden, zu. Mit dem Anstieg der Temperatur der Ozeane werden Stürme leichter und häufiger entstehen. Der Meeresspiegel wird durch das Abschmelzen der arktischen und antarktischen Eisdecken ansteigen. Überflutungen werden die Folge sein.

Wenn wir unsere Konsum- und Produktionsmuster nicht massiv verändern, wird die Durchschnittstemperatur auf der Erde bis zum Ende dieses Jahrhunderts um bis zu 4 Grad Celsius ansteigen.

## Achtung! Überdüngt!

Das alles wissen wir. Vielleicht lückenhaft, aber immerhin. Viel geringer ist unser Wissen über das zweite globale Umweltproblem, bei dem die Belastungsgrenze der Erde bereits überschritten wurde. Den Einfluss des Menschen auf den Stickstoffkreislauf der Erde. Dieses Problem spielt in der Medienberichterstattung so gut wie keine Rolle.

Vor einhundert Jahren wurde ein industrielles Verfahren zur Herstellung von Düngemitteln entwickelt, bei dem nicht reaktiver Luftstickstoff in reaktive Stickstoffverbindungen umgewandelt wird. Zum Beispiel Ammoniak ($NH_3$), Ammonium ($NH_4^+$), Stickstoffoxide (NO und $NO_2$), Nitrat ($NO_3^-$), Nitrit ($NO_2^-$) oder eben Lachgas ($N_2O$). Durch den Einsatz künstlich hergestellter Düngemittel, aber auch durch die Abfallprodukte aus der Massentierhaltung, hat sich die Freisetzung von reaktiven Stickstoffverbindungen seitdem beinahe verzehnfacht. Dieser zusätzliche Stickstoffeintrag in die Natur zerstört unsere Umwelt und Gesundheit auf vielfältige Weise:

1. Als Lachgas trägt er zum Ozonloch und zum Klimawandel bei.
2. In der Form von Stickstoffoxiden und Ammoniak fördert er die Bildung von bodennahem Ozon.
3. Als Nitrate belastet er Trinkwasser und Lebensmittel.
4. Und durch Überdüngung oder Versauerung ruiniert er schließlich unsere Böden und Gewässer und treibt den Artenverlust voran.

In Deutschland waren im Jahr 2009 etwa 48 Prozent der natürlichen und naturnahen terrestrischen Ökosysteme von Überdüngung betroffen. 8 Prozent von Versauerung. Etwa 26 Prozent aller Grundwasserreserven waren wegen hoher Nitratgehalte in einem schlechten chemischen Zustand.

Die Umwandlung von Luftstickstoff durch die Düngemittelherstellung müsste von derzeit etwa 120 Millionen Tonnen auf circa 60 Millionen Tonnen pro Jahr halbiert werden, um innerhalb der planetaren Belastungsgrenze zu bleiben.

## *Achtung! Kaputt!*

Auch im Bereich der Landnutzung wurden die globalen Belastungsgrenzen bereits überschritten, ohne dass die Bevölkerung bisher allzu viel davon erfahren hätte. Einerseits werden weltweit immer neue Flächen in Ackerflächen umgewandelt, unter anderem durch die Abholzung von Tropenwäldern. Andererseits wird gleichzeitig ein immer größerer Teil dieser Ackerflächen durch Bodendegradation zerstört.

Diese Bodenzerstörung ist das Resultat intensiver Landnutzung, deren Elemente sich überall auf der Welt gleichen: Flurbereinigungsmaßnahmen, Aufbau von Bewässerungs- und Entwässerungssystemen, Einsatz leistungsfähiger Sorten in gewaltigen Monokulturen, großflächiger Einsatz von Düngemitteln und Pestiziden sowie verstärkter Maschineneinsatz.

Bereits 1997 zeigten 15 Prozent der eisfreien Landoberfläche anthropogen verursachte Degradationserscheinungen. Im Jahr 2008 belief sich diese Fläche bereits auf 24 Prozent.

Abholzung und Brandrodung, Monokulturen und Massentierhaltung, chemische Düngemittel und Pestizide werden zur Ursache von physikalischen, biologischen und chemischen Veränderungen des Bodens.

Im Bereich der physikalischen Degradation verursacht intensive Landnutzung Bodenverdichtung, -versiegelung und -schwund. Biologisch führt die intensive Landnutzung zum Verlust von Vielfalt, chemisch zu unfruchtbaren Böden, zu Versalzung und Kontamination, zur Änderung von pH-Werten und zum Verlust der Funktion des Bodens als $CO_2$-Senke.

## *Achtung! Verloren!*

Klimawandel, Stickstoffkreislauf und Bodendegradation: Alle Umweltprobleme führen am Ende zum Verlust biologischer Vielfalt, dem vierten Parameter, bei dem die globale Belastungsgrenze bereits überschritten wurde.

Wenn man von biologischer Vielfalt spricht, spricht man nicht nur von der Vielfalt der Arten, sondern auch von genetischer Vielfalt innerhalb einer Art und von der Vielfalt von Ökosystemen und Lebensräumen insgesamt. Das alles bedeutet biologische Vielfalt.

Ein Team von Wissenschaftlern aus acht Ländern hat im Jahr 2000 die wichtigsten Ursachen für die globale Abnahme der Biodiversität identifiziert: Klimawandel, Stickstoffbelastung von Gewässern und Böden sowie intensive Landnutzung beziehungsweise Abholzung von Wäldern. Zu den Problemen zählt überdies die Einwanderung neuer Arten, sogenannter Neophyten, die zuvor in einem Gebiet nicht heimisch waren. Diese Arten breiten sich beispielsweise als Folge des geänderten Klimas in neue Lebensräume aus. 2016 warnte der WWF Deutschland, dass »die Kurve der weltweiten biologischen Vielfalt […] steil nach unten« geht.

## *Grundwissen des Überlebens*

Der Schaden, der dadurch für uns Menschen entsteht, kann durch das Konzept der Ökosystem-Dienstleistungen (englisch ecosystem services) beschrieben werden: Dieser Begriff bezieht sich auf die »Vorteile«, die Menschen aus Ökosystemen ziehen.

Gemäß *Millennium Ecosystem Assessment* lassen sich Ökosystem-Dienstleistungen in vier Kategorien einteilen:

1. *Unterstützende* Dienstleistungen (als Basis aller anderen Ökosystem-Dienstleistungen), zum Beispiel bei der Bodenbildung, im Bereich des Nährstoffkreislaufs und bei der Erhaltung der genetischen Vielfalt.
2. *Bereitstellende* Dienstleistungen: Ökosysteme versorgen uns mit Nahrung, Wasser, Baumaterial und Fasern, aber auch mit Rohstoffen für Arzneimittel.
3. *Regulierende* Dienstleistungen: Ökosysteme regulieren Klima oder Wasserqualität, schützen vor Überflutungen und Krankheiten und sorgen für Abfallbeseitigung oder Bestäubung.
4. *Kulturelle* Dienstleistungen wie Erholung, ästhetisches Vergnügen oder spirituelle Erfüllung.

Die fortschreitende Umweltverschmutzung führt jedoch dazu, dass die Verfügbarkeit dieser Ökosystem-Dienstleistungen rapide abnimmt. Weltweit befinden sich 60 Prozent der beim *Millennium Ecosystem Assessment* untersuchten Ökosystem-Dienstleistungen in einem Zustand von Degradation oder nicht nachhaltiger Nutzung. Von 24 erfassten bereitstellenden, regulierenden und kulturellen Dienstleistungen standen 20 unter erhöhtem Nutzungsdruck.

Wieso eigentlich, frage ich mich, wissen die Menschen tatsächlich so wenig über diese globalen Bedrohungen? Ich stehe auf und wandere im Zimmer auf und ab. Wieder einmal. Dabei stelle ich mir die Kuppel des Petersdoms vor, austapeziert mit dem Informationsreichtum der Welt. Natürlich ist mir dabei klar, dass die Kuppel des Petersdoms nicht genug Platz für alle Informationen der Welt bietet, aber das ist mir im Augenblick egal. Unter die neutapezierte Kuppel schiebe ich ein Bett, und in das Bett lege ich einen Menschen. Der hat einen Laserpointer in der Hand, einen sehr starken Laserpointer, und mit diesem Laserpointer zeigt er nun auf all jene Informationselemente in der Kuppel des Petersdoms, die ihn interessieren. Zum Beispiel die Ergebnisse der Fußballbundesliga oder das Erscheinungsdatum eines neuen Smartphones oder aber die Ergebnisse einer regionalen Wahl. So zeichnet er an diesem Tag – und eigentlich an jedem Tag seines Lebens – mit seinem Laserpointer Muster in die Kuppel. Danach stelle ich mir vor, wie der Menschen samt Bett hinausgeschoben wird. Ein anderer Mensch in einem anderen Bett wird unter die Kuppel geschoben, wie ein Patient in die Röhre eines Kernspintomographen. Dieser zweite Mensch zeichnet nun seinerseits mit dem Laserpointer *seine* Auswahl in den Innenraum der Kuppel, zeichnet das Muster *seiner* Interessen. Dieses zweite Muster der zweiten Person hat mit dem Muster der ersten Person vielleicht nur wenig oder gar nichts gemeinsam.

Nun stelle ich mir vor, dass alle nicht ausgewählten Elemente verschwinden. Die Kuppel schrumpft zu einer Art Minikuppel zusammen, die jetzt mehr einem Iglu ähnelt als der Kuppel des Petersdoms. In meiner Vorstellung lebt jeder Mensch in solch einem Informationsiglu, in seinem eigenen Informationskokon.

Doch es gibt Informationen, die jeder und jede zur Kenntnis nehmen sollte. Ich denke dabei an all jene Informationen, die gemeinsame und globale Bedrohungen betreffen und gemeinsame und globale Reaktionen erfordern. Jeder und jede sollte ein Grundwissen in Bezug auf die großen Probleme der Menschheit haben; dann würde uns auch schnell klar werden, dass es zahlreiche Lösungen für diese Probleme gibt, die sich gemeinsam verwirklichen lassen. Auf einer solchen Liste der Menschheitsprobleme würde die drohende Zerstörung unseres Heimatplaneten zweifellos einen prominenten Platz einnehmen.

Was aber müssten die Menschen wissen, um unsere Hauptprobleme zu begreifen? Ich glaube, man müsste dazu nur einige wenige Fragen beantworten. Die Grundfrage würde vielleicht lauten. »Was ist das Phänomen, was ist seine Ursache und was seine Wirkung?«

Die Antwort beim Klimawandel: »Die Konzentration von $CO_2$ und anderen Treibhausgasen in der Atmosphäre nimmt zu, und die Erde erwärmt sich dadurch.« Ursache und Wirkung, kurz und klar.

Danach würden sich nur noch einige wenige Zusatzfragen stellen. Zum Beispiel die Fragen nach den Ursachen von Ursachen:

»Warum gibt es eigentlich so viel $CO_2$ in der Atmosphäre?« –
»Weil wir zu viele fossile Brennstoffe verbrennen.«

»Und warum verbrennen wir so viele fossile Brennstoffe?« –
»Weil wir zu viel Energie verbrauchen.«

»Aber warum verbrauchen wir so viel Energie?« –
»Weil wir zu viele Güter produzieren, transportieren und konsumieren.«

Auch nach der Wirkung der Wirkung müsste gefragt werden:

»Was bewirkt diese Erderwärmung?« –
»Sie bewirkt Dürre- und Flutkatastrophen.«

»Und was bewirken diese Dürre- und Flutkatastrophen?« –
»Millionen von Menschen verlieren ihre Nahrungsgrundlagen.«

»Und was bewirkt die Erwärmung der Erde langfristig?« –
»Den Zusammenbruch ganzer Ökosysteme.

»Und was bewirkt ein solcher Zusammenbruch?« –
»Das Verschwinden der Überlebensgrundlagen des Menschen.«

Nicht nur der Klimawandel, sondern alle Umweltprobleme, die in der Studie über die planetaren Belastungsgrenzen aufgezählt werden, führen früher oder später zum Verlust von Biodiversität und zur Zerstörung der Lebensgrundlagen des Menschen. Das gilt auch für die zwei nächsten Punkte auf der Liste der planetaren Probleme: die Versauerung der Ozeane und das Schwinden unserer Süßwasserreserven.

Seit Beginn der industriellen Revolution stieg die Versauerung der Meere an den Oberflächen kontinuierlich an. Der Grund: Die Weltmeere binden rund ein Viertel des vom Menschen verursachten $CO_2$-Ausstoßes. Dadurch sinkt ihr pH-Wert. Am stärksten betroffen sind davon Meereslebewesen mit Kalkskeletten, wie Korallen, Schalentiere und Plankton. Sie verlieren ihre

Fähigkeit, Innenskelette oder Schutzhüllen zu bilden, und sterben. Da diese Arten jedoch oft die Basis der Nahrungsketten in den Ozeanen bilden, ergeben sich daraus schwerwiegende Konsequenzen für alle von ihnen abhängigen Meeresbewohner und in der Folge auch für alle Menschen, die von der Nahrung aus den Weltmeeren leben.

Auch beim Süßwasserverbrauch ignoriert die Menschheit planetare Belastungsgrenzen. Dabei ist es eigentlich eine Binsenweisheit: ohne Wasser kein Leben. Für uns Menschen ist Süßwasser nicht nur das wichtigste Lebensmittel, sondern auch die unverzichtbare Grundlage jeglicher Nahrungsmittelproduktion. Der Wasserverbrauch pro Kopf hat sich jedoch zwischen 1930 und 2002 verdoppelt. Die UNESCO prognostiziert daher einen dramatischen Rückgang der Wasserverfügbarkeit bereits ab 2025. In zahlreichen Regionen der Erde sinken schon heute die Grundwasserspiegel durch die Übernutzung der Wasserressourcen dramatisch. Um die Nahrungsmittelversorgung der rasch wachsenden Weltbevölkerung sicherzustellen, wurde der Anteil der ertragreicheren Bewässerungslandwirtschaft seit Beginn des letzten Jahrhunderts enorm ausgeweitet. Sie ist heute für rund zwei Drittel der Wasserentnahmen durch den Menschen verantwortlich. Kurz: Wir verbrauchen unsere knappen Süßwasserreserven viel schneller, als sie sich wieder auffüllen, während wir gleichzeitig die verbleibenden Reserven verschmutzen und verseuchen, nicht zuletzt auch durch die Nitrat- und Pestizideinträge aus der industriellen Landwirtschaft.

*»Die Erderwärmung bewirkt das Verschwinden der Überlebensgrundlagen des Menschen.«*

Leider aber sitzen wir Menschen untätig und tatenlos in unseren kleinen Iglus und beschäftigen uns mit der Fußballbundesliga und nehmen unsere größten Probleme nicht wahr. Gedankenlos tragen wir von früh bis spät zur Zerstörung der eigenen Lebensgrundlagen bei. Vielleicht weil wir uns von klein auf an ein Gesellschafts- und Wirtschaftssystem gewöhnt haben, das auf der Prämisse errichtet wurde, dass die Natur uns unbegrenzt Rohstoffe zur Verfügung stellen kann und dass sie ebenso unbegrenzt Abgase, Abwasser und Abfälle entsorgt. Dass genau dies nicht der Fall ist und gar nicht der Fall sein kann, müsste uns eigentlich klar sein. Mit grausiger Deutlichkeit zeigt es sich aber nur jenen, die sich ein bisschen genauer mit dem Thema beschäftigen. Diese Wenigen staunen darüber, wie die große Menge mit großer Energie dem Abgrund entgegenstrebt.

Denn in unserem Wirtschaftssystem gewinnt nur, wer Gewinne macht. Und Gewinne macht man, wenn der Verkaufspreis eines Produkts höher ist als dessen Herstellungskosten. Bei der Berechnung dieser Herstellungskosten berücksichtigen wir zwar den Arbeits- und Maschineneinsatz, nicht jedoch, ob knappe Ressourcen im Übermaß verbraucht werden oder ob die Umwelt durch Abgase, Abwasser oder Abfälle aus dem Gleichgewicht gerät. Bei unserer Kostenkalkulation spielt es nicht einmal eine Rolle, ob das Endprodukt nützlich oder schädlich ist. Mit der Produktion von Tellerminen lässt sich ebenso Gewinn erzielen wie mit Gesundheitsfürsorge.

In der Wirtschaftswissenschaft nennt man jene Kosten, die bei der Preiskalkulation keine Rolle spielen, externe Kosten. Würden diese externen Kosten, zum Beispiel über ein gestaffeltes Steuersystem, die Produktion von unökologischen oder unsinnigen Produkten belasten, müssten diese zu ihrem wahren Preis angeboten werden. Sie wären dadurch unerschwinglich und würden vom Markt verschwinden. Ein nachhaltig hergestellter Apfel wäre dann jedenfalls viel günstiger als ein nicht nachhaltig hergestellter Apfel. Mit der sinkenden Nachfrage nach nicht nachhaltigen Produkten würde auch deren Produktion abnehmen und schließlich enden. Da wir jedoch weder systematisch noch überhaupt über unsere gemeinsamen Probleme nachdenken und daher auch nicht über deren Lösungen, bleibt die Idee der Anpassung der wirtschaftlichen Spielregeln vorläufig Zukunftsmusik.

Ich fühle mich plötzlich sehr einsam in meiner Informationskuppel. Ich schließe das Buch von Jeffrey Sachs, denn für die verbleibenden vier Probleme, das Ozonloch, die Verschmutzung durch Chemie und Aerosole und die Probleme des Phosphorkreislaufs, habe ich heute keine Kraft mehr. Außerdem ist es dunkel geworden. Wie es scheint, habe ich bereits alle Gebetszeiten des Tages verpasst, und – schlimmer noch – auch das Abendessen.

»Stell dir vor, es ist Krieg, und keiner geht hin«, hat Carl August Sandburg geschrieben. Aus diesem hoffnungsfrohen Zitat wird in meinem Geist ein verzweifelter Aufschrei: »Stell dir vor, unser Planet geht den Bach hinunter, und keinen interessiert's.« Wer sich auf den Weg des Widerstands begibt, kommt früher oder später an diesen Punkt. Eher früher als später, denke ich, denn allzu viel muss man eigentlich nicht lernen, um zu verstehen, wie groß die Gefahr ist, in der wir uns befinden.

»Leben behindern und zerstören ist schlecht. Leben fördern und erhalten gut.« Wer daran festhält, der erlebt, in einer mörderischen Zivilisation, Momente tiefster Verzweiflung. Wer jedoch unbeirrt weitermacht, wird sein wie ein Baum, ein Baum an Wassergräben verpflanzt, der seine Frucht gibt zu seiner Zeit. Was alles er tut, es gelingt.

Ich will es glauben und schlafe ein.

# 8

# Es wird Zeit, etwas zu tun
*Die Frauen von Mals*

Einige Tage, nachdem ich das Kloster verlassen habe, besuche ich Beatrice Raas in ihrem Frisiersalon. Beatrice erwartet mich dort mit drei weiteren Frauen: Margit Gasser, Martina Hellrigl und Pia Oswald.

Beatrice bietet uns Schokoladenkuchen an. »Leider nicht ganz vegan«, sagt sie mit einem entschuldigenden Lächeln. »Ich habe zu spät erfahren, dass du vegan lebst.«

Ich staune über so viel Aufmerksamkeit und mache eine wegwischende Geste: »So streng betreibe ich das nicht.«

Im Wartebereich ihres Frisiersalons steht ein kleines Sofa. Davor ein kleines Tischchen. Dort sitzen wir kurz darauf beieinander, genießen und loben den köstlichen Kuchen.

»Wenn ich mit meinen Kunden spreche, dann eigentlich immer über dieselben Themen«, erzählt Beatrice. »Ich glaube, ich ziehe Menschen an, die sich auch für solche Themen interessieren.«

Auf meine Nachfrage hin stellt sich heraus, dass sie unsere Umweltprobleme und deren mögliche Lösungen meint, wenn sie von »solchen Themen« spricht.

»Ich habe erfahren, dass ihr euch hier schon öfter getroffen habt, in dem Frisiersalon von Beatrice, und dass ihr euch ganz besonders stark dafür eingesetzt habt, dass das Referendum in Mals gewonnen wird. Wie kam es dazu?«

Beatrice versucht sich zu erinnern: »In der Zeit vor dem Referendum wurden ja die Ergebnisse einer Umfrage vorgestellt, die in Mals durchgeführt worden war, oder?«, sagt sie zu Martina gewandt. »Dass nämlich 80 Prozent der Bevölkerung Pestizide skeptisch beurteilen. Und da habe ich zu dir gesagt: ›Was meinst du dazu, Martina? Irgendwie muss man doch darauf reagieren!‹ Und dann haben wir lange diskutiert. Ich hab schon längst Feierabend gehabt ... und du musstest noch zu Fuß nach Mals hinaufgehen, erinnerst du dich?«

»Ja. Und meine Haare sind kürzer und kürzer geworden«, witzelt Martina. Beide lachen.

Martina Hellrigl (Mals), Mutter

»Du hast mir dann von deiner Idee erzählt, einen Leserbrief zu verfassen, der von möglichst vielen Personen an unsere Lokalzeitung versandt werden sollte«, wendet sich Beatrice an Martina.

»Ja. Ich hätte da einen Text im Kopf, habe ich erklärt, aber mir fehlen die Leute, die mitmachen würden. Daraufhin hast du gesagt: ›Ich habe die Leute. Machen wir's gemeinsam.‹«

»Danach habe ich sofort den Bernhard vom *Vinschger Wind* angerufen«, erzählt Beatrice weiter, »weil ich nicht gewusst habe, ob wir für die Veröffentlichung eines Leserbriefs etwas zahlen müssen und wie viel das kostet. Er hat gelacht und gesagt: ›Das kostet nichts.‹ Dann habe ich ihm von unserer Idee erzählt, ganz viele gleichlautende Leserbriefe zu senden. Wieder hat er gelacht und gemeint: ›Grundsätzlich drucken wir jeden Leserbrief. Auch wenn es immer der Gleiche ist.‹«

Wenn man Beatrice zuhört und sie beobachtet, beginnt man zu verstehen, warum manche Menschen im Dorf behaupten, dass es in Wahrheit drei Beatrice gibt. Ihre ungewöhnliche Energie, ihre Begeisterung und ihr Tatendrang lassen sie viel jünger erscheinen, als sie tatsächlich ist.

»Wir haben also den Text des Leserbriefs kopiert, und jeder hat in seiner Nachbarschaft einige Zettel verteilt« sagt sie. Martina ergänzt: »Wer mitmachen wollte, musste seinen eigenen Text selbst an die Redaktion senden. Das war also schon mehr als eine reine Unterschriftensammlung.«

»Und als schließlich die Zeitung erschienen ist«, erinnert sich Beatrice, »da hast du mich gleich angerufen und gefragt, was ich glaube, wie viele mitgemacht haben ... Ich habe gesagt: 20? Du: nein. Ich: 50!? ... Nein, mehr. ... Wie viele, sag schon! ... Über 70!«

»Diejenigen, die mitgemacht haben, haben sich wirklich überlegt, was sie da tun. Sie wussten sehr wohl, dass ihr Name dann in der Zeitung erscheint. Ich glaube, es hätten noch viel mehr mitgemacht, wenn es nicht so öffentlich gewesen wäre«, meint Beatrice. »Auch unter meinen Freunden gibt es natürlich einige, die in dieser Frage anders denken als wir oder die noch gar nicht darüber nachgedacht haben. Das hat mich am Anfang ein bisschen blockiert.« Sie hält einen Augenblick inne. »Aber der Rudi Maurer von der Umweltschutzgruppe hat dann zu mir gesagt: ›Wer das Gesicht einmal verloren hat, der braucht danach keine Angst mehr zu haben.‹« Alle vier Frauen lachen.

»Was stand in dem Leserbrief?«, frage ich.

»Er enthielt eine Bitte an den Bürgermeister: Er möge als oberster Verantwortlicher für die Gesundheit der Bürger sorgen«, erklärt Martina. »Wir wollten durch diese Aktion zu Gesprächen anregen«, fügt sie nach kurzer Pause hinzu. » Aber am Tag nach dem Erscheinen der Zeitung war alles wieder verpufft.«

Margit ist nicht ganz einverstanden mit diesem Ende der Geschichte: »Für mich war das schon etwas ganz Besonderes, was da von der Bevölkerung kam. Und auch, was von uns kam: In Mals rühren sich die Frauen und sagen ›Es wird Zeit, etwas zu tun.‹ Das hat sich sehr gut angefühlt.«

### Pass auf! Hollawint!

Beim Stichwort »Frauen« meldet sich Pia zu Wort: »Ich hab mir schon lange gedacht, ich möchte etwas mit Frauen machen. Aber ich hab nicht gewusst, wie ich es anfangen sollte.«

Pia ist vor vielen Jahren aus der benachbarten Schweiz nach Mals gekommen. Sie betreibt eine kleine Landwirtschaft und arbeitet als Tagesmutter. »Von Bäuerinnen lernen« heißt das Projekt, bei dem die Kinder an dem Leben ihrer Tagesmutter teilnehmen, mit all seinen Freiheiten und Pflichten.

»Ein Freund hat mir erzählt: Beatrice steht Gewehr bei Fuß. Sie wartet nur darauf, dass sie starten kann«, erzählt Pia. »Also habe ich mir gedacht, jetzt muss ich einen Termin mit ihr ausmachen, einen Friseurtermin. Damit ich Zugang zu ihr habe.« Sie lächelt verschmitzt. »Am Telefon habe ich gesagt, ich will nur von ihr persönlich frisiert werden. Und dann habe ich sie angesprochen. Ich hab gesagt: Ich finde es flott, was bisher gemacht wurde. Die Sache mit den Leserbriefen. Und ob wir vielleicht gemeinsam etwas machen könnten?«

> »Eine Tür hat sich geöffnet, danach die nächste und immer so weiter. Ohne dass wir viel überlegt hätten.«

Beatrice imitiert Pias Tonfall: »Wir Frauen müssen was machen! Wenn nicht wir Frauen, wer dann?«

»Also haben wir gemeinsam Martina getroffen«, sagt Pia, die sich durch den ironischen Einwurf von Beatrice nicht aus der Ruhe bringen lässt.

»Und schon wieder war die Gruppe etwas größer geworden. Ganz ohne Vorsatz und ganz ohne Zwang.« Beatrice bereitet diese Erinnerung ganz offensichtlich Vergnügen: »Eine Tür hat sich geöffnet, danach die nächste und immer so weiter. Ohne dass wir viel überlegt hätten.«

»Im Juni 2013 haben wir dann all jene, die den Leserbrief unterschrieben hatten, zu einem Treffen eingeladen«, erzählt Martina weiter. »Bei diesem Treffen haben wir den Beschluss gefasst, auch weiterhin gemeinsame Aktionen zu machen, etwas Sichtbares zu tun. Einen Verein wollten wir allerdings keinen gründen. Auch keine Bürgerinitiative. Wir wollten ein loses Netzwerk bleiben.«

»Projekt Nummer eins: eine Website zum Thema aufbauen. Einen Ort im Web, an dem die Menschen Informationen zum Thema finden«, sagt

Beatrice. »Dort wollten wir auch einige Links zu besonders guten Dokumentarfilmen und Reportagen präsentieren.«

»Wir einigten uns auf den Namen ›Hollawint‹ für diese Website, was im Vinschger Dialekt ›Achtung!‹ bedeutet, oder ›Pass auf!‹«, erklärt Martina. »Wenig später war diese Website bereits online. Das ging alles sehr schnell damals.«

»Jetzt konnten wir zu den Menschen sagen: ›Schau doch mal rein unter hollawint.com. Da kannst du Informationen zum Thema Pestizide finden‹«, ergänzt Beatrice.

»Es war schon sehr witzig«, sagt Pia. »Danach hat man unsere Gruppe ›Hollawint‹ genannt. Aber eigentlich war das ja nur der Name der Website.«

»Jetzt sind wir halt die Hollawint-Frauen«, fügt Margit lachend hinzu. Auch die anderen Hollawint-Frauen lachen. Ich warte auf den richtigen Augenblick und frage, wie es danach weiterging.

## *Sog wos willscht! – die Macht des Guten*

»Dann kam uns die Idee zu einer Transparentaktion«, erzählt Pia weiter. »Irgendwo in Belgien sollte eine große Autobahn mitten durch eine Stadt gebaut werden. Welche Stadt war das?«

»Antwerpen«, sagt Martina.

Im Kreis ihrer Kolleginnen erinnert mich Martina machmal an eine Mutter, die auf ihre Kinder stolz ist und die sich an ihren Eigenarten und ihren Talenten erfreut.

»Antwerpen« wiederholt Pia. »Eine gewaltige Autobahn sollte gebaut werden. Und dort haben sich die Bewohner mit Transparenten gewehrt. Also haben wir uns gedacht: Das machen wir auch! Eine Transparentaktion!«

Pia ist, so scheint mir, ein Mensch, bei dem man den Satz »Das machen wir« besser wörtlich nimmt. Sie meint damit nicht »Das machen wir vielleicht« oder: »Das könnten wir eigentlich irgendwann mal machen.« Sie meint: »Das machen wir tatsächlich.« Und ich habe den Eindruck, dass Pia, wenn sie einmal loslegt, nur noch schwer zu stoppen ist.

»Zuerst mussten wir natürlich die Texte für diese Transparente formulieren«, sagt Martina. »Und das war gar nicht so einfach.«

»Weil wir auf keinen Fall aggressiv auftreten wollten«, fügt Pia hinzu. »Denn dann sagt die Bevölkerung: Nein, da machen wir nicht mit. Wir wollten eine positive Botschaft aussenden. Wir wollten sagen, was wir wollen. Nicht, was wir nicht wollen.«

Martina unterbricht sie: »Pia hat immer darauf geachtet, dass nirgends das Wort GEGEN auftaucht, oder ANTI, oder NEIN. Pia war unsere Positiv-Zensur.«

»Jeder hat ein Stichwort beigetragen«, nimmt Pia den Faden wieder auf, »und dann haben wir unseren Satz zusammengezimmert: ›Gesunde Heimat für Pflanzen, Menschen und Tiere, frei von Pestiziden.‹ Dazu würden die Leute Ja sagen: Ja, das wollen wir auch. Stimmt's?«

»Ja«, bestätigt Martina. »Das war ganz wichtig. Wir haben gemerkt, dass das ein Erfolgsrezept war.« Sie denkt nach: »Und irgendwie auch eine Befreiung. Wenn man sich immer mit etwas Negativem beschäftigt, dann ist das auf die Dauer sehr erdrückend. Wenn man es aber in etwas Positives umwandelt, dann macht man sich selbst nicht fertig.«

»Wir wollen eine gesunde Heimat für Menschen und Tiere!«, wiederholt Pia. »Dazu sagen die Menschen: Ja. Ja, das wollen wir auch. Wir wollen es!«

»›Sog wos willscht!‹, sagt man bei uns im Vinschgau. Und das haben wir getan«, schließt Pia.

Ich bin mir sicher, dass Pias Glaube an die Macht des Guten sich nicht nur auf die Kommunikation beschränkt. Sie scheint die Verwirklichung des Guten zweifellos für die eigentliche Aufgabe unseres Lebens zu halten. Wer sich dafür entscheidet und in seinem Entschluss nicht wankt (sie würde diesem Satz bestimmt zustimmen), der spricht womöglich sogar zum Ortler-Massiv »Hebe dich empor und stürze dich ins adriatische Meer ...« – und es würde geschehen.

»*Wir wollten eine positive Botschaft aussenden.*«

»Als Nächstes haben wir«, greift Martina den Faden wieder auf, »in der ganzen Gemeinde Alt-Leintuchbestände gesammelt. Die haben wir vermessen und zugeschnitten. Das war richtige Handarbeit. Danach brachten wir unsere Leintücher zur Druckerei.« Sie zögert ein wenig. »Allerdings hatte ich insgeheim Zweifel, ob das funktionieren würde. Ich konnte mir einfach nicht vorstellen, dass die Leute diese Transparente wirklich aufhängen würden. So was macht man im Dorf einfach nicht. Schließlich hatten wir 80 Leintücher bedruckt, 80 Transparente hergestellt, die man bei uns abholen konnte. Nach kurzer Zeit waren sie alle weg. Sie sollten an einem bestimmten Stichtag über Nacht aufgehängt werden. Und wirklich! Am Morgen des festgelegten Tages sah man sie überall im ganzen Ort, an Balkonen und Gartenzäunen. Auch bei Menschen, von denen wir es nie vermutet hätten. Ein unglaublicher Anblick! Und eine große Freude. Denn unsere Arbeit hatte Früchte getragen. Was man zuvor nur geahnt hatte, war plötzlich sichtbar geworden. 80 Prozent der Menschen lehnen Pestizide ab.«

Die Frauen schauen sich gegenseitig an. Die Augen von Martina glänzen vor Begeisterung.

»Davor hat man den Widerstand der Menschen gegen Pestizide nicht so mitbekommen. Aber in diesem Moment ist er sichtbar geworden.«

Auch ich selbst war durch diese Transparente zum ersten Mal auf Mals im Vinschgau aufmerksam geworden. Der seltsame Anblick eines Dorfes im Widerstand tauchte landauf und landab in allen Zeitungen auf. Fernsehbeiträge wurden gestaltet und landesweit ausgestrahlt. Auch die Menschen in anderen Teilen von Südtirol konnten sich erstmals ein Bild davon machen, was sich in Mals zusammenbraute.

»Ich fand es sehr interessant«, sagt Margit nun nachdenklich, »wie schwer es für viele Menschen war, öffentlich zu sagen: ›Ich stehe hinter etwas.‹ Um Transparente aufzuhängen, muss sich ein Vinschger schon ganz weit aus dem Fenster lehnen. Einige Menschen, bei denen ich genau gewusst habe, dass sie hinter der Geschichte stehen, haben sich nicht getraut, das öffentlich kundzutun. Manchmal gingen solche Konflikte quer durch die Familien. Die Frau will das Transparent aufhängen, der Mann sagt: ›Nein, das dürfen wir nicht!‹ Da mussten einige wirklich über den eigenen Schatten springen.« Eine kurze Pause tritt ein. »Und viele sind dann auch tatsächlich gesprungen.« Wieder sucht Margit nach Worten. »Zu sehen, wie viele dabei über sich hinaus gewachsen sind, das war für mich ein tolles Erlebnis.«

> »Zu sehen, wie viele dabei über sich hinaus gewachsen sind, das war für mich ein tolles Erlebnis.«

»Ich weiß von einer Familie, die das Transparent an ihrem Balkon aufgehängt hat, und am nächsten Tag sahen sie ein Bild davon im Internet«, erinnert sich Pia. »Diese Frau hat mir erzählt, dass sie beinahe der Schlag getroffen hätte.«

»Sie nicht, aber ihren Mann«, korrigiert Margit.

»Aber immerhin hat sie es geschafft, dass ihr Mann trotz aller Bedenken dem Transparent zugestimmt hat«, ergänzt Pia.

»Danach ging die Frau auf Urlaub. Alleine. Ohne ihren Mann. Und bei ihrer Rückkehr hatte sie erwartet, dass er in der Zwischenzeit das Transparent entfernt hätte«, sagt Margit.

»Aber es war noch immer da.« Alle vier lachen nun gemeinsam.

»Also, wenn man ganz alleine ein solches Transparent aufgehängt hätte, dann wäre es viel schwerer gewesen«, meint Martina. »Aber weil so viele Menschen mitgemacht haben, war es gar nicht so schwer.«

»Mir hat eine Freundin erzählt«, berichtet Margit, »dass sie in jener Nacht ganz leise in den Garten geschlichen war, um im Schein ihrer Taschenlampe das Transparent zu befestigen. An ihrem Gartenzaun. Und am Morgen, die Sonne ging gerade auf, schaute sie zum Fenster hinaus in den Garten und siehe da: Am Zaun gegenüber hing genau das gleiche Transparent. Im schützenden Dunkel der Nacht hatten sich die Nachbarn womöglich nur knapp verfehlt.« Wieder lachen alle herzhaft.

Ich lasse mich von ihrem Lachen anstecken.

»Nach der Transparentaktion sind wir wieder vor der Frage gestanden, was wir als Nächstes machen sollten«, beginnt Martina nach einer Pause. »Schließlich kam uns die Idee, ein paar Strohpuppen zu basteln und sie in Schutzkleidung zu stecken, um sie am Golli-Markt aufzustellen.«

Wenn es darum geht, Ideen umzusetzen, dann krempelt Margit die Ärmel hoch und packt tüchtig an: »Wir kauften also die Schutzanzüge und füllten sie im Stadel mit Heu. Danach bekam jede Puppe noch ein Schild um den Hals gehängt: ›Gesunde Umwelt für uns und unsere Gäste!‹«

Margit lacht. »Wir hatten es ziemlich lustig bei diesen Geschichten. Ich sag immer: Diese Sachen müssen auch Spaß machen, sonst ist irgendwann die Energie weg. Dann ist es nur mehr mühselig. Doch solange man lachen kann, hat man die nötige Energie.«

Während Margit spricht, denke ich über sie nach. Man sieht ihr an, wie sehr sie das Leid anderer empfindet, wie sehr sie sich die Fähigkeit zum Mitleiden mit anderen bewahrt hat. Nicht nur mit Menschen, auch mit Tieren und Pflanzen. Manchmal drückt ihr Gesicht tiefe Traurigkeit und Müdigkeit aus. Doch im nächsten Augenblick funkeln ihre Augen wieder voller Übermut und Lachlust.

»Am Markttag mussten wir dann unsere Strohpuppen frühmorgens an ihre Plätze bringen«, erzählt sie. »Da wir aber an diesem Tag nur zu zweit waren, mussten wir ganz schön herumlaufen: kreuz und quer durch den Ort. Ich marschiere also mit zwei Puppen unterm Arm, mit einer links und einer rechts, durchs Dorf. Und die Menschen schauen mich an und denken: ›Oha, was macht die denn da?‹«

»So ganz angenehm war mir das nicht«, fügt sie hinzu. »Doch jetzt mussten wir die Sache durchziehen. Wir konnten ja schlecht die Strohpuppen basteln, um sie danach im Stadel zu lassen.«

Sie überlegt. »Aber am Ende hat es sich ausgezahlt. Immer wieder sind Menschen stehengeblieben, haben auf die Puppen gezeigt und miteinander getuschelt.«

Margit ist eine Kämpferin. Sie hat keine Angst, ihre Meinung zu sagen. Und sie fordert diese Zivilcourage auch sehr nachdrücklich von anderen.

»Kritik gab es natürlich auch. Die Puppen wurden von manchen als Provokation empfunden. Im Schutzanzug. Mit Atemschutz vor dem Mund«, sagt Martina.

»Wobei …«, überlegt Beatrice, »… wir hätten da auch noch ganz andere Ideen gehabt.« Sie lacht. »Aber Pia hat uns immer wieder zurückgehalten.«

»Weil die Menschen in Mals nicht streiten wollen«, beharrt Pia auf ihrem Standpunkt. »Wenn jemand einen Text schreibt, der aggressiv ist, dann ist das immer ein Eigentor. Die Bevölkerung in Mals hält immer zu dem, der angegriffen wird. Deshalb war ich nicht so begeistert von diesen weißen Strohpuppen ...« Die drei anderen Frauen kichern. »Die Malser mögen das nicht«, sagt Pia eigensinnig.

»Mich begeistern halt solche Sachen«, beharrt Margit unbeeindruckt.

»In dieser Vielfalt liegt die Würze«, glättet Beatrice die Wogen.

»Dafür haben wir ja dann auch wieder andere Sachen gemacht«, sagt Martina. »Ganz *liebe* Sachen«, betont Margit zu Pia gewandt.

»... wie das Mahnfeuer auf dem Tartscher Bichel«, ergänzt Martina.

»War das nicht mehr für uns selbst gedacht?«, fragt Pia.

Alle widersprechen und schütteln heftig die Köpfe.

»Nein«, beharrt Margit, »das war schon für alle. Nur sind halt nicht so viele gekommen.«

Nach einem kurzen Augenblick des gemeinsamen Erinnerns sagt Martina mit leiser Stimme: »Einfach schön.«

Die anderen nicken.

Beatrice sagt: »Das Kloster Marienberg war damals so herrlich beleuchtet.«

»Ja, genau an diesem Tag«, ergänzt Margit, »hat das Kloster zum ersten Mal seine Beleuchtung getestet.«

»Und es hat so ausgesehen, als ob es nur für uns leuchten würde«, sagt Beatrice.

»War es ein Zeichen?«, frage ich scherzhaft.

»Ja, ein Zeichen!«, bestätigt Beatrice.

Eine kurze Pause tritt ein.

»Der Abt von Marienberg stand jedenfalls ganz klar auf unserer Seite«, sagt Margit beinahe zu sich selbst.

»Hat er sich auch geoutet?«, frage ich bissig.

»Ja«, erinnert sich Margit, »er hat sich selbst bei uns gemeldet und um ein Transparent gebeten, das dann am Kloster aufgehängt wurde.«

»Irgendwann ist es jedoch wieder verschwunden«, ergänzt sie einen Augenblick später.

»Es ist abmontiert worden. Aber nicht von den Mönchen«, sagt Martina.

»Heruntergerissen«, erklärt Pia. »Man sieht noch die Fetzen hängen.«

Beatrice denkt immer noch an das Kloster Marienberg im orangenen Licht der Scheinwerfer. »Es ist ja die Schöpfung vom Herrgott ...«, sagt sie. »Und ich hab öfter das Gefühl, dass wir zurzeit diejenigen sind, die er ausgesucht hat, damit wir ein bisschen was für seine Schöpfung tun.«

»Ich hab eigentlich gar nicht geglaubt, dass wir überhaupt so weit kommen«, ergänzt Margit. »Es gab da schon sehr viele glückliche Fügungen. Ich weiß nicht, woher die gekommen sind.«

»Die kommen von oben, Margit«, sagt Beatrice.

»Wahrscheinlich. Sonst wären wir nicht so weit gekommen. Da will schon jemand, dass es weitergeht«, stimmt Margit zu. »Kommt sie von uns, diese Energie? Oder kommt sie tatsächlich von oben?«, murmelt sie.

Beatrice macht eine kreisende Bewegung mit ihrer rechten Hand, die alle und alles einschließt: »Wir sind alle Teile eines Ganzen.«

Mich erinnert diese Geste an ein Buch von Peter Singer, in dem er (falls ich mich richtig erinnere) die Idee vertritt, dass der Gedanke der Gleichberechtigung immer weitere Kreise zieht, von der Abschaffung der Sklaverei über die Emanzipation der Frauen bis zur aktuellen Naturschutz- und Tierrechtsbewegung. Das Buch heißt: »The Expanding Circle« – der wachsende Kreis.

Als ich Mals verlasse, denk' ich darüber nach, was ich heute erfahren habe. Groucho Marx hat einmal gesagt: »Ich möchte in keiner Gruppe Mitglied sein, die Leute wie mich als Mitglieder aufnimmt.« Bisher habe ich mich unbeirrbar an diese Regel gehalten. Für Hollawint aber könnte ich vielleicht eine Ausnahme machen.

## 9

# Mit der Natur arbeiten
*Eckpfeiler einer Lösung*

Am nächsten Morgen lese ich meine E-Mails und freue mich. David Fritz, Leiter Kommunikation & Kampagnen von Biovision, schreibt mir: »Leider ist Hans Herren in der von Ihnen vorgeschlagenen Woche nicht in der Schweiz – sein Termin in Bern wurde verschoben. Sie könnten ihn aber in der darauffolgenden Woche in Bern oder Zürich für ein Interview treffen.« Sofort bestätige ich den Termin und beginne darüber nachzudenken, worauf ich mich in diesem Interview konzentrieren soll. Die Interviewzeit ist auf eine Stunde begrenzt. Ich beschließe, Hans Rudolf Herren nur kurz auf die Probleme der intensiven Landwirtschaft anzusprechen. Nur um sicherzugehen, dass ich in meiner bisherigen Recherche zu den richtigen Ergebnissen gekommen bin. Den größten Teil der Interviewzeit werde ich dann dazu nutzen, über Lösungen und Auswege zu diskutieren. Ist die industrielle Landwirtschaft ohne Alternative? Oder ginge es auch anders?

Da ich gelernt habe, dass es niemals schaden kann, wenn man erst einmal seine eigenen Gedanken ordnet, bevor man mit einer Recherche beginnt, ziehe ich meinen Mantel an und breche zu einem langen Spaziergang auf.

Ich habe also verstanden, dass der gewaltige Pestizideinsatz in der Landwirtschaft nur nötig wird, wo man die Natur vergewaltigt, wo versucht wird, die Idee der Massenproduktion auf die Natur zu übertragen. Es ist der Anbau in Monokulturen, der die Widerstandskräfte der Pflanzen schwächt, der sie anfällig macht für alle möglichen Krankheiten und Schädlinge, die danach mit Ackergiften bekämpft werden müssen. Der Anbau in Monokulturen bewirkt überdies einen direkten und indirekten Rückgang der biologischen Vielfalt. Er zerstört die Böden mittel- und langfristig, bringt, durch zu hohen Düngemitteleinsatz, den Phosphor- und Stickstoffkreislauf durcheinander und verschwendet Süßwasser.

Das alles habe ich erfahren. Was noch? Dass die Produktion von Kunstdüngern und Pestiziden viel Energie verbraucht und zur Klimakrise beiträgt, ebenso wie die Produktion und der Betrieb von landwirtschaftlichen Maschinen. Ich habe gelernt, dass die industrielle Landwirtschaft, neben der Energieproduktion durch Verbrennung fossiler Brennstoffe, die zweite Hauptursache der weltweiten Umweltzerstörung ist.

Am Anfang meiner Recherche habe ich von diesem Beitrag der Landwirtschaft zur weltweiten Umweltzerstörung wenig gewusst. All das geschah vor meiner Nase, und doch habe ich es nicht wahrgenommen.

Man darf die Natur nicht nur als Ressource sehen, die Umwelt nicht nur als Fabrikationsgrundlage der »Massenpflanzenhaltung«, wie man Monokulturen in Analogie zur »Massentierhaltung« nennen könnte. Man muss aufhören, an die absurde Idee permanenter Ertragssteigerung zu glauben. Man muss sorgsam und zurückhaltend mit der Natur umgehen, dann werden all diese zerstörerischen Effekte durch die Landwirtschaft ausbleiben.

Was ist eigentlich das Gegenteil einer Monokultur, frage ich mich. Ich gebe mir die Antwort: regionale Vielfalt! Regionale Vielfalt kehrt alle negativen Effekte der industriellen Landwirtschaft um. Man muss für räumliche und zeitliche Abwechslung auf den Feldern sorgen, auf das Zusammenspiel achten. Ist es das, was man unter Agrarökologie versteht? Mit der Natur zu arbeiten, statt gegen sie?

Während ich gehe, notiere ich meine Gedanken. Allerdings nicht in einen Notizblock. Ich spreche sie in ein Diktiergerät. Jetzt drücke ich wieder auf »Aufnahme« und frage: »Wie gelangen wir zu regionaler Vielfalt in der Produktion?« Und ich antworte mir selbst: »Durch regionalen Konsum.« Öffentliche Institutionen, Unternehmen und private Haushalte sollten den größten Teil ihres Lebensmittelbedarfs regional decken und dabei jene Lebensmittel bevorzugt einkaufen, die gerade frisch vom Feld kommen. Zusätzlich zu den Transportkosten würden die Kosten für Lagerung und Kühlung entfallen und mit ihnen die externen Kosten der Umweltzerstörung und des Klimawandels. Ganz abgesehen davon, dass frische Lebensmittel aus der Region unserer Gesundheit bestimmt zuträglicher wären als der größte Teil des Angebots aus den Regalen des Supermarkts.

»Das sind die beiden Eckpfeiler einer Agrarwende«, halte ich fest: »regionale Vielfalt in der Produktion und regionaler, saisonaler Einkauf.«

Würden wir noch eine dramatische Reduktion des Verbrauchs tierischer Nahrungsmittel als dritten Eckpfeiler hinzufügen, so würde sich der positive Effekt für Umwelt und Mensch potenzieren. »Wir sollten zum Sonntagsbraten unserer Großväter zurückkehren«, diktiere ich. »In einer Region sollten nur so viele tierische Nahrungsmittel konsumiert werden, wie auf ökologische Weise hergestellt werden können. Es sollte also nur so viel Vieh gehalten werden, wie Weideland zur Verfügung steht. Oder anders formuliert: Man sollte auf den Import von Futtermitteln aus anderen Regionen verzichten. Dann fiele es uns auch leichter, den verbleibenden Tieren ein artgerechtes Leben zu ermöglichen. Persönlich leuchten mir übrigens auch die Argumente der Tierrechtsbewegung ein«, füge ich hinzu, »für einen vollständigen Verzicht auf tierische Nahrungsmittel.« Aber das ist vielleicht ein politisches Ziel, das in einem zweiten Schritt diskutiert werden müsste.

Apropos Politik: Neben der Verantwortung des Einzelnen, im Einkauf und in der Produktion, gibt es auch eine gemeinsame Verantwortung. Gemeinsam müssen wir uns dafür einsetzen, dass die Spielregeln für die landwirtschaftliche Produktion radikal geändert werden. Sie müssen in Zukunft regionale Vielfalt und Produktion nach agrarökologischen Gesichtspunkten fördern statt behindern.

Das bringt mich zurück nach Südtirol. Aufnahme: »Vollends verrückt erscheint es mir, vor dem Hintergrund dieser Überlegungen, wenn die Südtiroler Landespolitik sich dafür einsetzt, dass ein landwirtschaftliches Modell, dessen katastrophale Auswirkungen bereits bekannt sind, die letzten intakten Kulturlandschaften ungehindert überrollen kann.« Stopp.

Im Geist höre ich allerdings bereits die Einwände der Freunde der Pestizidwirtschaft, ob ich denn die Vorteile des Handels zwischen den Regionen tatsächlich abschaffen wolle?

Nein, natürlich geht es mir nicht darum, den Handel zwischen den Regionen zu 100 Prozent zu unterlassen. Doch alles, was regional angebaut werden kann, sollte auch regional angebaut werden. Und beim Handel zwischen den Regionen sollte auf kurze Wege geachtet werden. Die Annahme der Wirtschaftswissenschaft, dass Regionen ihre relativen Kostenvorteile nutzen sollten, ihre Stärken und Standortvorteile, diese Annahme funktioniert in der Landwirtschaft einfach nicht. Die Natur spielt dabei nicht mit. Die Nebenwirkungen sind zu groß. »Im Umgang mit der Natur«, spreche ich in mein Diktiergerät, »gibt es keine Alternative zur regionalen Vielfalt«, und schalte dann ab.

## *Agrarökologie für das 21. Jahrhundert –*
## *der Weltagrarbericht*

Am Nachmittag desselben Tages sitze ich in einem Liegestuhl auf der Veranda meiner Wohnung in Meran und döse einige Augenblicke in der Sonne, bevor ich mir einen dicken Stapel Papier vorknöpfe und darin zu blättern und zu schmökern beginne. In Meran kann man selbst im Winter auf der Veranda lesen, wenn man sich in eine Wolldecke hüllt.

Zunächst überfliege ich die Begleitbroschüre zum Weltagrarbericht, füge Unterstreichungen und Anmerkungen hinzu. Gelb markiere ich die folgende Stelle: »Obwohl der Weltagrarbericht zum Konsumverhalten keine Empfehlung abgibt, lassen seine Ergebnisse nur einen Schluss zu: Die Reduzierung des Verbrauchs von Fleisch und anderen tierischen Produkten in

Industriestaaten und ihre Begrenzung in den Schwellenländern ist der dringendste und effektivste Schritt zur Sicherung der Ernährung, der natürlichen Ressourcen und des Klimas.« Die Formulierung »dringendster und effektivster Schritt« markiere ich nicht nur gelb, ich unterstreiche sie zusätzlich.

> Kleinbäuerliche, arbeitsintensive und auf Vielfalt ausgerichtete Strukturen sind die Garanten einer nachhaltigen Lebensmittelversorgung.

Ich blättere dann in dem Papierstapel auf der Suche nach einer anderen von mir markierten Stelle. Es ging darin um regionale Vielfalt. Der Weltagrarbericht rechnet nämlich gründlich mit dem Mythos der Überlegenheit der industriellen Landwirtschaft ab. Er fordert eine 180-Grad-Wende in der Landwirtschaft: Kleinbäuerliche, arbeitsintensive und auf Vielfalt ausgerichtete Strukturen seien die Garanten einer nachhaltigen Lebensmittelversorgung. Nur sie führten zu wirklich widerstandsfähigen Anbau- und Verteilungssystemen. Sie seien daher das »neue Paradigma der Landwirtschaft des 21. Jahrhunderts«.

»Dabei ist der Weltagrarbericht weit davon entfernt, die real existierende kleinbäuerliche und traditionelle Landwirtschaft romantisch zu verklären oder gar eine Rückkehr zu vorindustriellen Zuständen zu fordern«, heißt es in der Begleitbroschüre. Viele traditionelle Bewirtschaftungsformen seien alles andere als nachhaltig. Ein »enormer Innovationsschub« sei daher nötig. Investitionen in die kleinbäuerliche Produktion, so der Weltagrarbericht, seien das beste Mittel, um die ökologischen Schäden der Landwirtschaft zu minimieren und Hunger und Fehlernährung zu bekämpfen: »Verbesserte Anbaumethoden und agrarökologische Strategien bergen ein gewaltiges Produktivitäts- und Nachhaltigkeitspotenzial.« Wo nämlich Kleinbauern genügend Land, Wasser, Geld und Handwerkszeug haben, produzieren sie einen deutlich höheren Nährwert pro Hektar als die industrielle Landwirtschaft, mit erheblich niedrigerem externen Input und viel geringeren Umweltschäden.

Endlich habe ich jene Stelle gefunden, in der die Autoren des Synthese-Berichts bedauern, dass sich die Agrarpolitik, getrieben von der Agrarindustrie, genau in die verkehrte Richtung bewege: »Obwohl die Produktivität pro Fläche in kleinen, diversifizierten Bauernhöfen viel höher ist als in intensiven Bewirtschaftungssystemen, werden sie weiterhin von der offiziellen Agrarforschung vernachlässigt«, heißt es dort.

Der Weltagrarbericht zählt eine Fülle von Beispielen gelungener agrarökologischer Anpassung auf und beschreibt ihr enormes Potenzial zur direkten Steigerung des Ertrags und zur Schonung der Ressourcen.

»Der Schwerpunkt der weiteren Entwicklung in der Landwirtschaft sollte auf der Agrarökologie liegen«, heißt es auch in einem Bericht des

UN-Sonderberichterstatters für das Menschenrecht auf Nahrung aus dem Jahr 2011. »Neue umfassende Bewertungen ergeben, dass die bessere Nutzung lokaler Ressourcen in der kleinbäuerlichen Landwirtschaft die Produktivität erhöht und wertvolle Innovationen hervorbringt. Agrarökologische und biologische Landwirtschaft kann eine höhere Energieeffizienz und bessere Produktionseffizienz pro Fläche erreichen als die konventionelle industrielle Landwirtschaft.«

*Eine Landwirtschaft nach agrarökologischen Prinzipien kann genügend Lebensmittel für die derzeitige Weltbevölkerung produzieren.*

Neueste Kalkulationen zeigen auch, dass eine Landwirtschaft nach agrarökologischen Prinzipien »genügend Lebensmittel für die derzeitige Weltbevölkerung produzieren kann, nämlich (je nach benutztem Modell) zwischen 2.640 und 4.380 Kilokalorien pro Person und Tag«.

Und: »Ihr vergleichsweise höherer Bedarf an Arbeitskräften kann dort ein Vorteil sein, wo wenig Beschäftigungsalternativen existieren.«

Ich lege den Papierstapel beiseite, schließe meine Augen und frage mich, wie es möglich ist, dass die Politik die Interessen der Lobbyisten so viel höher bewertet als die Ergebnisse der Wissenschaft. Vermutlich ist es die rücksichtslose Jagd nach kurzfristigen Profiten, die sowohl die Wirtschaft als auch auch die Politik korrumpiert.

Ich fühle mich gut vorbereitet für das Interview mit Hans Rudolf Herren.

## 10

## »Der Verzicht auf Pestizide ändert das System nicht.«

*Gespräch mit Hans Rudolf Herren,
Landwirtschafts- und Entwicklungsexperte*

Rund zwei Wochen später breche ich von Meran nach Zürich auf. Ich fahre durch den nächtlichen Vinschgau, vorbei an unsichtbaren Apfelanlagen. Auch als ich eine Stunde später an Mals vorüberfahre, ist es dort noch dunkel. Zehn Minuten später erreiche ich die Grenze zur Schweiz. Ich sehe weder italienische noch Schweizer Zollbeamte und passiere im Schritttempo die beiden Zollhäuschen. Die ganze Zeit über hat es in dicken Flocken geschneit. Die Schneedecke auf der Fahrbahn ist mittlerweile bestimmt 15 Zentimeter hoch. Meine Räder beginnen durchzudrehen, und ich komme nur noch mit großer Mühe voran. Ich frage mich, wie riskant es sein würde, über den Ofenpass zu fahren, und ob ich dieses Risiko eingehen soll. Tatsächlich kann ich es jedoch nicht wirklich einschätzen. Der Ofenpass liegt immerhin 2.149 Meter über dem Meer. Vor mir sehe ich, wie ein Fahrzeug umkehrt. Ich tue es ihm gleich und fahre zu einer Tankstelle zurück, an der ich vor einigen Minuten vorbeigefahren bin. Dort erwerbe ich Schneeketten. Ich habe noch nie in meinem Leben Schneeketten angelegt und bitte den Tankwart, mir dabei zu helfen. Trotz Schneeketten gerate ich hinter dem Ofenpass immer wieder ins Schleudern. Doch Umkehren ist keine Option. Im Leben muss man immer wieder unter Beweis stellen, wie ernst man es tatsächlich meint. Dies gilt nicht nur im Großen, sondern auch, wie an diesem Morgen, im Kleinen. Ich will und ich werde pünktlich zu diesem Interviewtermin erscheinen und sitze dann auch tatsächlich zur vereinbarten Zeit meinem Gesprächspartner in Zürich gegenüber.

Wir haben in einem Besprechungsraum Platz genommen, der, wie es scheint, gleichzeitig als Bibliothek dient. Auf den Regalen sehe ich neben zahlreichen Zeitschriftenstapeln einige Reihen mit Fachbüchern. Meinem Vorsatz entsprechend beginne ich das Gespräch mit der Bitte, mir die wichtigsten Probleme der industriellen Landwirtschaft zu erklären.

»Die industrielle Landwirtschaft verbraucht mehr Energie als sie produziert«, sagt Hans Rudolf Herren. »Man sollte mit der Landwirtschaft Kalorien schaffen und nicht verbrauchen. Wo jedoch sehr viel Energie verbraucht wird, dort entstehen natürlich auch sehr viele Treibhausgase. Die industrielle Landwirtschaft trägt damit sehr stark zum Klimawandel bei. In einer nachhaltigen Landwirtschaft wäre es aber genau umgekehrt. Man würde den Klimawandel reduzieren, indem man Kohlenstoff in den Boden einbaut, in die Pflanzen, Wurzeln, Blätter und Stämme.«

> *»Die industrielle Landwirtschaft verbraucht mehr Energie als sie produziert.«*

Hans Rudolf Herren ist ein schlanker, großer Mann mit schneeweißem, nach hinten gekämmtem Haar. Er hat an diesem Tag einen schwarzen Rollkragenpullover an, und mir fällt auf, dass er eine Smartwatch am Handgelenk trägt.

»Klimawandel ist allerdings nur eines von vielen drängenden Problemen. Ein anderes ist die Bodenerosion. Jährlich verlieren wir weltweit über 20 Millionen Hektar Land, weil der Boden durch Herbizide und Düngemittel zerstört wird.«

Wenn er spricht, mischen sich zwei Akzente in sein Deutsch: Man hört einerseits die Schweizer Herkunft, andererseits den jahrzehntelangen Aufenthalt in den USA.

»Ein weiteres großes Problem ist die Biodiversität. Während der grünen Revolution hat man die Sortenvielfalt sehr stark verringert. Man wollte mit einigen wenigen Sorten auskommen. 75 Prozent der Biodiversität ging in den letzten 60 Jahren verloren. Diese Diversität wäre aber sehr wichtig. Nicht nur für die Anpassung an den Klimawandel, auch um bessere Lebensmittel zu produzieren. Die neuen Sorten weisen ein ungünstiges Verhältnis zwischen Stärke und Nährstoffen auf. In den alten Sorten hatte man dagegen viel mehr Nährstoffe, wie Zink oder Eisen, und dafür weniger Stärke. Und auch viel weniger Gluten. Diese Verschiebung hat wirklich große Probleme geschaffen, die jetzt gelöst werden müssen. ›Kein Problem‹, sagt die Biotechnologie-Industrie. ›Wir können ja wieder Zink einbauen. Und Eisen. Und Provitamin A.‹ Aber all das war ja ursprünglich in den Lebensmitteln enthalten. Man hätte es nur nicht wegwerfen dürfen.«

Ich höre aufmerksam zu, stelle aber keine neuen Fragen.

»Wir versuchen, immer mehr zu produzieren und setzen dazu unsere neuesten Technologien ein. Und wenn etwas schiefgeht, dann werden wir das schon irgendwie reparieren. Wir finden schon eine Lösung. Einen Quick-Fix. Wir haben ja die Technologie dazu. Doch leider behandeln wir dabei sehr oft nur die Symptome. Wir kreieren zunächst Probleme, und sobald irgendwelche Symptome auftreten, zum Beispiel ein Schädlingsausbruch, weil man die falsche Sorte im falschen Moment angebaut hat, bekämpfen wir dieses Symptom und nicht dessen Ursachen. Wir spritzen einfach. Doch das Totspritzen von Insekten ist keine Lösung des zugrunde liegenden Problems. In Wirklichkeit geht es darum, ein System von Anfang an so zu gestalten, dass ein solcher Schädlingsausbruch gar nicht erst stattfindet. Unsere gesamte Wissenschaft ist zu stark auf die Symptombehandlung fokussiert, statt auf die Ursachenbehandlung. Bei der Behandlung von Menschen mit Medikamenten ist es ja genau dasselbe. Man hat Kopfschmerzen. Man nimmt ein Aspirin. Woher die Kopfschmerzen aber ursprünglich kommen, ist ganz egal. Das Problem ist für den Augenblick gelöst. Und wenn es dann unweigerlich wiederkehrt, folgt einfach die nächste Symptombehandlung. Vom Geschäftsstandpunkt gesehen ist das natürlich nicht schlecht. Man kann immer neue Kopfwehpulver verkaufen. Das müsste man nicht, wenn man stattdessen die Ursache des Problems behoben hätte.« Er überlegt einen Augenblick. »Allerdings stellt auch die Lösung der tatsächlichen Probleme der Wirtschaft genügend Aufgaben: Es gibt mehr als genug Probleme in der Welt. Wenn wir all diese Probleme an der Wurzel behandeln wollen, haben wir mehr als genug zu tun.«

> »Jährlich verlieren wir weltweit über 20 Millionen Hektar Land, weil der Boden durch Herbizide und Düngemittel zerstört wird.«

Ich nicke.

»Bei einer holistischen Herangehensweise betrachtet man das ganze System und fragt sich, wo hat man den besten Hebel für Veränderungen. Es gibt ja immer irgendwo in einer Kette eine schwache Stelle. Und die muss man finden. Diese schwache Stelle ist eben sehr oft nicht dort, wo man sie vermutet. Genau deshalb muss man das ganze System verstehen. Was hängt mit was zusammen? Wir müssen unsere Wissenschaft viel stärker in diese holistische Richtung lenken. Auch die Landwirtschaft. Wir dürfen nicht simplifizieren. Dieser Reduktionismus ist ja eigentlich die Grundlage all unserer Probleme. In einer sehr komplizierten Welt reduzieren wir alles auf das Allereinfachste. Das funktioniert dann natürlich nicht.«

> »Man sollte das gesamte Nahrungsmittelsystem lokalisieren.«

»Was ich jetzt sagen werde, ist wahrscheinlich auch eine ziemliche Vereinfachung«, werfe ich ein, »aber wenn ich mich in meiner Region mit Lebensmitteln versorge, forciere ich damit die Vielfalt in dieser Region. Wenn ich diese Vielfalt zusätzlich noch auf der Ebene des einzelnen Hofs, des einzelnen Gartens fördere, zum Beispiel durch politische Maßnahmen, dann habe ich doch, ohne allzu viel vom System verstanden zu haben, einen Hebel in der Hand, von dem ich vermuten darf, dass er das gesamte System stabilisieren und mich mit gesunden Lebensmitteln versorgen wird. Oder?«

»Das stimmt. Man sollte das gesamte Nahrungsmittelsystem lokalisieren. Alle Wege verkürzen. Nicht nur in der Produktion. Auch im Konsum. Es geht darum, lokale Kreisläufe so gut wie möglich zu schließen. Wir hingegen bringen Sojabohnen von Argentinien nach Europa, um Schweine zu füttern, deren Fleisch wir später nach China exportieren. Die Abfälle jedoch bleiben hier in Europa. Obwohl sie eigentlich zurück auf jenen Boden gehören würden, wo die Sojabohnen produziert wurden. Deshalb ist Lokalisierung ein besonders wichtiger Bestandteil eines nachhaltigen Nahrungssystems. Lokalisierung fördert natürlich auch die Diversität. Und diese wiederum fördert die Resilienz, die Widerstandsfähigkeit von Ökosystemen. Das ist enorm wichtig. Wenn der Klimawandel beispielsweise eine Trockenheit verursachen wird, dann ist es wichtig, gute Böden zu haben, die das Wasser zuerst aufnehmen können und es bei Trockenheit wieder abgeben.« Er überlegt und fügt mit einem Anflug von Ärger hinzu: »Das wissen wir ja eigentlich alles schon sehr lange. Doch es wird nicht gemacht.«

»Und warum nicht?«, möchte ich wissen.

»Aufgrund des Drucks, alles so schnell und so billig wie möglich zu produzieren. Kurzfristiges Denken statt Systemdenken. An die Folgen denkt keiner. Doch wenn man so schnell und billig produziert, hat das natürlich Folgen. Und diese Folgen wird die nächste Generation tragen müssen. Die werden das schon lösen, sagt man …«

Nach einer Pause fügt er hinzu: »Wir sind allerdings an einem Punkt angelangt, wo das nicht mehr möglich sein wird. Beim Klimawandel befinden wir uns auf einem Weg, der zu einer Erwärmung über 2 Grad führen wird. Und das wird mit Sicherheit katastrophale Auswirkungen haben. Das ist ganz sicher. – Abhilfe könnten wir nur schaffen, wenn wir sofort etwas unternehmen. Und dieses Etwas besteht darin, die Landwirtschaft zu 100 Prozent auf Agrarökologie umzustellen. Eine solche Landwirtschaft wäre nicht nur kohlenstoffneutral, sie würde darüber hinaus noch sehr viel Kohlenstoff, der bereits in die Atmosphäre gelangt ist, wieder in den Boden binden. Das kann nur die Landwirtschaft. – Vorläufig gibt es jedoch nur sehr wenige Anzeichen dafür, dass man die Bauern bei dieser Transformation der Landwirtschaft unterstützt. Denn dazu braucht man Wissen. Dazu braucht man Investitionen. Und das wäre auch ganz leicht möglich. Denn die Landwirtschaft bekommt ohnehin bereits riesige Subventionen aus Steuermitteln. Man müsste diese Subventionen lediglich anders lenken. Nicht um noch mehr Milch zu produzieren, noch mehr Ware, die niemand will, sondern um eine agrarökologische Wende zu stimulieren. Doch das ist natürlich eine politische Frage. Und hier spielen so viele Kräfte herein, dass es sehr schwierig ist, etwas zu ändern. Doch egal, was es kostet, wir müssen es tun.«

### »Böden können auf Dauer nicht industriell bearbeitet werden.«

Die Idee der Massenproduktion ist nicht auf die Natur übertragbar, denke ich Herrens Erläuterungen weiter. »Der Boden kann langfristig keine Massenproduktion überleben? Stimmt das oder übertreibe ich?«

»Nein, das stimmt absolut. Eine solche Massenproduktion ist nur durch externe Inputs möglich, wie zum Beispiel Düngemittel oder Herbizide. Doch davon wird der Boden langfristig sterilisiert. An vielen Orten in Europa oder in den USA geht die Produktion deshalb bereits wieder zurück. Man kann dann zwar mit noch mehr Düngemitteleinsatz antworten, doch es nützt nichts mehr. Und warum? Weil das Leben im Boden zerstört wurde. Der Boden ist ein Körper. Er ist sehr lebendig. Oder sollte zumindest lebendig sein, damit er auch fruchtbar ist. Wenn das nicht mehr der Fall ist, kann man zwar künstlich nachhelfen, aber auch nur innerhalb von bestimmten Grenzen. Irgendwann ist es vorbei. Das ist der Grund, warum Böden auf die Dauer nicht industriell bearbeitet werden können. Man zerstört sie dabei.«

»Manche Menschen behaupten, dass auch die Böden in Südtirol langsam erschöpft sind«, ergänze ich. »Man merkt es angeblich an den Früchten. Ich kann's nicht beurteilen, ich esse sie nicht. Aber angeblich schmecken sie genauso monoton, wie die Monokulturen aussehen, in denen sie hergestellt werden.«

»Bioprodukte schmecken jedenfalls anders. Das kommt vom Boden her. Wir wissen heute, dass Früchte aus der konventionellen Landwirtschaft zwischen 10 und 20 Prozent mehr Wasser enthalten. Bioprodukte hingegen enthalten viel weniger Wasser. Und dafür viel mehr Nährstoffe. Dazu gibt es genügend gute Studien. Aber Politik und Wirtschaft wollen das einfach nicht wahrnehmen. Sie fragen immer noch: Wo ist die Evidenz, dass das so ist. Dabei ist diese Evidenz schon längst publiziert. Aber sie glauben es immer noch nicht.«

»In Burgeis, auf dem Gemeindegebiet von Mals, gibt es einen Garten, den ein Ehepaar nach der Pensionierung in den letzten 20 Jahren angelegt hat. Als ich dort zu einem Vorgespräch für meinen Film war, haben mir die beiden 16 verschiedene Karottensorten mitgegeben. Sie waren zu einem Strauß zusammengebunden. Was eine Karotte sein kann, begreift man erst, wenn man man es mit der eigenen Zunge geschmeckt hat. Im Supermarkt wird man das nie erfahren.«

»Das stimmt leider. Unsere Kinder wissen oft gar nicht mehr, wie eine gute Rübe schmeckt. Oder schlimmer noch: Sie lehnen das gute Produkt mit dem intensiveren Geschmack sogar ab.«

»Das System wird sich allerdings nur ändern«, fügt Herren nach kurzer Pause hinzu, »wenn wir auch die Konsumenten dazu bringen, etwas anderes zu verlangen. Wenn die Bauern in Südtirol ihre Äpfel nicht mehr verkaufen können, dann werden sie die Produktion sehr schnell umstellen.«

## *Solidarische Landwirtschaft*

»In einem anderen Vorgespräch«, spinne ich den Gedanken weiter, »habe ich mit Friedrich Steiner vom Bio Hotel Panorama in Mals gesprochen. Er hat mir erzählt, dass er für seine Hotelgäste 15.000 Eier pro Jahr benötigt. Das Problem: In der Region Obervinschgau gibt es nicht genügend nachhaltig produzierte Eier. Daher haben wir darüber gesprochen, ob es nicht gut wäre, eine Art Einkaufsgenossenschaft zu bilden, zusammen mit einigen anderen Hotels. Damit würde man jene Landwirtschaft stimulieren, die man sich wünscht. Und als ich kurz darauf über dieses Gespräch nachdachte, wurde mir klar, dass 100 Einheimische einen ähnlich hohen Verbrauch verursachen, wie 10.000 Nächtigungen im Tourismus. Vielleicht sollten ja auch private Haushalte eine solche Einkaufsgenossenschaft bilden. Vielleicht sollten die Menschen ein öffentliches Gelöbnis ablegen: ›Ich gelobe feierlich, regional, saisonal und biologisch einzukaufen und auf tierische Nahrungsmittel weitgehend zu verzichten. Ich weiche von diesem Gelöbnis nur ab, wenn ich ein Produkt in der Region gar nicht finden kann.‹ Der Druck einer solchen Einkaufsgenossenschaft würde die Landwirtschaft ganz schnell verändern. Oder?«

»Sicher! Das ist sehr wichtig. Auf diese Weise wissen die Bauern, dass sie einen sicheren Absatz finden. Wir haben es ja mit einem Kreislauf zu tun. In vielen Regionen funktionieren solche Genossenschaften übrigens bereits sehr gut. Der Konsument bezahlt dem Bauern einen monatlichen Fixbetrag für den Ertrag seiner Felder. Und wenn das Wetter gut ist, bekommt er dafür viele Nahrungsmittel. Und wenn das Wetter schlecht ist, wenige. Der Bauer bekommt jedenfalls Stabilität und einen fairen Lohn für seine Arbeit. Der Konsument bekommt, was immer gerade wächst.«

Ich habe davon gehört: »Der Bauer baut an, was immer auf seiner Fläche wächst. Kraut und Rüben, sozusagen. Er ernährt damit eine gewisse Anzahl von Familien. Er berechnet seine jährlichen Kosten und legt sein gewünschtes Jahreseinkommen fest. Den Gesamtbetrag dividiert er danach durch die Anzahl der Familien, die er ernährt, und teilt ihn überdies in zwölf gleich hohe Monatsraten auf. Die Familien bezahlen ihm diese monatlichen Raten, und das gibt dem Bauer absolute Sicherheit, unabhängig davon, was in diesem Jahr wächst oder nicht wächst. Die Familien bekommen im Gegenzug unbehandelte, frische Lebensmittel aus der Region, bei denen sie genau wissen, wo und wie sie hergestellt wurden. Und zu denen sie selbst einen Bezug herstellen können.«

»Genau. Bei der industriellen Landwirtschaft verliert man ja auch den Bezug zum Land und zu den Bauern. Es ist jedoch wichtig, dass auch die Menschen in diesen Kreislauf einbezogen werden, nicht nur die Waren.«

»Ich hab dieses Jahr erstmals Kartoffeln angebaut in meinem Garten«, werfe ich ein. »Die habe ich gemeinsam mit meinen Kindern ausgegraben. Ich glaube, es gibt fast nichts Wichtigeres für die Kinder, als einmal mit ihren Händen zu begreifen, wo unsere Nahrung herkommt.«

»Dann interessieren sie sich auch dafür, diese Nahrung zu essen«, ergänzt mein Gegenüber. »Wir müssen auch die Kinder wieder in das System hereinnehmen, sonst essen sie nur noch Pizza und Hamburger – wenn möglich noch ohne Tomaten. In jenen Schulen jedoch, wo die Kinder selbst einen Garten haben, ernähren sie sich viel besser und vielfältiger. Sie haben dort auch mehr Interesse, etwas Neues zu probieren. Die Umstellung des Ernährungssystems muss auch über die Ausbildung laufen.«

»Es gibt in Berlin das Projekt 2.000 m²«, beginne ich zu erzählen.

»Ja, das kenne ich«, unterbricht er mich.

»Großartig, nicht wahr? Die Grundidee: Jeder Mensch hätte eigentlich 2.000 Quadratmeter Ackerfläche zur Verfügung. Das ergibt sich, wenn man die Weltackerfläche durch die Weltbevölkerung dividiert. Und auf diesen 2.000 Quadratmetern kann man tatsächlich Unmengen von Gemüse, Obst und Getreide produzieren. Nicht aber, wenn man dort Futtermittel für die Fleischproduktion anbaut oder Biosprit. Da benötigt man dann die ganze Wiese, für zwei Schweine oder eine Fahrt von Berlin nach Neapel und wieder zurück.«

»Genau. Auf diese Weise versteht man, wie das System funktioniert. Ich finde das Projekt wirklich sehr, sehr gut. Man sollte das auch hier in der Schweiz machen.«

»Die wirkliche Pointe«, ergänze ich, » liegt darin, zu erkennen, dass es nicht schwer ist, mit 2.000 Quadratmetern eine ganze Familie zu ernähren. Und damit wäre dann auch bewiesen, dass es keinen Hunger auf der Welt geben müsste.«

»Richtig. Niemand müsste hungern. Es ist ein soziales Problem, kein biologisches.«

## »Wir müssen viel mehr Resilienz im System aufbauen.«

Ein Blick auf meine Uhr bestätigt meine Befürchtung: Die Zeit wird allmählich knapp. Ich möchte aber unbedingt noch drei Fragen stellen, die ich mir während des Gesprächs notiert habe. Ich beginne mit der ersten: »Als ich Sie nach den Problemen der industriellen Landwirtschaft gefragt habe, haben Sie am Anfang unseres Interviews als Erstes den Klimawandel erwähnt. Warum haben Sie ihn an erster Stelle genannt?«

»Das industrielle Nahrungssystem trägt zwischen 53 und 74 Prozent zum Klimawandel bei. Das sind die Zahlen der UNCTAD in Genf, also die Zahlen der Konferenz der Vereinten Nationen für Handel und Entwicklung. 25 Prozent davon entfallen allein auf die Produktion. Alles andere ist Transport, Verarbeitung und natürlich auch alles, was weggeworfen wird. Denn das hat ja auch Düngemittel verbraucht, Pestizide usw. – nur um am Ende im Mülleimer zu landen. Was in diese Zahl noch gar nicht einberechnet ist, ist die Tatsache, dass dieser Abfall seinerseits wiederum Methan produziert, was den Klimawandel beschleunigt. Wenn wir nicht sofort die gesamte Landwirtschaft umstellen, werden wir beim Klimawandel in den roten Bereich gelangen. – Doch eine solche Umstellung könnte Europa eigentlich recht rasch bewerkstelligen. Denn wir steuern die Landwirtschaft in Europa ohnehin fast vollständig durch die Politik. Wir könnten sie also auch genauso gut auf einen neuen Kurs bringen. Doch die meisten Subventionen gehen leider immer noch in die falsche Richtung.«

»Die Südtiroler Bauern stellen sich eigentlich vor diesem Hintergrund recht unbeholfen an«, überlege ich. »Die aktuelle Krise stellt in Wirklichkeit eine Chance für sie dar. Sie könnten zur Bevölkerung sagen: Ihr seid also der Meinung, dass wir bisher viel verkehrt gemacht haben? Okay. Kein Problem. Wir sind ja lernbereit. Diskutieren wir es aus. Entwickeln wir eine neue Vision. Und wenn wir wissen, wohin wir wollen, dann reden wir übers Geld. Wenn die Gesellschaft tatsächlich eine andere Landwirtschaft will, errechnen wir am Ende deren Kosten und sprechen darüber, wer die Rechnung bezahlt. Wenn ihr es nicht bezahlen wollt, so können wir Bauern euch gerne auch weiterhin vergiften.«

»Ja, und durch dieses Vergiften entstehen übrigens neuerlich hohe Folgekosten, die auf die Bevölkerung zukommen. Und zwar im Gesundheitssystem. Der Profit geht an Monsanto-Syngenta, die Kosten an die Gesellschaft. Irgendwann werden die Gesundheitskosten jedoch so hoch sein, dass es nicht mehr gehen wird. Das betrifft nicht nur die Schädigungen durch Pestizide, sondern auch die mangelhafte Ernährung. Wir müssen immer wieder das Gesamtsystem betrachten.«

»Weil Sie gerade die externen Kosten erwähnen. Vor 32 Jahren, als ich noch in die Schule ging, habe ich erstmals von diesem Konzept gehört. Ich war in einer kaufmännischen Schule, und mein Lehrer im Fach Volkswirtschaftslehre war ausgezeichnet. Damals kam also diese Idee auf. Doch ich sehe seit damals so gut wie keinen Fortschritt. Obwohl vollkommen klar ist, dass unser Wirtschaftssystem in der gegenwärtigen Form zerstörerisch und amoralisch ist.«

Eine kurze Pause entsteht. Ich bemerke, dass ich mich verplaudere, und erinnere mich an die zweite Frage auf meinem Notizblock: »Welche Richtung muss die Landwirtschaft Ihrer Meinung nach einschlagen? Regionalität, Agrarökologie, Vielfalt, das werden sicher einige der Stichworte sein, aber wie könnte man die Eckpfeiler eines neuen Agrarsystems in wenigen Sätzen auf den Punkt bringen?«

»Wir müssen viel mehr Resilienz im System aufbauen. Denn was mit dem Klimawandel auf uns zukommt, wird sich zu unserem größten Problem entwickeln. Und um Resilienz aufzubauen, müssen wir viel mehr Vielfalt haben. Das bedeutet: Vielfalt der Systeme und auch Vielfalt innerhalb der Systeme. Und wenn wir das wollen, dann müssen wir auch unseren Konsum vielfältiger gestalten. Denn es handelt sich ja um einen Kreislauf. Und dieses veränderte Konsumverhalten kann eigentlich nur über wahre Preise gesteuert werden. Über Kostenwahrheit. Die Nachhaltigkeit muss in den Preis eingebaut werden. Dann werden nachhaltig produzierte Lebensmittel günstiger sein als konventionell produzierte Lebensmittel. Eigentlich ganz einfach.«

> »Die Nachhaltigkeit muss in den Preis eingebaut werden.«

Ich versuche mich an einer Wiederholung, um zu sehen, ob ich ihn richtig verstanden habe. »Erstens: Vielfalt der Systeme und innerhalb der Systeme, um die kommende Klimakrise zu überstehen. Zweitens: Konsumenten, die vielfältiger konsumieren und damit diese vielfältige Landwirtschaft stimulieren. Und drittens: Das alles kann nur durch Kosteninternalisierung erreicht werden.«

»Genau.«

»Ist das die wichtigste Aufgabe der Politik«, will ich wissen, »die wirtschaftlichen Rahmenbedingungen zu verändern?«

»Ja.« Er macht ein kurze Pause und fragt dann: »Und wann wird das geschehen? Wann werden die Regierungen dieses Problem endlich angehen? Spätestens dann, wenn die Umweltkosten nicht mehr tragbar sein werden. Durch Klimawandel, Wasserverschmutzung, Krankheiten usw. Diese Kosten werden zum Auslöser für die Politik werden, um endlich etwas zu ändern.« Er überlegt. »Außerdem werden wir neue Arbeitsstellen für immer mehr Menschen benötigen. Das heißt: Auch die Landwirtschaft muss wieder mehr Menschen beschäftigen. Und wenn wir auf Nachhaltigkeit umstellen, brauchen wir diese zusätzlichen Arbeitskräfte glücklicherweise. Denn dann wird vieles wieder von Hand gemacht werden.«

»Doch die Leute werden nur in die Landwirtschaft gehen«, fügt er hinzu, »wenn sie dort etwas verdienen. Einmal mehr benötigen wir wahre Preise. Der Bauer muss gleich viel verdienen wie zum Beispiel ein Schreiner. Er muss von seiner Arbeit leben können. Der Schreiner, der diesen Tisch gemacht hat, der hat sich zunächst gefragt, wie viel Holz er benötigt, wie viel Farbe, wie viele Schrauben. Danach, was ihn sein Laden kostet und wie viel Strom er benötigt. Und schließlich hat er noch seinen Arbeitsaufwand berechnet und 20 Prozent Profit aufgeschlagen. Am Ende kannte er den Preis für den Tisch. Doch bei den Äpfeln ist das nicht so. Da wird gesagt, du bekommst soundsoviel für deinen Apfel. Entweder verkaufst du ihn zu diesem Preis oder du kannst ihn selber fressen.« Er lacht.

»Ich möchte vor dem Hintergrund unseres bisherigen Gesprächs eine letzte Frage stellen. Diesmal zu den Ereignissen in Mals im Obervinschgau. Die Malser haben verstanden, dass die konventionelle Form der Landwirtschaft die Landschaft zerstört. Das viele Gift, das verwendet wird, ist den Malsern unheimlich. Das wollen sie nicht. Die politische Forderung, die gestellt wird, lautet also: Ein Element soll aus dem System der industriellen Landwirtschaft herausgenommen werden: chemisch-synthetische Pestizide. Das greift doch eigentlich zu kurz, oder?«

»Auf jeden Fall. Der Verzicht auf Pestizide ändert ja das System nicht. Es kommt nur zu einer Substitution durch biologische Spritzmittel. Das System wird auf diese Weise nicht nachhaltig gemacht. Wir benötigen aber ein System, in dem wir auf Spritzmittel vollständig verzichten können.«

»Und auch an der konventionellen Viehwirtschaft, mit zu viel Vieh pro Fläche, wird sich durch den Verzicht auf Spritzmittel nichts ändern?«

»Genau. Man sollte Agrarökologie fordern, eine nachhaltige Landwirtschaft, die den Menschen dient. Das ist eine ganz andere Geschichte, als wenn man sagt: Wir wollen keine Pestizide. Hier in der Schweiz gibt es eine Initiative, die sauberes Wasser fordert. Das Wasser soll überhaupt keine Rückstände mehr enthalten. Kein Nitrat, keine Pestizide, keine Hormone und so weiter. Wenn man diese Initiative durchbringt, dann muss die gesamte Landwirtschaft auf Agrarökologie umstellen. Man kann dann nämlich gar keine Dünger oder Spritzmittel mehr verwenden. Man muss ein ganz neues System aufbauen. Nicht nur etwas rausnehmen und es ersetzen.«

»In der Kampagne in Mals«, werfe ich ein, »wurde zwar dem Wortlaut nach eine ›gesunde Umwelt‹ gefordert, ›frei von Pestiziden‹, aber ich bin mir eben nicht sicher, ob alle verstanden haben, was das bedeutet.«

»Natürlich muss man irgendwo anfangen. Warum also nicht damit, dass man sagt: Mit den Pestiziden kann es so nicht weitergehen. Aber das ist natürlich noch nicht die Lösung des Problems. Die Lösung liegt im Aufbau eines anderen Systems. Weg von jenem System, bei dem man überall nur Äpfel anbaut. Zurück zu einer Mischwirtschaft. Was passiert denn, wenn morgen ein anderes Land ebenso gute Äpfel produziert. Zum Beispiel Polen. Was dann? Dann bricht in Südtirol alles zusammen, ohne Ausweichmöglichkeit.« Er fügt mit einem Anflug von Resignation hinzu: »Doch wenn etwas kurzfristig funktioniert, wie etwa die Apfelwirtschaft in Südtirol, dann denken die Leute meist, man muss immer mehr und noch mehr davon machen, bis es dann nicht mehr funktioniert. Das ist überall so.«

Nach dem Interview mit Hans Rudolf Herren bin ich in Hochstimmung. Während des Gesprächs habe ich mich nämlich davon überzeugen können, dass ich das Problem der industriellen Landwirtschaft und seine möglichen Lösungen in Grundzügen richtig verstanden habe. Beladen mit zwei Kameras, zwei Stativen und meinem Tonequipment komme ich wenige Augenblicke später bei meinem Wagen an und sehe dort einen Uniformierten, der im Begriff ist, mir einen Strafzettel unter den Scheibenwischer zu stecken. Mist! Habe ich nicht ein halbes Vermögen in den Parkautomaten geworfen, um ein Parkticket zu erwerben? Ich beschleunige meine Schritte und spreche den Uniformierten an.

»Wie viel bin ich denn zu spät dran?«, will ich wissen.

»20 Minuten.«

»Nur 20 Minuten? Das ist doch nicht viel. Ich war gerade dabei, einen der großen Söhne Ihres Landes zu interviewen. Ich konnte das Interview doch nicht abbrechen, nur weil die Parkuhr bald abläuft ...?«

Der Uniformierte zeigt sich unbeeindruckt. Er hat den Strafzettel wieder unter dem Scheibenwischer herausgezogen und hält ihn mir hin.

»Können Sie nicht vielleicht ein Auge zudrücken?«, frage ich und lege meinen besten österreichischen Charme in meine Stimme.

»Wir tolerieren ohnehin bis zu 15 Minuten«, erwidert er trocken.

»15 Minuten, 20 Minuten, was ist der Unterschied?«, unternehme ich einen letzten, hilflosen Argumentationsversuch.

»Irgendwo müssen wir ja die Grenze ziehen«, sagt er mit unwiderlegbarer Logik.

Willkommen in der Schweiz, denke ich und nehme den Strafzettel schweigend entgegen. Meiner Hochstimmung wird das am heutigen Tage keinen Abbruch tun. Ich glaube tatsächlich, dass die Probleme der industriellen Landwirtschaft gar nicht schwer zu verstehen sind und darüber hinaus auch gar nicht schwer zu lösen.

## »Mir geht es darum, Mut zu machen.«

*Begegnung mit Alexander Agethle,
Biobauer und Vordenker
einer agrarökologischen Landwirtschaft*

Schleis liegt rund zwei Kilometer von Mals entfernt, oberhalb von Laatsch und unterhalb von Burgeis. Es schmiegt sich an den Berghang an dieser Seite des Tals. Das Dörfchen ist eine der zehn Fraktionen der Gemeinde Mals und hat rund 300 Einwohner, eine Kirche, eine Kapelle und einen großzügigen Spielplatz.

Als ich am Hof von Alexander Agethle in Schleis eintreffe, freue ich mich bereits, ihn kennenzulernen. Denn ich habe schon einiges von ihm gehört. Zum Beispiel, dass er seine Hofkäserei zum Teil durch Crowdfunding finanziert hat. Man konnte bei ihm eine Art Käseabo erwerben. Mit dem Ertrag aus diesem Vorabverkauf hat er dann seine Hofkäserei errichtet.

Auch seinen Rindern bin ich schon einmal begegnet. Und zwar mehr als 100 Kilometer südlich von Mals. Dort spazierten sie durch einen Weinberg. »Dieser Weinberg«, sagte Gianni Bodini, der damals neben mir im Wagen saß, »wird biodynamisch bewirtschaftet. Dabei soll auch das Zusammenspiel von Tier- und Pflanzenwelt wiederhergestellt werden.« Gianni lächelte verschmitzt. »Und so kommen in Südtirol sogar die Rinder zu einem Urlaub im Süden.«

Ich treffe Alexander im Stall, wo er seine Kühe versorgt und Radio hört. Er hört den österreichischen Kultursender Ö1. Wir begrüßen uns und er unterbricht die Arbeit, führt mich in seine Stube. Dort erzählt er mir, dass zwei Seelen in seiner Brust wohnen. Und beide drängen ihn dazu, sich gegen Monokulturen zu wehren. Die Seele des Biobauern, als solcher bangt er schlicht um seine Existenz, und die Seele des Agrarökonomen, er habe nämlich Landwirtschaft in Bologna studiert.

*»Wir haben die Produktion enorm vervielfacht, aber die Vielfalt extrem reduziert.«*

Zuerst spricht die Seele des Biobauern zu mir: »Ich kann mein landwirtschaftliches Modell in einem geschlossenen Obstanbaugebiet nicht betreiben.« Danach spricht die Seele des Agrarökonomen: »General Marshall hatte nach dem Zweiten Weltkrieg den Auftrag erhalten, die Landwirtschaft in Europa wieder auf die Beine zu bringen. Man hat damals versucht, auf den verfügbaren Flächen, mit Hilfe wissenschaftlicher Erkenntnisse, möglichst viel zu produzieren. Das ist auch zweifelsfrei gelungen. Wir haben dadurch ganze Landstriche geschaffen, wo nur mehr sehr wenige Kulturen wachsen. Wir haben die Produktion enorm vervielfacht, aber die Vielfalt extrem reduziert. Direkt, durch die Monokulturen selbst, aber auch indirekt, durch die Zerstörung von Lebensräumen.«

Ich möchte wissen, ob das auch in Südtirol so war, und er nickt.

»Wir produzieren hier in Südtirol heute Pflanzen, die nicht aus dieser Landschaft stammen, mit Hilfsmitteln wie Kunstdünger oder Pestiziden, die ebenfalls von außen kommen, und mit Billigarbeitskräften aus dem Osten, und auch die Endprodukte verlassen dieses Land letztendlich. Das führt zu einem enormen Abfluss von Kapital aus unserer Landschaft und zur Konzentration von Gewinnen in einigen wenigen Händen. Gleichzeitig erfordert dieses System – und darüber spricht man nur ungern – einen riesigen Energie-Input. Die Herstellung von einem Kilo Stickstoffkunstdünger benötigt rund drei Kilogramm Erdöl. Die industrielle Landwirtschaft ist – noch vor Verkehr und Industrie – der größte Verursacher des Klimawandels.«

Jetzt nicke ich. Das haben auch meine Recherchen ergeben.

»In ganz Europa«, sagt Alexander, »und auch in Amerika haben wir die Grenzen dieser industrialisierten Landwirtschaft längst erreicht. Die Böden sind arg in Mitleidenschaft gezogen. Das fruchtbare Erdreich wird jedes Jahr weniger. Wir verbrauchen Jahr für Jahr wertvollen Humus. Und das ist nur eines von vielen Symptomen einer globalen Krise.«

Alexander denkt einen Augenblick nach. »Warum also«, nimmt er den Faden wieder auf, »sollte in unserem kleinen Landstrich ein solches Agrarmodell eingeführt werden, wo sich weltweit bereits zeigt, dass dieses Modell überall an Grenzen stößt?«

»Ja, warum eigentlich?«, frage ich mich und höre zu, wie Alexander sich an einer Antwort versucht:

»Wenn man mit einem einzelnen Bauern spricht, dann stellt der eine einfache Rechnung an: fünf Hektar Obstbau statt fünf Hektar Grünland bedeutet Gewinn mal fünf. – Das verstehe ich schon«, fügt er hinzu. »Aber ich finde, wir müssen trotzdem auch an unser Tal denken. Wollen wir wirklich tatenlos zusehen, wie ein absolut spannendes agrarisches Gebiet sich in eine Richtung verändert, die zwar kurzfristig sehr viel Geld bringt, die aber langfristig versagen wird? Und obwohl nur ganz wenige von diesem Agrarsystem profitieren«, Alexander betont nun jedes Wort einzeln, »müssen sich alle diesem Wahnsinn anpassen, müssen alle mit der Zerstörung der Landschaft leben und mit den Gefahren für die Gesundheit. Ja, mehr als das. Wir müssen alle gemeinsam dieses System sogar bezahlen. Mit unserem Steuergeld. Denn 50 Prozent des EU-Budgets fließt nach wie vor in die Landwirtschaft. Und deshalb sagen die Bürger zu Recht: Dieses Agrarsystem wird mit unserem Geld finanziert, seine Auswirkungen betreffen uns alle, wir haben daher ein Recht auf Mitsprache, ein Recht auf Mitgestaltung.«

Alexander fragt jetzt, ob wir unser Gespräch am Folgetag fortsetzen wollen, und ich stimme zu. Er hat es nämlich plötzlich sehr eilig, zurück in den Stall zu kommen, und überlässt mich der Obhut seiner Mutter, die mir eine Stärkung anbietet. Dankend nehme ich an. Und während ich einen Happen esse, erklären mir Alexanders Kinder die Regeln des Kartenspiels Watten, das in Südtirol sehr beliebt ist. Wir spielen einige Runden, und ich verliere stets.

## »Wir haben einen Kreislauf geschlossen.«

Am nächsten Morgen mache ich mit Hilfe von Google Maps eine interessante Entdeckung. Egal, welche Strecke ich heute gehen werde, es werden immer ungefähr 2,5 Kilometer sein. Zuerst werde ich von Mals nach Schleis zu Alexander Agethle gehen: 2,5 Kilometer. Von dort zu Robert und Edith Bernhard nach Burgeis: nicht ganz 2,5 Kilometer. Wieder zurück nach Schleis (2,5 Kilometer) und über Laatsch, wo Beatrice Raas und Günther Wallnöfer leben, (2,5 Kilometer) hinunter nach Glurns zu Ägidius Wellenzohn, wieder 2,5 Kilometer. Am Abend dann zurück nach Mals: ein letztes Mal 2,5 Kilometer.

Als ich eine halbe Stunde später bei Alexander in Schleis ankomme, plaudern wir zunächst ein wenig über Alexanders bisherigen Lebensweg. Alexander hat nach dem Studium in einem Forschungsinstitut in Garmisch-Partenkirchen gearbeitet. Und zwar an einem Forschungsprojekt mit dem Titel »Sustainable Alps«. Es ging dabei um die Auswirkungen der Agrarpolitik auf die Landwirtschaft in den Alpen. Nach Abschluss dieses Projekts kam er nach Südtirol zurück und machte sich selbstständig. Er wirkte an vielen regionalen Projekten mit, unter anderem an der Wiedereinführung der beiden Malser Jahrmärkte, Georgi- und Gollimorkt, und am Kulturfestival Xong. Er arbeitete damals in der Bürogemeinschaft Panagora. »In einer freiberuflichen Bürogemeinschaft konnten wir, als Kulturmanager, als

Alexander Agethle (Schleis), Biobauer

Agronom und als Touristiker, systemisch denken, gesamthaft. Erst durch diese Vernetzung der Ressourcen entstanden Wechselwirkungen.« Um das Jahr 2000 herum war dann jedoch klar, dass er den Hof der Familie übernehmen würde.

»Du bist also ein spätberufener Landwirt«, frage ich in leicht scherzhaftem Ton.

»Ich konnte mir diesen Luxus leisten, da ich sehr junge Eltern habe«, sagt er. »Deshalb war der Übergang am Anfang auch fließend. Ich konnte anfangs noch morgens oder abends zu Sitzungen gehen, da mein Vater im Stall war. Heute gehe ich nur noch zu Sitzungen, die untertags stattfinden. Aber ich habe heute ohnehin mehr Freude an Projekten als an Sitzungen. Speziell dann, wenn alle Beteiligten mit sozialem und ökologischem Gewissen an solche Projekte herangehen.«

»Du hast also die Agora verlassen«, frage ich augenzwinkernd, denn Agora nannten die Griechen ihren zentralen Versammlungs- und Marktplatz. »So nach dem Motto: Ich packe lieber selbst an, als meine Zeit mit endlosem Gequatsche zu verschwenden?«

»Ein Stück weit stimmt das. Wobei ich es nicht so wertend formulieren würde. Auf diesem anderen Weg konnte ich nicht das Gefühl entwickeln, die Welt zu verändern.«

»Welche konkreten Innovationen hast du dann in eurem Betrieb eingeführt?«

»Wir haben die Fütterung zur Gänze auf betriebliche Futtermittel umgestellt. Das war der erste radikale Schritt: vollständiger Verzicht auf Silagefutter. Wir haben dadurch einen Kreislauf geschlossen. Denn wir produzieren nicht nur das Stroh für unsere Kühe, wir kompostieren auch unseren gesamten Rindermist selbst. Aus der Güllewirtschaft sind wir ausgestiegen.« Er denkt kurz nach und setzt dann seine Aufzählung fort: »Danach haben wir die Hochleistungsrasse, die mein Vater gezüchtet hat, durch eine autochtone Rasse ersetzt, also durch eine alte Rasse aus der Region. Wir haben dann einen Laufstall für behornte Tiere gebaut. Denn die Tiere tragen bei uns wieder Hörner. – Auch die Almwirtschaft haben wir wiederbelebt, und zwar in Vollzahl, das heißt mit allen Tieren. Die Almwirtschaft ist ja ein uraltes Kultur- und Wirtschaftsgut in den Alpen.«

Ich staune über Alexanders Konsequenz und Entschlossenheit.

»Auch mit dem Getreideanbau haben wir wieder begonnen. Eine ganze Generation hat ja kein Getreide mehr angebaut. Und wir mahlen dieses Getreide natürlich auch selbst und backen unser Brot daraus.« Ein leichtes Lächeln huscht über sein Gesicht.

»Irgendwann haben wir beschlossen, wir verarbeiten unsere Milch selber. Und zwar ausschließlich zu Rohmilchkäse. Das ist Käse aus nicht pasteurisierter Milch. Daran wollten wir – im Sinne einer sozialen Landwirtschaft – auch andere teilhaben lassen. Oder anders herum formuliert: Uns hat einfach das Geld gefehlt, und wir haben die Leute gebeten, mit uns gemeinsam zu investieren. Und zwar durch Crowdfunding. Das war, glaube ich, auch eine ganz wesentliche Entscheidung. Wir haben uns schließlich in den Kopf gesetzt, dass die Milch so behutsam wie möglich gewonnen werden soll, und haben deshalb jeden Pumpvorgang ausgeschlossen. Auch die Käserei haben wir so geplant und gebaut, dass es keine Pumpvorgänge mehr gibt. Und dann haben wir festgestellt, dass es schwierig genug ist, einige wenige Käsesorten gut zu machen. Wir haben deshalb unser Sortiment von sechs auf drei Käsesorten reduziert. Seit damals stellen wir sehr stoisch genau drei Käsesorten her. Immer die gleichen drei.«

»Wow! Das ist ja eine ziemliche Liste. Und was steht als Nächstes an?«

»Wir versuchen gerade, Platz für einen Stier zu schaffen. Wir wollen unsere Tiere nämlich in naher Zukunft wieder natürlich besamen lassen. Der Stier darf dann mit der Herde mitlaufen. Wie das gehen wird, auf dem Weg durchs Dorf, das weiß ich noch nicht. Das müssen wir uns noch überlegen. Außerdem wollen wir eine kleine Freilandherde Schweine mit unserer Molke füttern. Das ist ein sehr wichtiges Thema. Ein weiteres wichtiges Thema ist die Ausweitung unserer Kooperation mit dem Weingut Lageder. Wir wollen in Zukunft nicht nur unsere Tiere, sondern eine größere Anzahl von Jungtieren in noch mehr verschiedene Weingärten bringen, um nach drei Jahren ein hervorragendes Fleisch anbieten zu können. Die Tiere leben also drei Jahre lang zwischen alpinen Hochweiden und winterlichen Weinbergweiden im Süden. Für die Tiere bringt das eine deutliche Verlängerung der Weidesaison und für die Betriebe eine enorme Entlastung bei den Futterkosten. Wir schlachten heuer im Herbst das zweite Tier. Fachlich wird diese Schlachtung diesmal genau observiert: wie viel Fleisch, welche Qualität, welche Ausbeute ... Damit wir daraus genaue Zahlen ableiten können. Danach müssen wir allerdings noch ein paar technische Probleme lösen, die nicht unwesentlich sind.«

»Beim Schlachten?«

»Nein, nein. Das Schlachten ist überhaupt kein Problem. Das Problem ist eher, dass Südtirol ein Hoch-Milchpreis-Land ist. Niemand will kleine Kälber füttern. Weil die Milch dafür viel zu teuer ist.«

»Warum kann man nicht einfach das Fleisch am Ende teurer verkaufen?«

»Naja. Wenn du mit 80 Cent pro Liter Milch ein Kalb fütterst und das Kalb in dreieinhalb Monaten tausend Liter Milch trinkt, dann kostet das Kalb bis dahin 800 Euro. Der Stier kostet dann nach drei Jahren 4.000 Euro. Das Kilo Fleisch kostet dementsprechend zwischen 20 und 25 Euro. Und damit überschreiten wir vermutlich eine Preisschmerzgrenze.«

»In dieser Argumentation liegt für mich der Fehler. Das Fleisch muss kosten, was es eben kostet. Und selbstverständlich muss das Kalb ausreichend und lange genug die Milch seiner Mutter bekommen.«

»Da bin ich schon auch deiner Meinung. Das Kalb darf keinen Tag weniger Milch bekommen. Aber wir sind derzeit auf einem künstlichen Preisniveau, was die Milch anbelangt. Daher versuchen wir Schritt für Schritt, diese Fragen zu lösen.«

Ich überlege: »Und die Geschichte mit der Molke machst du, um die Molke nicht zu verschwenden.«

»Genau. Aber das ist für uns organisatorisch auch sehr schwierig. Wir versuchten nämlich bisher vergeblich, einen Partner zu finden. Das Schwein hat ja bisher immer im letzten Eck des Hofs gelebt, obwohl es eigentlich das intelligenteste Tier ist. Und sowas kommt für uns nicht infrage. Jetzt müssen wir vermutlich selbst schauen, wie wir 10 bis 15 Weideschweine halten können.«

»Findest du eigentlich genügend Abnehmer für deine innovativen Produkte?«

»Fürs Fleisch?«

»Zum Beispiel.«

»Ohne Ende.«

»Gourmetköche?«

»Auch. Aber mittlerweile gibt es auch in der Bevölkerung eine steigende Anzahl von Menschen, die sagen: Es soll nur einmal in der Woche Fleisch geben, dafür aber gutes Fleisch. Und wenn diese Menschen neben der Straße 15 Weideschweine sehen, dann sind die natürlich schon so gut wie verkauft. Das ist zwar eine emotionale Entscheidung, aber dennoch eine gute Entscheidung.«

»Ja, ich glaube ohnehin, dass wir vom unpersönlichen Konsum weg müssen. Konsum soll auf der Basis von Beziehungen stattfinden. Ich kaufe dann nicht einfach Schweinefleisch. Ich kaufe Schweinefleisch von Alexander Agethle, den ich kenne.«

»Genau.«

### »*Wir* sind *unser Umfeld.*«

»Wenn du eine Agenda für regionale Vielfalt aufstellen solltest. Was würde das für die Region bedeuten. Was sollte es alles in der Region geben? Die verschiedensten Arten von Viehwirtschaft, Gemüseanbau, Obst- und Getreideanbau? All das so vielfältig wie möglich, oder?«

»Ja. Und dann kommt noch ein entscheidendes Element hinzu. Die Landwirtschaft muss nicht nur vielfältig sein, sondern auch landschaftsschonend. Biologischer Obstanbau ist zwar ein Schritt in die richtige Richtung. Aber unter dem Aspekt der landschaftsschonenden Landwirtschaft bringt auch der biologische Obstanbau nicht viel. Wenn wir in Südtirol zu 100 Prozent Intensivobstbau betreiben, egal, ob bio oder nicht, dann haben wir einen ungeheuren Landschaftsverlust. Und das wird viel zu wenig thematisiert. Wir unterschätzen die Energie, die aus der Landschaft entsteht und die auf uns und unsere Gäste einwirkt und somit auch auf den Wirtschaftskreislauf.«

»Nietzsche hat in Sils Maria ›Also sprach Zarathustra‹ im Gehen entwickelt. Denn dort konnte er völlig andere Dinge denken als anderswo. Wir *sind* ein Stück weit unser Umfeld. Wir können uns der ununterbrochenen Botschaft, die unser Umfeld an uns sendet, gar nicht entziehen.«

»Absolut. Aber wir bringen derzeit nicht die Sensibilität auf, diesen Wert so hoch zu schätzen, dass wir uns danach ausrichten würden.«

»Die abgedeckten Obstplantagen, die jetzt in den Obervinschgau vordringen, sind ein Negativbeispiel, oder?«

»Ja. Und wenn man sich das bis zum Reschenpass hinauf vorstellt, dann weiß man wie unsere Landschaft einmal aussehen wird. Wir wollten das sogar schon einmal mit Photoshop visualisieren.«

»Es gibt ja diesen etwas unsympathischen Begriff der Ökosystem-Dienstleistungen, unsympathisch deshalb, weil man dabei wieder nur den Wert der Natur in Bezug auf uns Menschen reflektiert und nicht ihren Eigenwert – und in diesem Zusammenhang spricht man von kulturellen Ökosystem-Dienstleistungen. Die Landschaft versorgt uns also mit solchen kulturellen Ökosystem-Dienstleistungen ... Aber wenn die Menschen schon die harten Faktoren ignorieren, dass die Natur uns nämlich ernährt und heilt, uns mit Geweben und Baumaterialien versorgt, um wie viel weniger werden sich Menschen für diese weicheren Faktoren interessieren«, gebe ich zu bedenken.

»Aber genau diese Faktoren sind für mich, und da bin ich sehr empfindsam, unglaublich wichtig. Und ich fühle jedes Jahr, wie sehr unsere Landschaft an Energie verliert«, ergänzt Alexander.

»Durch das Vorrücken der Monokulturen?«

»Ja. Und natürlich auch durch die Viehwirtschaft. Durch den Bau der Beregnungsanlagen. Alles wurde dafür begradigt. In meinen Augen dürfen wir diese Entwicklung nicht unterschätzen.«

»Ich unterschätze sie nicht. Wenn ich durch die endlosen Apfelplantagen im Untervinschgau fahre, dann fühle ich mich elend. Wenn ein Meeresbiotop kippt, spricht man von einem toten Gewässer. Ich finde, es ist nicht übertrieben, wenn ich die Landschaft im Untervinschgau als tote Landschaft bezeichne.«

»Das würde ich sofort unterschreiben. Und deshalb läuft jeder, der dort unten lebt, in jeder freien Sekunde auf die Berge hinauf oder er kommt zu uns in den Obervinschgau. Die Menschen flüchten förmlich aus diesem System.«

»Wir wissen ja bereits, dass die industrielle Landwirtschaft langfristig niemals funktionieren kann. Wir müssen genau in die entgegengesetzte Richtung. Wir brauchen eine wissensintensive, arbeitsintensive, kleinbäuerliche Landwirtschaft!«, fasse ich zusammen.

»Genau darum geht es mir ein Stück weit«, bestätigt Alexander. »Ich will zeigen, dass man auch in kleinen landwirtschaftlichen Strukturen durch eine nachhaltige, ökologische und soziale Wirtschaftsweise gut leben kann. Mir geht es also auch darum, Mut zu machen.«

»Kannst du denn gut davon leben?«, frage ich.

»Das fragen die Menschen bei Hofführungen eigentlich immer. Zwölf Kühe? Käserei? Ihr arbeitet Tag und Nacht? Könnt ihr wirklich davon leben? Natürlich können wir davon leben. Auf der Ebene der Ökonomie lautet meine Antwort: Ich kann jede Rechnung bezahlen. Insofern kann ich ökonomisch davon leben. Aber Landwirtschaft ist ja nicht nur ein Arbeitsraum, sondern auch ein Lebensraum. Auch Ökologie und Soziales müssen im Gleichgewicht sein. Als wir gestern Abend gemeinsam gegessen haben, stand nichts auf unserem Tisch – außer dem Salz –, das nicht von unserem Hof stammte. Das ist auch eine wichtige Qualität.«

*Landwirtschaft ist nicht nur ein Arbeitsraum, sondern auch ein Lebensraum. Ökologie und Soziales müssen im Gleichgewicht sein.*

»Und hat dein Beispiel im Obervinschgau eigentlich Nachahmer gefunden? Wie sieht es hier bei euch mit der Vielfalt aus?«, frage ich.

»Wir sind in einer absolut privilegierten Situation. Wir leben auf über 1.000 Metern und haben klimatische Bedingungen, wie sie im gesamten nördlichen Alpenbogen nicht zu finden sind. Deutlich mehr Sonnentage, sehr viele Winde, was wichtig und gut ist. Und was haben wir daraus gemacht? Wir haben in unsere Region, in den Obervinschgau, ein industrielles Agrarsystem gepflanzt. Denn wir produzieren hier vor allem eines: Milch. Punkt. Und diese Milch schicken wir dann nach Bozen. Und von dort werden die Produkte aus der verarbeiteten Milch hinaus in alle Welt verschickt.«

»Ähnelt die Viehwirtschaft im Obervinschgau zumindest strukturell der Apfelwirtschaft im Südwesten?«

»Komplett.«

»Ist es daher naiv, wenn man sagt, hier ist es besser als beispielsweise in Schlanders, dem Hauptort des Untervinschgau?«

»Ein Stück weit vielleicht. Auch hier haben wir bereits denselben geistigen Einheitsbrei. Doch die Vieh- und Ackerwirtschaft hält zumindest die Flächen offen. Das ist ein großer Unterschied.«

»Im Übrigen siehst du aber strukturelle Ähnlichkeiten«, hake ich noch einmal nach.

»Ja«, wiederholt er. »Deshalb sage ich ja, dass wir versuchen müssen, eine höhere Vielfalt zu schaffen. Wir dürfen nicht alle in die gleiche Richtung denken. Und einen großen Teil dieser Vielfalt sollten wir wieder hier in der Region absetzen. Wir müssen versuchen, den Eigenversorgungsgrad zu erhöhen. Das schafft in meinen Augen auch wirtschaftliche Stabilität. Eine widerstandsfähige Landwirtschaft produziert weniger, vielfältiger und zu fairen Preisen.«

## Welche Landwirtschaft wollen wir?

»Wenn ich den Konsumenten die Probleme der industriellen Landwirtschaft gut erkläre und sie ändern ihr Konsumverhalten, kaufen hinfort einen großen Anteil ihrer Lebensmittel in der Region ein, haben wir dann unsere Probleme gelöst? Wenn die Einkäufer sich organisieren und ihr Verhalten ändern?«, frage ich.

> Eine widerstandsfähige Landwirtschaft produziert weniger, vielfältiger und zu fairen Preisen.

»Wir haben einen großen Teil unserer Probleme gelöst. Aber zusätzlich zu dieser Regionalität müssen wir Produktionssysteme unterstützen, die eine hochwertige und nachhaltige Produktion garantieren. Das heißt: Zur Regionalität muss noch die ökologische Landwirtschaft kommen.«

»Und wie gelangen wir dorthin?«, will ich wissen

»Ich glaube, wir müssen«, sagt Alexander, »die ökologische Produktion mittelfristig aus der marktwirtschaftlichen Dynamik herausbringen. Ich habe mal ein ungarisches Unternehmen beraten, die haben Oliven aus Rumänien – biologisch erzeugte Oliven – nach Frankreich verschifft, weil dort ihre Presse stand. Dann haben sie in Frankreich biologisches Olivenöl hergestellt, um es schließlich in der ganzen Welt zu verkaufen. Dieses Beispiel zeigt, dass wir die ökologische Landwirtschaft geistig ganz schnell auf die nächste Stufe hieven müssen.«

»Oder wir reparieren die Marktwirtschaft durch Internalisierung der externen Kosten. Fest steht jedenfalls, egal, welchen Ansatz wir wählen, dass wir nicht ohne neue Regeln auskommen werden. Wir müssen uns als Gesellschaft klarmachen, welche Landwirtschaft wir wollen, und sie danach durch neue Regeln stimulieren. Dazu gibt es tausend Möglichkeiten.«

Alexander nickt.

»Darüber hinaus denke ich, dass es auch nicht schlecht wäre, wenn der Konsument den tatsächlichen Preis der Lebensmittel kennen und bezahlen würde. Dann wird er halt ein bisschen weniger in sinnlose Produktkategorien investieren: zum Beispiel in Plastikspielzeug.«

Alexander schweigt.

»Ich brauche als Mensch zunächst einmal gute Luft, sauberes Wasser und gesundes Essen. Ich finde es absurd, wenn Konsumenten den wahren Wert dieser Lebensmittel nicht anerkennen. Sie sollen kosten, was sie eben kosten. Warum dürfen Lebensmittel nicht einfach das Dreifache kosten? Das verstehe ich nicht.«

Da Alexander immer noch schweigend zuhört, entwickle ich meinen Gedanken weiter, versuche ihn sozialer zu gestalten.

»Wir könnten ja zum Beispiel unser gesamtes Essensbudget in einen gemeinsamen Topf werfen und unsere Nahrungsmittel über Lebensmittelmarken beziehen.«

»Ja«, sagt Alexander nachdenklich, »die Landwirtschaft müsste wie das Gesundheitssystem viel stärker im öffentlichen Interesse stehen. Und die Öffentlichkeit müsste klar formulieren, wie diese Landwirtschaft zu funktionieren hat.«

»Nach agrarökologischen Prinzipien mit hohem Anteil an regionalem Absatz«, fasse ich zusammen.

Wieder nickt Alexander zustimmend. Seine Frau ruft ihn nun zum Mittagessen. Ich bedanke mich für das Gespräch und breche unverzüglich nach Burgeis auf.

## 12

## »Wir führen keinen Kampf.«
### Begegnung im Paradiesgarten von Robert und Edith Bernhard

Ich möchte mich mit Robert und Edith Bernhard in ihrem Garten treffen. Bei meinem ersten Besuch in diesem Garten haben die beiden mir erzählt, dass sie sich schon während ihrer Zeit in Bozen, wo Robert als leitender Beamter arbeitete, für gesunde Ernährung interessiert haben und eigene Beete anlegten. Nach der Pensionierung erwarben sie dann ein Haus in Roberts Heimatgemeinde und zusammen mit diesem Haus in Burgeis rund 3.000 Quadratmeter Wiese. Dort haben sie innerhalb von zwanzig Jahren einen herrlichen Garten geschaffen, der sich – ungewollt und ungeplant – zu einer Art Touristenattraktion entwickelt hat. Man nennt dieses wunderbare Fleckchen Paradiesgarten. Wie ich finde zu Recht. Wer in diesen Garten eintritt, betritt tatsächlich eine andere Welt, spürt, dass hier ein anderer Geist weht. Über einer verschwenderischen Vielfalt liegt tiefer Frieden. Und Robert und Edith scheinen Teil dieses Gartens geworden zu sein. Mir fällt es nicht immer leicht, zu erkennen, wo der Garten endet und wo die beiden beginnen. Und was für die Grenze zum Garten gilt, das gilt auch für die beiden. Sie verschmelzen auf seltsame Weise. Mann und Frau, heißt es in der Bibel, werden nach der Ehe ein Fleisch sein. Wer die beiden beobachtet, bekommt eine Ahnung, was damit gemeint sein könnte. Wenn einer der beiden redet, sieht man an den Bewegungen des anderen, dass dieser andere nicht nur mitdenkt, sondern innerlich mitlebt und mitspricht. Manchmal unterbrechen sie sich gegenseitig, um den Satz des jeweils anderen selbst zu Ende zu bringen. Der schrullige Wissenschaftler De Selby aus Flann O'Briens Roman »Der dritte Polizist« entwickelt die Theorie, dass man sich allmählich in jenes Objekt verwandelt, mit dem man am meisten Umgang pflegt. Deswegen befänden sich irische Dorfpolizisten in steter Gefahr, sich in ihre Fahrräder zu verwandeln. Und vielleicht ist ja etwas Wahres dran, an dieser Theorie. Denn die eigentümliche Schönheit des von den beiden geschaffenen Gartens wirkt auf Robert und Edith zurück. Robert erinnert mich manchmal an einen alten, knorrigen Baum, Edith an einen Waldgeist, der hinter diesem Baum hervorlugt.

Ich erinnere mich noch gut daran, dass ich beinahe ein schlechtes Gewissen hatte, als ich den Garten vor einigen Wochen zum ersten Mal betrat. Ich hatte das Gefühl, als ob ich in einer fremden Wohnung eine falsche Tür geöffnet hätte, die den Blick in private Gemächer freigab. Ich dachte damals an die Szene, als Moses Gott zum ersten Mal traf. Das geschah irgendwo in der Einöde. Gott sprach aus einem Dornbusch zu Moses. Und was sagte Gott? Was waren seine ersten Worte? »Zieh deine Schuhe aus, Moses.« Moses wird ziemlich verdutzt geschaut haben. Also begründet Gott sein Anliegen. Er sagt: »Du stehst auf heiligem Boden.« Dieses Gefühl hatte ich damals, als ich den Garten erstmals betrat, und habe es auch heute, als ich mich langsam nähere. Ich sehe Robert beim Gartentor, im Gespräch mit einem anderen Mann. Ich begrüße beide und frage Robert nach Edith.

»Ihr tut heute das Bein weh«, sagt er.

»Etwas Ernstes?«

»Nein, nein. Sie macht nur einen Tag Pause.«

## »Demütig, dankbar und achtsam.«

Robert verabschiedet seinen Bekannten, und wir gehen wortlos durch den Kräutergarten. Danach führt unser Weg durch den Obstgarten. Ich wundere mich darüber, dass einige Apfelbäume blühen. Hat nicht der Frost in den letzten Tagen den Obstbäumen stark zugesetzt, will ich wissen. Sicher. Doch er habe viele verschiedene Sorten. Und darunter eben auch solche, die später blühen. Daher sei er ein Stück weit unabhängig von Wetterkapriolen. Anschauungsunterricht in Resilienz, denke ich, in Widerstandsfähigkeit.

Wir kommen nun in den dritten Bereich des Gartens, in dem die beiden Beeren und Gemüse anbauen. Dort setzen wir uns auf eine Bank. Robert beginnt: »Nachdem ich aus unserem letzten Gespräch weiß, welche Art von Fragen du stellst, habe ich mir bei einer Zugfahrt in Ruhe überlegt, warum ich das alles hier mache.«

»Und warum machst du das alles hier?«, frage ich.

»Ich bewege mich eigentlich zwischen zwei Welten, die in krassem Gegensatz zueinander stehen. Die eine Welt ist die Welt unseres Gartens hier, und die andere Welt ist die Außenwelt. Unsere Welt hier ist gut für die Seele. In der anderen Welt herrscht der Turbokapitalismus. Dort heißt es: nach mir die Sintflut. Es sind die Bewohner dieser anderen Welt, die die Natur zerstören, die Böden vergiften, europaweit, aber auch in der Gemeinde Mals. Von dort ziehe ich mich hierher zurück in meine eigene Welt, in unseren Garten. Denn hier kann ich niederknien, arbeiten, jäten. In Demut gegenüber dem Schöpfer und gegenüber der Schöpfung. Demütig, dankbar und achtsam. So lade ich mich innerlich auf, bringe meine Seele

Robert und Edith Bernhard (Burgeis), Biopioniere

ins Gleichgewicht. Und auf diese Weise gestärkt, verlasse ich danach meinen Garten abermals, um mich mit jener anderen Welt zu konfrontieren. Mit der Welt der Oberflächlichkeit.

In unserem Garten, da gibt es keine Oberflächlichkeit. Da hat alles einen Sinn. Ein Sein. Draußen aber geht es nur ums Haben. Da ist alles Oberfläche. Event. Spaß. In meinem Garten finde ich hingegen Freude. Tiefe innerliche Freude. Das ist ganz etwas anderes. Diese Freude ist in jener anderen Welt vielfach verloren gegangen, genauso wie der Gesang vielfach verloren gegangen ist. Wir haben einen Bekannten im Dorf, der hat früher gern gesungen. Doch irgendwann ist ihm das Singen abhanden gekommen. Jetzt singt er nicht mehr. Wenn man früher des Weges gegangen ist, hat man gesungen. In deutscher Sprache gibt es ja wunderbare Lieder, die die Natur beschreiben und besingen. Doch das hat man alles vergessen. Wenn du heute auf der Straße singst, dann heißt es: Der hat sie nicht alle! Sehr viel Freude, in diesem tieferen Sinne, ist leider abhanden gekommen. Zurück blieb lediglich der Spaß. Und der Spaß ist oberflächlich. Hier im Garten, wenn ich mich mit den Pflanzen beschäftige, gehe ich jedoch tiefer. Ich bin dabei immer in Verbindung mit etwas Höherem.

Wenn ich rausgehe, dann bin ich in der Reparaturgesellschaft. An die langfristigen Folgen denkt dort niemand. Man denkt dort in Wahlperioden, in Fünfjahreszyklen. Aber in der Natur, im Garten, im Umgang mit den Pflanzen, ist das viel zu kurzsichtig. Hier in meinem Garten, mit der Natur oder, wie Franz von Assisi sagt, mit meinen Brüdern und Schwestern, fühle ich mich wohl, fühle ich mich daheim. Und das freut mich. Ich gehe jeden Tag mit Freude heim. Mit Freude schaue ich auf den Tag zurück. Und mit Freude gehe ich schlafen. Ich habe jeden Tag mein Werk vollbracht. Und das ist ein Glücksgefühl. Ich bin hier Teil einer natürlichen Ordnung, die in der Außenwelt verloren gegangen ist. Ohne diese natürliche Ordnung kommt die Seele jedoch irgendwann ins Trudeln. Sie spielt nicht mehr mit. Die Wurzeln aller Krankheitssymptome liegen ja im Energiefeld des Menschen, im Inneren. Wenn wir uns heute die Spitäler und Arztpraxen anschauen, sehen wir dort unglaubliche Mengen von Menschen, die Probleme haben. Physische Probleme. Psychische Probleme. Denn all das spielt sich ja zuerst auf einer geistigen Ebene ab, und danach erst kommt es in den Organen zum Vorschein.«

> *»Ohne die natürliche Ordnung kommt die Seele ins Trudeln.«*

Ich habe Robert die ganze Zeit schweigend, aber mit großer Aufmerksamkeit zugehört. »Du hast mir in unserem vorigen Gespräch erzählt, dass du von einem Fahrradfahrer angefahren wurdest und seitdem kontinuierlich unter Schmerzen leidest. Denkst du, dass auch solche scheinbar zufälligen Ereignisse tiefere Wurzeln haben?«

»Es hat alles einen Sinn. Auch wenn man mit dem Rad niedergefahren wird. Manchmal kommen wir erst nach Jahrzehnten dahinter, worin dieser Sinn besteht. Manchmal gar nicht. Mit fällt es allerdings im Augenblick tatsächlich schwer, den Sinn dieses Unfalls zu begreifen.«

»Doch in deinem Garten kannst du all das abschütteln, oder?«

»Ja. Hier habe ich eine Freiheit, die es sonst kaum noch gibt. Denn in jener anderen Welt geschieht ja beinahe alles unter Zwang.«

»In seiner Schöpfung begegnest du also dem Schöpfer«, fasse ich zusammen.

### *»Verliebt in die Natur.«*

»Spinoza verwendet die berühmte Formulierung ›Deus sive Natura‹, also ‚Gott oder die Natur', so als ob das austauschbare Begriffe seien. Daran habe ich gedacht, als du vorher erzählt hast.« Ich lege eine kleine Pause ein und frage dann: »Was weißt du von Gott aus deiner Begegnung mit der Natur, was kannst du mir von ihm erzählen?«

»Ich weiß nur, dass die Natur ein Kreis ist, der sich schließt. Ein Puzzle, das vollkommen ist. Alles ist vollkommen perfekt eingerichtet in der Schöpfung. Zum Beispiel im Pflanzenleben. Immer wenn ich einen Prozess der Pflanzenwelt nachvollziehe, vom Keim, den ich vielleicht nur mit dem Mikroskop sehe, bis hin zum Endprodukt, dann bin ich von der Perfektion der Pflanzenwelt ergriffen.«

Er macht eine Pause und starrt in die Ferne, hinunter ins Tal, das wir, von der Bank, auf der wir sitzen, ausgezeichnet überblicken.

»Du erlebst also die Perfektion, und dadurch entsteht in dir die Einsicht, dass eine solche Perfektion in einem höheren Wesen ihren Ursprung haben muss.«

»Ja«, bestätigt Robert, «diese Perfektion ist die göttliche Ordnung. Es gibt viele Systeme, um Landwirtschaft oder Gartenbau zu betreiben. Aber es gibt nur ein System, das am besten ist. Und das besteht darin, der Ordnung der Natur zu folgen, die ich auch als göttliche Ordnung bezeichne. Denn dieser Kreislauf ist in meinen Augen perfekt. Doch das erkennt man nur, wenn man tagtäglich und Jahr für Jahr damit konfrontiert ist, damit zu tun hat. Dann ist man einfach«, er sucht nach dem richtigen Wort, »verliebt in die Natur.«

»Eigentlich ist dein Garten für dich ein Gebetsplatz«, stelle ich fest.

»Ja. So kann man es sagen. Denn meine Arbeit ist für mich vielfach ein Gebet. Sie ist tatsächlich im Grunde ein Gebet für mich.«

»Wie erklärst du dir die Tatsache, dass viele Menschen diese göttliche Ordnung verlassen haben?«

»Das ist in der Tat seltsam. Aber solange der Profit eine derartig große Rolle spielt, wird Gott nur eine ganz kleine Nebenrolle spielen.«

»Aber warum hat Gott das zugelassen? Es ist doch alles perfekt. Sollte dann nicht auch die Menschenwelt perfekt sein?«

»Wir haben einen freien Willen.«

»Und deshalb haben wir das ganze Schlamassel verursacht?«

»Ja. So ist es.«

»Und jetzt?«

»Jetzt bräuchten wir weniger christliche Politiker, aber viel mehr politische Christen. In der Gemeinde Mals gibt es eine ganze Menge solcher politischer Christen, die sich aktiv einbringen in das Geschehen der Schöpfung. Und es gibt auch viele solche Bewegungen weltweit. Das ist der Weg.«

Ich frage noch einmal nach: »Während du die Schöpfung pflegst und bestaunst, während du ihre Perfektion bewunderst, stellt sich für dich das Glück und die Freude der Begegnung mit Gott ein. Habe ich das richtig verstanden?«

»So stimmt es ganz genau.«

Ich denke nach. Für mich ist schwer vorstellbar, dass es in anderen Handwerken, die weniger nah an der Natur sind, zu ähnlich intensiven Begegnungen kommt. Ich selbst habe natürlich auch ein schönes Handwerk. Ich beobachte nicht Pflanzen, sondern Menschen. Allerdings sind viele Menschen von ihrer Gier kontaminiert. Es gibt Tage, an denen mir Tiere sympathischer sind als Menschen.

»Robert«, nehme ich den Faden wieder auf, »wie würdest du euren Garten einem Menschen beschreiben, der ihn noch nie gesehen hat? Wie ist er eingeteilt? Welchen Prinzipien folgt ihr?«

»Viele Besucher wollen unsere Philosophie kennenlernen, die wir natürlich gerne mit ihnen teilen. Wir versuchen, sie näher an dieses Glücksgefühl heranzuführen, das wir selbst hier erleben. Der Kräutergarten ist dazu da, den Besuchern und Besucherinnen zu zeigen, welche Pflanzen sie auch in ihrem eigenen Bereich anbauen könnten. Aber auch um zu verinnerlichen, dass Gott für jede Krankheit eine Pflanze erschaffen hat. Es ist ein Schaugarten, mit dem wir die Vielfalt der Natur preisen. Denn hier wächst eine Nutzpflanzenvielfalt, die an vielen Orten verloren gegangen ist.«

»*Ein Schaugarten, mit dem wir die Vielfalt der Natur preisen.*«

»Und dann kommt der Obstgarten ...«

»Dort haben wir verschiedene alte Apfelsorten gepflanzt. Diese Vielfalt ist eigentlich das genaue Gegenteil der heute herrschenden Monokulturen. Und gerade heuer zeigt sich wieder, dass eigentlich nur eine solche Vielfalt garantieren kann, dass wir unabhängig von den Wetterkapriolen einige Früchte ernten können. Wir haben alternierende Bäume, die alle zwei Jahre tragen, das ist bereits ein Vorteil, und natürlich Bäume, die früher blühen, und andere, die später blühen, und deshalb werden uns immer zumindest manche Bäume mit Früchten beschenken, unabhängig von der jeweiligen Situation. Unsere alten Obstsorten sind darüber hinaus geschmacklich höchst interessant und haben auch sehr gute Inhaltsstoffe.«

»Und soweit ich weiß, verwendet ihr weder Düngemittel noch Spritzmittel?«

»Unsere Böden wurden nie mit Chemie behandelt, weder mit Pestiziden noch mit Düngemitteln. Und schon gar nicht mit Neonicotinoiden, die in den Stoffwechsel der Pflanzen eingreifen. Das ist eine Sache, die über kurz oder lang riesige Probleme unter den Menschen schaffen wird.«

> »Nur Vielfalt kann garantieren, dass wir unabhängig von den Wetterkapriolen ernten können.«

»Und hier sitzen wir jetzt im dritten Bereich des Gartens. Was gibt es hier zu bestaunen?«

»Beerenobst, Gemüse, Salate, Tomaten usw. Direkt hier vorne haben wir zum Beispiel zwölf verschiedene Beerensorten. Auch da hat die Kälte heuer einiges kaputt gemacht. Doch aufgrund der Vielfalt wird uns auch hier das eine oder andere bleiben. – Wir leben mit der Natur«, fügt Robert hinzu. »Im gesamten Garten führen wir keinen Kampf. Weder gegen die Kälte, noch gegen Krankheiten oder Schädlinge.« Wieder denkt er nach: »Wobei wir hier ohnehin fast keine Schädlinge haben. Denn wir haben einen gesunden Boden. Und mein Credo lautet: gesunder Boden, gesunde Pflanzen, gesunde Menschen.«

»Und woran bemerke ich, dass der Boden gesund ist?«

»Gesunder Boden bedeutet, dass es eine Vielzahl von Mikroorganismen und Pilzen im Boden gibt. Für deren Ernährung muss ich natürlich sorgen. Denn sie stärken die Abwehrkräfte der Pflanzen. Sie versetzen die Pflanzen in die Lage, sich gegen Krankheiten und Schädlinge zur Wehr zu setzen. Das funktioniert ganz gleich wie beim Menschen. Wenn ich also Humusaufbau mit Mulch betreibe und meine Pflanzen mit Liebe und Achtsamkeit und Dankbarkeit behandle, dann verbessere ich gleichzeitig das Immunsystem der Pflanzen. Und wenn das Immunsystem stimmt, dann ist es ausgeschlossen, dass die Pflanze von Krankheiten und Schädlingen befallen wird.«

»Die Pflanzen wehren sich selbst?«

»Ja. Bis zu einem gewissen Punkt sind sie imstande, sich selbst zu helfen. Solange wir die Böden gesund erhalten. Dazu muss ich versuchen, Kohlenstoff in die Böden zu bringen. Ich muss den Bodenorganismen etwas zu fressen geben. Das heißt, den Boden mulchen und mit Kompost arbeiten. Dann habe ich auch im Gemüseanbau keinerlei Krankheiten.«

Ich bestaune die Einfachheit und Klarheit seiner Ausführungen.

»Zusätzlich haben wir das Glück, dass Edith das Saatgut unserer Nutzpflanzen selbst zieht. Daher haben wir jedes Jahr samenfeste Sorten. Für den Eigengebrauch, aber auch zur Weitergabe an andere Menschen. Dieses Prinzip der Weitergabe ist für meine Frau und mich sehr wichtig. Wir müssen uns aus der Abhängigkeit von Saatgutkonzernen, Spritzmittelkonzernen und Düngemittelkonzernen lösen, die ihr Paket weltweit verkaufen wollen. Dabei kommen jedoch die Kleinbauern unter die Räder. Nur samenfeste Sorten, die man selbst zieht und nicht kaufen muss, können von jedermann kontinuierlich angebaut werden. Das bedeutet Ernährungssicherheit.«

»Ich versuche zum Abschluss unseres Gesprächs, einige deiner Prinzipien zusammenzufassen«, sage ich. »Man soll der Natur liebevoll begegnen. Genauso wichtig ist es jedoch, dass man das, was man von der Natur bekommt, mit anderen teilt. Und das alles muss mit der Natur und nicht gegen sie geschehen. Also wenn man so will, mit Gott und nicht gegen ihn.« Robert nickt, und ich ergänze: »Die Natur lieben, den Ertrag teilen, mit Gottes Hilfe.«

»Ja«, bestätigt Robert mit Nachdruck.

## *»Biodiversität ist die Vision.«*

Ich denke weiter über das Gehörte nach und stelle noch eine Frage: »Robert, du hast mir dein Credo genannt: gesunder Boden, gesunde Pflanze, gesunder Mensch. Hat hier tatsächlich der Boden Priorität, weil sich alles andere daraus ergibt?«

»Nur der Boden! Alles, was wir weltweit zur Ernährung zur Verfügung haben, beruht auf dem Boden. Darüber gibt es keine Diskussion. Der Boden ist das Um und Auf der gesamten Welternährung.«

»Und wenn ich im Boden Vielfalt hätte, aber oberhalb nicht, sondern – beispielsweise – überall die gleichen Sträucher, dann würde das am Ende vermutlich wieder meiner Bodenvielfalt schaden, oder? Ich brauche Vielfalt unter der Erde und ich brauche Vielfalt über der Erde, damit die Pflanzen sich gegenseitig ergänzen, damit hier ein Zusammenspiel entsteht, ein Gleichgewicht zwischen dem, was dem Boden entnommen, und dem, was ihm zugeführt wird. Stimmt das so?«

»Das stimmt genau. Ich verliere die Vielfalt unter der Erde, wenn ich über Jahre hindurch oberhalb immer die gleichen Pflanzen habe. Ich kann nicht immer den gleichen Austausch zwischen Boden und Pflanze haben. Es muss ein Wechselspiel stattfinden. Ich habe hier vorne zum Beispiel Johannisbeeren, die rund zwanzig Jahre alt sind. Zwei davon habe ich vor kurzem rausgeschmissen, da der Boden für diese Pflanze nichts mehr hergab. Was für diese Pflanze wichtig ist, wurde in den letzten zwanzig Jahren herausgeholt. In der konventionellen Landwirtschaft möchte man jedoch mit chemischem Dünger und mit Gülle immer und immer wieder das Gleiche aus dem Boden holen. Doch das kann nicht funktionieren. Diese Böden sind irgendwann kaputt. Die Symbiose aus Bodenorganismen und Pflanzen braucht den Wechsel. Alles andere ist nicht machbar.«

»Einen zeitlichen und räumlichen Wechsel?«

»Ja. Das ist ja in der unberührten Natur genauso. In einer Blumenwiese ist ein solches Wechselspiel ja vorhanden. Solange sie nicht überdüngt wird.«

»Im Fall der Überdüngung nimmt eine Pflanze überhand, wie zum Beispiel in manchen Gewässern, oder? Dort hast du dann zunächst nur noch Algen und am Ende gar nichts mehr.«

»Ja.«

»Robert, wenn man deine Prinzipien des Gartenbaus verstanden hat, kann man daraus auch eine Lehre für die Region ziehen, eine Vision für die Landwirtschaft? Oder betrifft das, was du sagst, nur den Gartenbau?«

»Die Vision für die Landwirtschaft lautet ebenfalls Vielfalt: Vielfalt, Fruchtfolge und Mischkultur. Biodiversität ist die Vision. Und diese Vision ist dringend umzusetzen. Ihre Basis ist natürlich, dass man den Boden nicht als Dreck betrachtet, als Schmutz, auf den man tritt, sondern als das Wertvollste auf der Erde.«

> »Die Symbiose aus Bodenorganismen und Pflanzen braucht den Wechsel.«

»Im Weltagrarbericht wird unmissverständlich klargestellt, dass die kleinbäuerliche Landwirtschaft die Welt ernähren kann. Und dass sie im Bereich der Nachhaltigkeit enormes Potenzial bietet. Um eine Agrarwende herbeizuführen, brauchen wir allerdings die richtigen politischen Rahmenbedingungen. Und natürlich Konsumenten, die ihre Einkaufsgewohnheiten hinterfragen und ändern.«

»Das ist ein wesentlicher Punkt«, pflichtet mir Robert bei. »Die Wertschätzung des Konsumenten für gesunde Lebensmittel ist leider vielfach nicht vorhanden. Alles soll so billig wie möglich sein. Früher musste man für Lebensmittel einen viel größeren Teil des Gehalts ausgeben. Heute kauft man Nahrungsmittel viel zu billig. Ich sage bewusst Nahrungsmittel. Lebensmittel sind das keine mehr. Denn in Lebensmitteln ist Leben drin. Vielfalt. Beim Mehl wird der Kern rausgenommen, die Randschichten werden entfernt, und dann hat man schönes weißes Mehl. Allerdings ohne jeglichen Wert. Es kann doch nicht sein, dass ich mir ein Mehl kaufe, das viele Monate haltbar ist, wenn ich weiß, dass selbstgemahlenes Getreide nach drei Tagen verwendet werden muss, weil es sonst ranzig und schlecht wird.

Unter Lebensmitteln stelle ich mir etwas anderes vor. Und für solche echten Lebensmittel sollte man den Bauern, die sie erzeugen, einen gerechten Preis zahlen, der ihre Kosten deckt. Und wenn jemand sagt, ich kann mir das nicht leisten, dann überzeugt mich das nicht. Man muss in der Lebensführung Prioritäten setzen. Es ist eine Sache der Einstellung.«

»Und natürlich braucht man politische Regeln«, greife ich den ersten Teil meiner Frage neuerlich auf. »Es gibt ja viele Ge- und Verbote. Ich darf beispielsweise meinen Nachbarn nicht quälen oder foltern. Warum ist genau das in der industriellen Massentierhaltung und Massenpflanzenhaltung erlaubt? Warum darf man mit dem Leben so umgehen? Hier müsste man doch regulierend eingreifen!«

»So ist es. Diese Apfelbäumchen in den Obstanlagen sind Kreaturen, die miserabel zugerichtet worden sind. Und das Schlimmste daran ist, dass eine solche Behandlung von Pflanzen tatsächlich legal ist, von der Politik legalisiert wird.«

»Und sogar nach Mals exportiert werden soll.«

»Das macht mich zornig.«

»Diese Anbauformen werden unterstützt und gefördert. Durch Politik und Konsum.«

»Und wer profitiert im Endeffekt? Die großen Konzerne.«

»Und vielleicht einige Großbauern.«

»Es ist ein Kreis, der sich schließt. Aber nicht der Kreis der Natur. Sondern ein anderer Kreis.«

»Ein Teufelskreis von Gier und Zerstörung.«

»Und den müssen wir durchbrechen«, sagt Robert. »Unsere heutige Generation, die heutigen Politiker haben nicht das Recht, mit der Natur so umzugehen. Alles zu vergiften und zu ruinieren. Ich hoffe, dass die jungen Menschen das verstehen und beginnen, sich zur Wehr zu setzen. Und das kann nur in kleinen Gruppen gelingen, die sich weltweit bilden müssen.«

»Ich habe mich in den letzten Wochen intensiv mit den weltweiten Umweltproblemen beschäftigt«, berichte ich. »In vielen Bereichen wurden die globalen Belastungsgrenzen bereits überschritten. Das ist nicht nur beim Klimawandel so, sondern auch beim Süßwasserverbrauch, beim Stickstoff- und Phosphorkreislauf, bei der Bodenzerstörung oder bei der Abnahme der Biodiversität. Wir müssen das Steuerrad herumreißen! Und zwar sofort! Oder unsere Generation wird es tatsächlich geschafft haben, den Planeten so zuzurichten, dass er zu einem sehr ungemütlichen Ort wird. Wenn man allerdings in der Öffentlichkeit auf diese dramatische Situation hinweist, dann ist man ein Apokalyptiker, ein Umwelt-Taliban. Doch eigentlich ist es die Naturwissenschaft, die uns diese Nachricht unmissverständlich mitteilt. Nur hört fast niemand darauf. Das müssen wir ändern.«

»Wir brauchen eine Kehrtwende. Sonst kann ich mir das Leben der nachfolgenden Generationen nur sehr schwer vorstellen. Wenn alles kaputt sein wird.«

Ich bedanke mich bei Robert, der mir zum Abschied einen Sack kleiner Äpfel schenkt. Ich esse mehrere davon in kurzer Folge, während ich in Richtung Burgeis spaziere. Da mir noch einige Zeit bis zu meinem letzten Termin des Tages bleibt, ich habe mich in Glurns mit dem Biobauern Ägidius Wellenzohn verabredet, möchte ich die verbleibende Zeit für einen kurzen Besuch bei Edith Bernhard nutzen und mich nach ihrer Gesundheit erkundigen. Im verwinkelten Burgeis fällt es mir allerdings schwer, das Haus der Bernhards zu finden. Ich war zwar schon einmal in ihrem Haus zu Besuch, doch den Weg dorthin habe ich vergessen. Nicht jedoch das herrliche vegetarische Gericht, das Edith damals für uns zubereitet hatte.

Schließlich finde ich das Haus und läute. Edith führt mich in die Küche, und wir unterhalten uns lange. Das mit ihrem Fuß sei nicht so schlimm, sagt sie. Nur ein bisschen Ruhe sei nötig. Ich erzähle Edith, was Robert mir über ihren gemeinsamen Garten erzählt hat und wie sehr es mich an Albert Schweitzers Philosophie der »Ehrfurcht vor dem Leben« erinnert. So landen wir beim Thema Religion und auf verschlungenen Pfaden beim Thema Wiedergeburt. Ich sage, Wiedergeburt sei ein schwacher Trost. »Ich möchte doch als *ich selbst* weiterleben. Nicht als irgendwer anderer, der nicht einmal mehr weiß, dass *er ich* war.«

Edith widerspricht mir energisch: Sie lebe ganz und gar im Augenblick. Sie lebe zunächst den einen und danach den nächsten Augenblick. Einen nach dem anderen.

»Und daran würde sich auch nichts ändern, wenn du jetzt dein Gedächtnis verlieren würdest«, möchte ich wissen.

»Nein. Gar nicht. Nichts würde sich ändern.«

Mich erstaunt und begeistert dieses Bekenntnis, unter anderem auch deshalb, weil ich begreife, dass Edith tatsächlich so zu leben vermag.

Ich bin stolz und froh, Robert und Edith zu kennen, als ich Richtung Glurns aufbreche. Ich genieße den Weg und die prachtvolle Landschaft und versuche, so sehr zu genießen, dass es mich nicht stören würde zu sterben.

## 13

# »Ich habe großes Vertrauen in die Natur.«

*Begegnung mit Ägidius Wellenzohn, Biobauer mit moderierter Wildnis*

Glurns ist die Nachbargemeinde von Mals. Eigentlich ist Glurns keine Gemeinde, sondern eine kleine Stadt. Glurns ist die Nachbargemeinde von Mals. Obwohl Glurns nur 800 Einwohner hat, ist Glurns eine Stadt. Die kleinste Stadt in Südtirol. Dafür aber mit einer Stadtmauer aus dem Mittelalter, die vollständig erhalten ist und die einen wunderbaren Bestand mittelalterlicher Häuser von der Außenwelt abschirmt.

Nachdem Glurns im Mittelalter zur Stadt erhoben worden war, hatten verschiedene Faktoren seine Entwicklung gehemmt. Das Städtchen wuchs nicht mehr. Händler und Beamte zogen ab und überließen den Bauern das Feld, sodass bis auf den heutigen Tag bäuerliches Leben in diese verlassene Stadtkulisse einzog. Diese neuen Bewohner waren jedoch so arm, dass die Stadt 800 Jahre lang beinahe unverändert blieb. Daher wirkt das Städtchen heute so, als ob es per drag and drop aus dem Mittelalter in die Gegenwart herübergezogen worden wäre.

An einem Bach, der ein Mühlrad antreibt, steht in der Nähe der Stadtmauer ein uralter Birnbaum und daneben das Haus von Ägidius Wellenzohn. Ich will mit Ägidius sprechen, weil auch er sich, wie Alexander Agethle und die Bernhards, im Promotorenkomitee für die Volksabstimmung in Mals engagiert hat. Und ebenso wie Alexander, Robert und Edith beschäftigt auch Ägidius sich mit ökologischer Landwirtschaft.

Als ich sein Haus betrete, verstehe ich sofort, dass er dieses Haus offensichtlich über viele Jahre Zimmer für Zimmer, ja Nische für Nische, liebevoll renoviert hat. Alles befindet sich an seinem Platz. Auch hier habe ich wieder das Gefühl, eine Gegenwelt zu betreten. Einen Tempel der Achtsamkeit. Einen Speicher für gute Energien. Für mich als totalen Chaoten ist das stets auch ein bisschen unheimlich. Ich fühle mich wie in der Schweiz, wo selbst die Toiletten so sauber sind, dass man sich beinahe nicht getraut, sie zu benutzen.

Ägidius spricht mit gedämpfter Stimme. Sehr leise und verhalten. Lustigerweise tobt gleichzeitig eine kleine Katze im Zimmer herum. Eine kleine schwarze Katze, die Blumentöpfe umstößt und Kisten vom Schrank schubst. Pumuckl wäre ein guter Name für sie. Pumuckl mit dem schwarzen Haar.

Wir plaudern ein wenig und es stellt sich heraus, dass Ägidius und ich parallele Leben geführt haben. Wir sind ungefähr gleich alt. Wir haben ungefähr zur gleichen Zeit die gleichen Bücher gelesen. Und zur gleichen Zeit haben wir die westliche Fortschrittsideologie kritisiert. Zur gleichen Zeit haben wir auch damit begonnen, gegen den Strom zu schwimmen. Beinahe dreißig Jahre lang. Doch Ägidius ist diese ganze Zeit hindurch vollkommen konsequent geblieben, was ich von mir nicht behaupten kann. (Was vermutlich gar nicht unüblich ist: Viele Menschen entwickeln in jungen Jahren jene Ideen, zu denen sie dann in reiferen Jahren allmählich zurückkehren, nachdem sie sozusagen den Staub des bisherigen Lebens von ihren Kleidern geklopft haben.)

### *»Diese Bäume können allein nicht stehen.«*

»Ägidius, du kommst ursprünglich aus Kortsch im Vinschgau. Kortsch ist heute eine Hochburg des intensiven Apfelanbaus ...«

»Ja. Kortsch ist sehr bekannt in Obstanbaukreisen. Für innovativen, modernen Obstanbau. Und das ist eine Umschreibung für ziemlich intensiven Obstanbau.«

»Wie kam es zu dem heutigen System?«

»In den 80er-Jahren kamen zunächst die schwach wachsenden Unterlagen ...«

»Schwach wachsende Unterlage?«

»Der untere Bereich der Pflanze, der im Boden drinnen ist«, erklärt mir Ägidius, »ist ja etwas anderes als die Sorte, die oben aufgepfropft wird. Die Unterlage ist immer die gleiche. Sie bewirkt, dass der Baum nicht stark wachsen kann. Auf diese Unterlagen pelzt man dann einen Golden Delicious oder einen Topaz usw. Es gibt auch mittelstark wachsende Unterlagen. Bei denen die Bäume auch ohne Gerüst noch stehen können. Und natürlich stark wachsende Unterlagen für hochstämmige Bäume.«

»Gibt es denn in Südtirol noch Bäume, die selbst stehen können?«, frage ich.

»Früher gab es welche. Jetzt sieht man überall nur noch schwach wachsende Unterlagen.«

»Und deshalb brauchen wir Millionen von Betonpfeilern?«

»Ja, diese Bäume brauchen ein Stützgerüst. Sie können allein nicht stehen.«

»Und was bringt das für Vorteile, wenn die Bäume so klein bleiben? Geht es darum, die Äpfel leichter zu erreichen?«

»Der Vorteil liegt im geringen Arbeitsaufwand. Ich kann alles vom Boden aus machen, kann viel schneller und rationeller arbeiten.«

»Es gab also diese kleinen Bäumchen gleich von Anfang an? Sah es in den 80er-Jahren bereits so aus wie heute?«

»Nicht ganz. Am Anfang gab es das sogenannte holländische System: drei Baumreihen und dann erst eine Fahrgasse, wo man mit dem Traktor fahren konnte. Bei diesem System war es allerdings nicht möglich, ohne Hormonmittel zu arbeiten. Diese Hormonmittel sollten nämlich das Wachstum des Baums bremsen. Pervers eigentlich. Unten wird Kunstdünger verwendet, damit der Baum wächst, und oben verwendet man Hormone, dass der Baum nicht zu hoch wird.«

»Aber dieses System gibt es nicht mehr?«

»Unter anderem deshalb, weil die Hormonmittel verboten worden sind. Aber auch weil dieses System ohnehin nicht auf Südtirol übertragbar war. Hier sind die Bäume trotz Hormonmittel zu stark gewachsen.«

»Ich verstehe sowieso nicht, wie das mit drei Reihen funktionieren konnte? Wie hat man da die mittlere Reihe erreicht?«

»Die Bäume wurden ganz schmal gehalten wie eine Spindel, deshalb nennt man dieses Erziehungssystem auch Spindel ...«

»Erziehungssystem?!«

»Ja. Man nennt das Erziehungssystem.«

»Erziehung?«

»Ja genau, die Bäume werden erzogen«, sagt Ägidius und lacht.

»Na hoffentlich benehmen sie sich wenigstens ordentlich«, spotte ich.

»Das holländische System hat sich jedenfalls nicht ordentlich benommen. Es ging nämlich nicht lange gut, da es eben mit dem Wachstum Probleme gab. Die mittlere Reihe hat zu wenig Licht bekommen, weil die äußeren Bäume zu stark gewachsen sind. Daher ist dieses System wieder verschwunden.«

»Ägidius, du sagst, es ging in den 80er-Jahren mit den schwach wachsenden Bäumen los. Gab es auch Vorboten dieser Entwicklung?«

»Sicher. Die Meliorierung des Schuttkegels von Kortsch. Sie fand 1964/65 statt. Vor der Meliorierung war es dort sehr hügelig. Doch der gesamte Schuttkegel wurde mit Riesenbaggern planiert. Danach wurde dort zunächst Gemüse und Getreide angebaut.«

»Auf großen, zusammenhängenden Flächen? Oder eher als ein Fleckerlteppich?«

»Als Fleckerlteppich. Außerdem hatten viele Bauern damals noch Vieh. In dieser Phase waren also die meisten Betriebe noch Mischbetriebe. Doch ab den 70er-Jahren kam der Obstbau. 1972/73 hat auch meine eigene Familie die ersten Äpfel gesetzt.«

»Gehen wir wieder näher zur Gegenwart. Irgendwann wurde, wie es scheint, der konventionelle Anbau durch den sogenannten integrierten Anbau ersetzt. Und integriert heißt, soweit ich weiß, dass man nicht mehr sofort mit der chemischen Keule zuschlägt, sondern nur wenn's nicht mehr anders geht. Stimmt das ungefähr?«

»Ja. Man ist hinausgegangen und hat Auszählungen gemacht, um nachzuschauen, ob überhaupt eine Behandlung nötig ist.«

»Man hat nicht sofort gespritzt?«

»Genau. Man musste Auszählungen machen und Kontrollen. Und erst wenn eine bestimmte Schadensschwelle erreicht war, hat man gespritzt, sonst nicht.«

»War das ein Fortschritt?«

»Ja. Man hat dadurch viel weniger gespritzt. Und durch die Überwachungsgeräte für Temperaturen und Niederschlagsmengen wusste man viel genauer, wann Apfelschorf tatsächlich entstand. Davor hatte man einfach vorbeugend gespritzt. Ohne nachzudenken. Unabhängig vom Wetter. Wenn kein Regen kam, hatte man halt umsonst gespritzt. Man hatte so in jedem Fall einen Belag auf dem Apfel, der den Pilz abgetötet hätte. Wie bei einer Sonnencreme, die vor Sonnenbrand schützen soll.«

»Warum hat sich der integrierte Anbau eigentlich durchgesetzt? Auch weil er kostengünstiger war?«

»Das auch. Weniger Spritzgänge. Weniger Treibstoff. Und so weiter. Und wenn's funktioniert, warum soll man's nicht machen. Es ist dann der Beratungsring aufgesprungen und die Obstwirtschaft. Und schließlich hat man auch den Marienkäfer erfunden, als Marke für den integrierten Obstbau.« Ägidius lächelt süffisant.

### *»Ich hatte ein anderes Naturverständnis.«*

»Wann und warum kam dir dann der Gedanke, dass dieser Aufbruch Richtung Monokultur in Südtirol verkehrt sein könnte?«

»Am Anfang standen bei mir gesundheitliche Probleme. Ich hatte damals Gelenkentzündungen. Ich war 17 oder 18 Jahre alt und habe im elterlichen Betrieb mitgearbeitet. Ich dachte zuerst, dass der Baumschnitt im Winter die Ursache meiner Gelenkentzündung war. Luftdruckscheren gab es ja damals noch keine. Bis ich eines Nachts aufwachte, weil ich nun auch noch Knieschmerzen hatte. Also habe ich mich intensiver damit beschäftigt und bin dahinter gekommen, dass meine Gelenkentzündung womöglich vom Eiweiß kommt. Tierisches Eiweiß bildet im Körper Harnsäure. Und diese Harnsäure kann dann die Gelenkentzündung bewirken. Ich habe also meine Ernährung auf biologische Vollwerternährung umgestellt, und innerhalb kürzester Zeit war die Gelenkentzündung weg. Ich habe mich gefragt, wieso ich als Bauer nicht selbst diese besseren Lebensmittel anbaue? So habe ich angefangen, Getreide anzubauen.«

»Du hast also als Konsument begriffen, dass biologische Lebensmittel besser sind, und dich danach auch als Produzent verändert.«

»Genau. So kam ich mit 19 Jahren zum biologischen Anbau.«

»Und das führte vermutlich zu Konflikten mit deinem Umfeld?«

»Ich habe die Umstellung auf eine Art gemacht, die vielleicht nach außen nicht so gut angekommen ist. Ich habe ja den Anbau ganz extensiv betrieben. Ich hatte einfach ein anderes Naturverständnis. Das konventionelle und integrierte System hingegen ist zielgerichtet. Das Ziel ist ein großer, schalenreiner, perfekter Apfel. Und um dieses Ziel zu erreichen, muss ich verschiedene Maßnahmen setzen. Und wenn diese Maßnahmen gesetzt wurden, folgen weitere Maßnahmen aufgrund der zuvor gesetzten Maßnahmen. Und immer so weiter.«

»Es entsteht also ein Teufelskreis von Sachzwängen, um dieses eine, ursprüngliche Ziel zu erreichen?«

»Nur ein Beispiel: Weil ich spritzen muss, muss die Obstanlage befahrbar sein. Weil die Obstanlage befahrbar sein muss, muss ich das Gras kurz halten. Und so weiter.«

»Es geht also um den großen, gut aussehenden Apfel«, sage ich. »Aber doch wohl auch darum, aus der Natur möglichst viel Ertrag herauszuquetschen, oder?«

»Natürlich, und dazu braucht man eine gewisse Menge Stickstoff im Boden. Damit man mehr Äpfel hat. Und größere Äpfel natürlich.«

»Ein widernatürliches Ziel zwingt uns also dazu, immer neue Eingriffe vorzunehmen, zwingt uns zu immer neuen Deformationen der Natur.«

»Ganz genau. Doch die Bauern haben ganz allmählich begriffen, was Kunstdünger alles anrichtet.«

»Ist das den Bauern tatsächlich bewusst?«, frage ich ungläubig.

»Die Stickstoffmenge im Boden wurde jedenfalls herabgesetzt, da man gesehen hat, dass die Äpfel immer schwammiger wurden und kein Aroma mehr hatten.«

»Hat man das Stickstoffproblem in Südtirol jetzt im Griff? Zumindest halbwegs?«

»Jedenfalls besser als früher. Aber das ändert nichts daran, dass der synthetische Stickstoff an sich schlecht ist.«

»Natürlich. Am Ende landet alles im Wasser: im Grundwasser, in den Fließgewässern, im Meer ...«

»Besonders bei uns hier. Wir haben eher leichte Böden.«
»Gibt es eigentlich Wasseranalysen in Südtirol?«
»So gut wie keine. Weil es nämlich mit dem Trinkwasser wenig Probleme gibt. Wir verwenden ja das Quellwasser aus den Bergen. Das ist in anderen Regionen natürlich ganz anders.«

> »Ein bewusstes, achtsames Nichtstun.«

»Wie genau hat sich deine eigene Apfelanlage schließlich von anderen Anlagen unterschieden? Was genau machst du anders?«

»Ich lasse die Pflanzen zwischen meinen Baumreihen auswachsen. Daher haben sie natürlich auch tiefere Wurzeln. Je höher die Pflanze, desto tiefer die Wurzel. Der Boden wird dadurch viel besser erschlossen. Viel lockerer. Und alle Pflanzen erhalten mehr Nährstoffe. Auch die Bäume. Zwischen meinen Bäumen wächst übrigens auch eine viel größere Anzahl verschiedener Pflanzen. Nicht nur Weißklee, zwei, drei Gräser und Löwenzahn. Mehr ist ja heute in den integrierten Obstanlagen nicht mehr zu finden, weil dort alle paar Wochen gemulcht wird, damit eine Art Fußballrasen entsteht. Dieser Fußballrasen soll Befahrbarkeit garantieren. Das habe ich nicht gemacht und nicht gebraucht, weil ich keine Spritzungen durchführe und daher auch nicht mit dem Traktor herumfahre. Ich spritze überhaupt nicht, weil ich überzeugt davon bin, dass die Natur sich besser selbst schützen kann, als wir das können. Ich habe großes Vertrauen in die Natur.«

»Du lässt also zwischen den Baumreihen einfach entstehen, was entstehen will?«

»Ja, genau. So wachsen dort Pflanzen, die an den Boden angepasst sind. Die lasse ich auswachsen. Ich mähe erst sehr spät. Dadurch haben die Pflanzen die Möglichkeit, zu blühen und Samen zu produzieren. Der Samen fällt dann auf den Boden und dadurch verstärkt sich der Effekt noch mehr. Eine Vielfalt an standortgerechten Pflanzen entsteht.«

»Du hast also deine Fahrgassen der Natur zurückgegeben.«

»Genau. Und ich verwende auch kein Mulchgerät.«

»Was ist ein Mulchgerät?«

»Das ist ein schnell rotierender Kreiselmäher, der zum Beispiel das organische Material vom Baumschnitt häckselt.«

»Damit eine Schicht von organischem Material auf den Wiesen liegt?«

»Ja. Eigentlich wie bei einem Rasenmäher.«

»Nur dass man nach dem Rasenmähen abgeschnittenes Gras entfernt.«

»Und hier bleibt es eben liegen.«

»Das Wort Mulchen habe ich eher im Zusammenhang mit der biologischen Landwirtschaft gehört«, bekenne ich.

»Ja. Dort steht es für das Abdecken des Bodens, für etwas sehr Positves.«
»Und du verwendest also kein Mulchgerät mehr?«
»Genau: Ich lasse das Gras wachsen, bis der Samen ausfällt. Erst im Juli mache ich dann den ersten Schnitt. Mit der Mähmaschine. Danach liegt ganz viel ausgewachsene organische Substanz in meinen Wiesen. Lang und strohig. Ich baue dadurch Dauerhumus auf.«
»Und was hast du noch verändert in deinen Apfelanlagen?«
»Ich verwende überhaupt keine Düngemittel mehr.«
»Null?«
»Null.«
»Und null Spritzmittel?«
»Null Spritzmittel.«
Ich bin verblüfft.
»Und ich beschneide auch die Bäume viel weniger«, fügt Ägidius hinzu.
»Lässt du die Äste auch in die Fahrgassen hineinwachsen? Die brauchst du ja eigentlich nicht mehr.«
»Ja, auch das.«
»Aber du hast immer noch die gleichen Bäume wie alle anderen«, sage ich. »Oder hast du auch hier die Sortenvielfalt erhöht?«
»Die Laimburg, das landwirtschaftliche Forschungszentrum in Südtirol, hat vor vielen Jahren Bauern gesucht, die versuchsweise Bäume anpflanzen. Um zu sehen, was wo wächst. Dazu habe ich mich bereiterklärt. Danach habe ich jedes Jahr zehn neue Bäume pro neuer Sorte bekommen. Dabei hat sich schnell herausgestellt, dass einige Sorten ohne Spritzen gar nicht angebaut werden können. Zum Beispiel Pinova. Obwohl Pinova eigentlich schorfresistent wäre. Aber diese Apfelsorte bekommt so starken Mehltau, dass der Baum nicht mehr wächst. Das ist eben eine besondere Anfälligkeit von Pinova. Ungefähr so wie Golden Delicious schorfanfällig ist. Deshalb sind ja beim Golden Delicious so viele Spritzungen nötig.«
»Warum baut man denn noch immer so viel Golden Delicious an? Stehen die Leute so sehr darauf?«
»Nicht mehr so sehr. Aber der Golden Delicious ist für die Bauern interessant, weil er wenig Arbeit macht. Bis auf die Schorfproblematik natürlich … Aber da spritzt man halt ordentlich und fertig.«
»Wie viele Apfelsorten hattest du am Höhepunkt der Vielfalt?«
»Am Höhepunkt über 30.«
»Und jetzt?«
»18 Sorten.«
»Ägidius, das klingt für mich jetzt schockierend einfach. Du lässt die Bäume ein bisschen mehr wachsen. Du kümmerst dich nicht um das Gras dazwischen …«

»Nein. Ich kümmere mich *nicht* nicht. Das wird nur von manchen so wahrgenommen. Es handelt sich vielmehr um ein bewusstes, achtsames Nichtstun. Ich handle aus dem Wissen heraus, dass die meisten Pflanzen, die bei mir auswachsen, den Boden gut aufschließen werden.«

Ich schweige und versuche das Gehörte zu verarbeiten. Dann frage ich: »Und wie viel Ertrag bringt dein System? Ich erinnere mich an einige Zahlen, die du mir in unserem vorigen Gespräch genannt hast. Ein Hektar integrierter Anbau liefert sieben Waggonladungen Äpfel. Du jedoch erntest nur rund drei Waggonladungen. Stimmt das so?«

»Ja. Auch weil ich sehr viel weniger schneide. Durch den starken Baumschnitt wächst der Baum ja stärker – würde man einen Baum gar nicht schneiden, dann würde er schnell vergreisen. Doch je stärker man ihn beschneidet, umso mehr wächst er. Dann habe ich zwar weniger Äpfel, dafür aber größere. Gleichzeitig treten jedoch auch zahlreiche Probleme auf. Probleme mit Läusen. Probleme mit Pilzkrankheiten. Usw.«

»Du schneidest deine Bäume also weniger, hast weniger Probleme, dafür aber kleinere Äpfel und auch eine geringere Erntemenge?«

»Genau.«

»Also nur drei Waggons.«

»Ja.«

»Aber du bekommst den doppelten Preis für den Bioapfel.«

»So war das mal. Jetzt ist er nicht mehr so hoch. Im Biobereich bekomme ich bei den roten Sorten rund 80 Cent. Beim integrierten Anbau zwischen 30 und 50 Cent.«

»Ich rechne jetzt mal mit einfachen Zahlen: Du bekommst 80 Cent, die anderen bekommen 40 Cent. Du erntest 3,5 Waggons, sie ernten 7 Waggons pro Hektar. Dann verdienst du ja eigentlich genau das Gleiche wie sie, oder?«

»Ja eh.«

»Nur hast du weniger Maschinenkosten, weniger Kosten für Spritzmittel usw.«

»Nicht weniger«, korrigiert mich Ägidius. »Keine.«

»Dafür hast du aber mehr Arbeit. Oder auch das nicht?«

»Nicht unbedingt. Ich mache halt eine andere Arbeit. Ich mähe mit der Mähmaschine, und der Nachbar fährt mit dem Traktor.« Er überlegt einen Augenblick. »Aber in manchen Bereichen habe ich tatsächlich mehr Arbeit. Zum Beispiel unter den Bäumen: Ich bearbeite den Baumstreifen mechanisch. Meine Nachbarn fahren einmal pro Jahr mit Roundup darüber, und dann ist das für das ganze Jahr erledigt.«

»Roundup ist ein Breitbandherbizid, das Glyphosat enthält und sozusagen verbrannte Erde hinterlässt.«

»Richtig.«

Ich versuche mich an einer Zusammenfassung: »Du verwendest also null Spritzmittel, null Kunstdünger. Hast kaum Energieeinsatz und daher kaum Klimaeffekte! Aber den gleichen Ertrag. Zumindest mehr oder weniger. Ich bin fassungslos, Ägidius. Ich kann wirklich nicht verstehen, warum das nicht alle so machen wie du.«

»Ich auch nicht«, sagt Ägidius und lacht. »Zumindest verstehe ich nicht, warum die integrierten Bauern nicht zumindest auf Bioanbau umstellen.«

»Also ich fasse noch mal zusammen. Integrierter Anbau war ein Schritt in die richtige Richtung. Bioanbau wäre ein weiterer Schritt in diese Richtung. Aber letztlich ginge es auch ganz ohne Spritzmittel, und das wäre dann ein Riesenschritt, oder?«

»Allerdings: Auch dann wäre noch der gesamte Vinschgau eine einzige gewaltige Monokultur«, schränkt Ägidius ein. »In einem letzten Schritt könnte man daher die Anzahl der Apfelanlagen im Vinschgau beschränken«, schlage ich vor. »Ungefähr so wie man die Anzahl der Apotheken beschränkt. Damit wir im Vinschgau auch Korn anbauen können. Zumindest so viel Korn, wie wir selbst benötigen, so viel Gemüse, wie wir brauchen, usw. Der allerletzte Schritt bestünde dann vielleicht noch darin, alle Systeme wieder ordentlich durcheinanderzumischen.«

Eine kleine Pause entsteht; dann greift Ägidius meinen Gedanken auf: »Was ich ganz interessant finde, sind Agroforst-Systeme, wie zum Beispiel in Frankreich. Das wäre auch bei uns möglich. Wegen zu viel Wind und zu wenig Wasser hat man in Frankreich damit begonnen, große Bäume in Baumreihen zu pflanzen, deren Holz man nach 15 bis 20 Jahren nutzen kann. Und zwischen den Baumreihen pflanzt man, auf einem 30 Meter breiten Streifen, Getreide. Unter den Bäumen kann man anfangs, solange die Bäume noch klein sind, Gemüse anbauen. Ich selbst habe etwas Ähnliches auch schon einmal probiert. Und zwar mit hochstämmigen Apfelbäumen. Damals habe ich jede zweite Baumreihe entfernt und zwischen den Reihen Getreide angebaut. Das hat eigentlich super funktioniert. Nur hatte ich damals noch keinen guten Mähdrescher, was zu Problemen bei der Ernte geführt hat. Das wäre aber jetzt wieder eine interessante Option.«

»Fazit: Zum Umbau des Apfelanbaus in Südtirol gibt es viele Alternativen, die keineswegs unerschwinglich teuer sind, oder?«

»Ja. Allerdings ist der Obstanbau zurzeit viel lukrativer als der Getreideanbau.«

»Das stimmt natürlich. Ein Verdienstentgang würde entstehen …«

»Ja. Ich mache zum Beispiel hier in Glurns auf einem Hektar Getreide, und rein wirtschaftlich betrachtet, hätte ich dort längst schon Äpfel anbauen müssen.«

»Der Grund dafür, dass überall Äpfel stehen, ist also recht simpel: Man verdient damit mehr Geld.«

»Genau.«

»Wir sehen überall Äpfel, weil nach heutiger Marktlage und gemäß heutigen Rahmenbedingungen, damit meine ich auch Förderungen und Steuervorteile, diese Entscheidung rational ist. Zumindest wenn man das Ziel verfolgt, möglichst viel Geld pro Hektar zu verdienen.«

»Das stimmt.«

»Doch wenn wir andere Rahmenbedingungen schaffen würden, könnte sich das alles ganz schnell ändern.«

»Sicher.«

»Im Vinschgau steigen zurzeit ja bereits viele Bauern auf Bioäpfel um. Ein solcher Umstieg kostet nicht viel, oder? Man muss lediglich ein bisschen anders an die Sache herangehen …«

Ägidius nickt.

»Und dein System – das mit null Spritzmitteln auskommt – erfordert lediglich, dass ich auf der Fläche rund um meine *gut erzogenen* Bäume der Natur mehr Spielräume lasse.«

»Wobei man natürlich genau wissen muss, was da vor sich geht. Einfach nichts mehr tun, kann auch ganz schnell in die Hose gehen.«

»Das heißt, du greifst da und dort ein, wenn du siehst, etwas entwickelt sich in die falsche Richtung.«

»Ja. Es ist eine extensive Bewirtschaftung, aber es ist immer noch eine *Bewirtschaftung*.«

»Du hast eine moderierte Wildnis unter deinen Bäumen, die sich positiv auf deine Apfelbäume auswirkt.«

»Genau.«

»Bist du eigentlich der Einzige, der auf diese Weise anbaut?«

»In Südtirol gibt es noch zwei weitere. Der eine ist aber nur ein Hobbybauer mit einem kleinen Stückchen Land. Und der andere hat die Anzahl der Apfelbäume verringert. Er baut jetzt mehr Gemüse an, denn er hatte mit den Äpfeln mehr Probleme als ich. Woran das lag, weiß ich nicht. Vielleicht an den Lagen? Oder an den Böden? Oder vielleicht an der inneren Einstellung?«

*Eine moderierte Wildnis unter den Bäumen wirkt sich positiv auf die Apfelbäume aus.*

»Robert und Edith Bernhard sind ja der Meinung, dass Bäume Lebewesen sind, die sehr sensibel darauf reagieren, wer sie mit welcher Energie behandelt.«

»Diese Meinung teile ich vollkommen. Aber das ist eigentlich keine Meinung, sondern eine Erfahrung. Man entdeckt ja heute immer mehr, wie viel durch den menschlichen Geist bewirkt wird. Wenn ein Bauer also immer nur daran denkt, was er heute wieder spritzen muss, dann ist er dauernd mit negativen Gedanken zwischen den Baumreihen unterwegs.«

Ich denke an einen Satz, den Robert über seine Arbeit im Garten gesagt hat: »Wir führen keinen Kampf in unserem Garten. Nicht gegen die Kälte. Nicht gegen die Schädlinge.«

»Konventionelle Bauern haben überhaupt eine grausame Beziehung zu ihren Bäumen«, sage ich.

»Falls es überhaupt eine Beziehung ist«, ergänzt Ägidius.

## Verrückte Ziele erfordern verrückte Maßnahmen

»Ägidius«, sage ich nach einer kleinen Pause, »ein verrücktes Ziel, hast du gesagt, erfordert zunehmend verrücktere Maßnahmen. Darunter jenen Massenmord an Lebewesen aller Art, der durch Pestizide begangen wird. Pestizidwolken sind, so betrachtet, ja nur Folgeerscheinungen der industriellen Landwirtschaft, ungefähr wie Schatten eine Folgeerscheinung des Lichts sind. Welche Emotionen löst das bei dir aus, wenn du diese Wolken aufsteigen siehst, wenn du daran denkst, wie viel in Südtirol gespritzt wird? Du lebst ja tatsächlich in einer Welt, die mit Hochdruck, unbelehrbar und großflächig, genau das Gegenteil von dem betreibt, was du für richtig hältst.«

»Erstens versuche ich mich zu schützen. Ich habe zum Beispiel ziemlich hohe Hecken gepflanzt. Die allerdings nicht nur Schutz bringen, sondern auch Vielfalt. Zum Beispiel Nistplätze für Vögel, die sich um Schädlinge kümmern. Solche Hecken sind also auch eine Bereicherung, für mich und für viele Lebewesen, die dort Unterschlupf finden.« Er macht eine Pause. »Und durch diese großen Hecken habe ich zweitens versucht, mich nicht zu sehr auf die Bedrohung in der Umgebung einzulassen. Ich blende sie irgendwie aus.«

»War das schon immer so?«

»Nein. Früher war das nicht so notwendig. Denn früher habe ich mich weniger geärgert als heute. Früher haben die Bauern ja viel weniger gewusst als heute. Heute weiß jeder Bauer, was diese Mittel bewirken, die er verwendet. Jeder, der ein bisschen nachliest, versteht, dass diese Mittel entwickelt wurden, um Leben zu töten.

> »Heute weiß jeder Bauer, was diese Mittel bewirken.«

Es sind Biozide. Von den Schorfmitteln angefangen bis zu den Insektiziden und Herbiziden. Diese Ignoranz ärgert mich. Dass man so etwas tut, nur wegen des Geldes.«

»Aber du diskutierst nicht mehr mit deinen Nachbarn.«

»Weniger. Jetzt ist eigentlich die Politik dran.«

»Die Politik ist dran?«, frage ich ungläubig. »Aber die tut ja nichts.«

»Stimmt, die tut nichts. Oder eigentlich tut sie doch etwas. Das Gegenteil nämlich: Sie unterstützt die integrierten Bauern dabei, gegen die biologische Landwirtschaft zu arbeiten. Gegen Grünlandwirtschaft. Gegen andere Kulturarten. Wenn nämlich heute jemand zu uns in den Obervinschgau kommt und zwischen unseren Wiesen Äpfel anbaut, schädigt er damit alle anderen.«

> »Man ist verantwortlich für das, was man tut.«

»Das ist hauptsächlich ein Versagen der Politik, des Regelwerks«, stelle ich mit einem leicht fragenden Unterton in meiner Stimme fest.

»Nicht nur«, sagt Ägidius.

»Weil es auch Bauern gibt, die andere Wege beschreiten?«

»Ja. Bauern, die vorleben, dass Ethik und Moral wichtig sind ...«, betont Ägidius.

»Dass man nicht nur wirtschaftlichen Überlegungen verpflichtet ist ...«, ergänze ich.

»Dass man auch verantwortlich ist, für das, was man tut ...«, schließt Ägidius unseren gemeinsamen Gedanken ab.

Ich nicke, und mir ist klar, dass wir am Ende unseres heutigen Gesprächs angelangt sind. Ich bedanke mich bei Ägidius und lasse ihn wissen, dass ich im Gespräch sehr viel dazugelernt habe. Ob er bereit sei, seine Aussagen vor einer Kamera zu wiederholen, möchte ich wissen. »Kein Problem«, meint Ägidius, während wir uns die Hand schütteln.

Kurze Zeit später befinde ich mich auf der letzten Etappe meines heutigen Tages. Bis nach Mals sind es 2,5 Kilometer, und ich treffe dort ein, als das letzte Licht des Tages verschwindet.

**14**

# Der Malser Weg
*Triumph bei der Volksabstimmung*

Am nächsten Tag treffe ich im Gemeindehaus auf einen blendend gelaunten Uli Veith, der mir freundlich die Hand schüttelt. Der Bürgermeister von Mals und ich sind zu einem kurzen Gespräch verabredet. Er will wissen, ob ich meine Zeit in Mals genieße, und ich erzähle ihm, dass ich in den letzten Tagen sehr viel zu Fuß gegangen bin und vor zwei Tagen sogar einen Versuch unternahm, die Spitzige Lun zu erstürmen. Die Spitzige Lun ist der Hausberg der Malser, der sich direkt hinter dem Hauptort erhebt. Der Name ist eine Verballhornung des ursprünglichen Namens: Piz Lun. »Doch ich erreichte den Gipfel nicht. Nach zwei Stunden drehte ich um«, sage ich zu Uli.

»Mache ich genauso«, antwortet er lachend, »denn nach zwei Stunden bin ich oben.«

Wir lachen nun beide und gehen in sein Büro. Diesmal habe ich eine kleine Videokamera mitgenommen, um das Gespräch aufzuzeichnen. Er hat nichts dagegen.

### Der Bürgermeister:
### »Wir wollen eine Pilotregion werden.«

In meiner Gesprächseröffnung beziehe ich mich auf Alexander Agethle, der sagte, es gehe darum, eine Entwicklung einzuleiten, die »die Ressourcen vor Ort viel stärker erkennt und schätzt«. Uli Veith teilt diese Ansicht: »Darum geht es tatsächlich. Wir brauchen regionale Vielfalt und sind diesbezüglich auch auf einem guten Weg. Wir haben hier in Mals wieder Getreide. Wir haben Gemüse. Wir haben Grünland. Wir haben Kräuter. Wir haben sogar Wein. Wir haben auch Obstanlagen. Und wir glauben daher, dass es nicht sinnvoll wäre, dies alles jetzt in eine einzige große Apfel-Monokultur umzuwandeln, in einen Einheitsbrei.«

»Du sagst, es gibt auch Obstanlagen. Gehören auch sie zur Vielfalt, solange dort keine chemisch-synthetischen Spritzmittel eingesetzt werden?«

»Ganz genau.«

»Aber sind nicht auch vereinzelte Apfelanlagen, egal, ob biologisch oder nicht, ziemlich häßlich: mit ihren endlosen Betonpfeilern, überspannt von Hagelnetzen?«

»Sicher«, sagt Uli, »aus Sicht des Landschaftsbilds wären uns Obstanlagen mit hochstämmigen Bäumen und Streuobst lieber. So wie wir sie früher hier hatten und wie sie seit Jahrhunderten typisch für unsere Landschaft sind. Und daran arbeiten wir auch. Letzte Woche hatten wir zum Beispiel Besuch von einer Gruppe aus den USA, zusammen mit ihrem Professor. Und die haben uns von einem Bauern erzählt, der sehr erfolgreich mit Streuobst arbeitet. Die Flächen unter den Bäumen nutzt er für Kornanbau und Gemüse.«

> »Wir haben für Mals eine Vision entwickelt, die weit über die Landwirtschaft hinausgeht.«

Ich muss daran denken, was Ägidius Wellenzohn mir vor ein paar Tagen erzählt hat. »Das wollen wir uns jetzt näher anschauen«, ergänzt der Bürgermeister. »Wenn das auch für uns hier ein Erfolgsrezept wäre, dann wäre das natürlich für die Landschaft das Allerbeste.«

Und nach einer kurzen Pause: »Wir haben für Mals eine Vision entwickelt, die weit über die Landwirtschaft hinausgeht. Wir reden auch vom Tourismus. Wir reden auch vom Handel. Wir reden auch vom Handwerk. Wir sehen, dass sich in allen Bereichen die Denkweise der Anbieter ändert. Und wir spüren das auch immer deutlicher im Verhalten der Konsumenten. Die Konsumenten kaufen viel bewusster ein als noch vor einigen Jahren. Und dieses Umdenken von Konsumenten und Produzenten schaukelt sich gegenseitig auf und schafft völlig neue Möglichkeiten in allen Wirtschaftsbereichen. Nicht nur in der Landwirtschaft. Wir wollen eine Pilotregion werden, falls die Landespolitik uns nicht daran hindert. Eine Pilotregion, die aufzeigen soll, dass es auch anders geht. Und dass es anders besser geht. Nehmen wir zum Beispiel den Tourismus. Es gibt immer mehr Gäste, die Wert auf Nachhaltigkeit legen. Das ist ein Riesenpotenzial. Diese Gäste kommen schon heute zu uns, weil sie von unserem Weg gehört haben. Und das ist ja auch unser Wunsch! Wir wollen keinen Massentourismus. Wir haben von Anfang an auf sanften Tourismus gesetzt. Mit kleinen Strukturen und kleinen Häusern. Denn langfristig ist das der bessere Weg.«

> Eine Pilotregion im Obervinschgau wäre ein Versuchslabor für ganz Südtirol!

Eine Pilotregion im Obervinschgau wäre ein Versuchslabor für ganz Südtirol! Davon könnte das ganze Land profitieren. Diese Vision begleitet mich, als ich das Gemeindehaus verlasse.

Dorfwappen und zweisprachiger Ortsname auf einem Tor zum alten Ortskern (oben) und Blick auf Mals von Norden, im Hintergrund das Glurnser Köpfl (unten).

Mals von oben: Inmitten einer (noch) weitgehend intakten Agrarlandschaft liegt der Hauptort der Gemeinde. Rechts im Hintergrund überragt die imposante Ortlergruppe die Tallandschaft des Obervinschgau.

Einblicke in ein handwerklich-bäuerlich geprägtes Dorf.

Impressionen eines Apfeljahrs:
Bagger marsch! Ein Meer von Stützbalken entsteht (oben);
der Balkenwald ersetzt die Landschaft (unten);

Begleiterscheinungen:
Flurbegradigung und Beregnung (oben);
ein Land im Apfelrausch (unten).

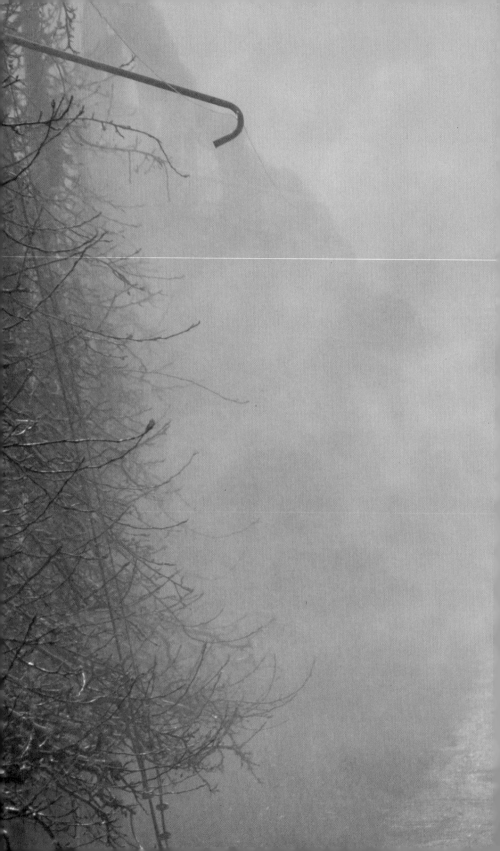

Vom Beginn der Vegetationsperiode bis zur Erntezeit werden die Apfelanlagen in Südtirol mehr als 30-mal in dichte Pestizidnebel gehüllt.

Der Widerstand in Mals manifestiert sich an Gartenzäunen und Balkonen – Sag »Ja!« zur pestizidfreien Gemeinde (unten).

Ob alleine oder mit dem Münchner Umweltinstitut (unten), die Malser bleiben unbeugsam.

Industrialisierter Apfelanbau auf mehr als 100 Kilometern Länge, von Schluderns bis zur Salurner Klause.

### Der Umweltschützer:
### »Wenn man sich für den Schutz unserer Umwelt einsetzt, setzt man sich für die Wirtschaft ein.«

Im Hotel Greif erwartet mich wenig später Rudi Maurer. Er kommt aus Prad, das ungefähr zehn Kilometer von Mals entfernt liegt. Rudi spricht für die Umweltschutzgruppe Vinschgau, die sich sehr stark für ein pestizidfreies Mals engagiert hat. Wer sich mit ihm unterhält, erkennt nach kurzer Zeit, dass Rudi bereits alle Höhen und Tiefen des Kampfes für die Umwelt mehr als einmal erlebt hat.

»Wenn man sich für den Schutz unserer Umwelt und unserer Landschaft einsetzt«, sagt er, »dann setzt man sich eigentlich gleichzeitig auch für die Wirtschaft ein.« Ich ziehe fragend die Augenbrauen hoch. »Der Tourismus wirbt ja immer mit unserer schönen Landschaft«, erklärt er. »Aber diese Werbung funktioniert nur, solange wir diese Bilder auch in der Realität liefern können. Nicht nur auf dem Papier. Außerdem wollen immer mehr Menschen im Urlaub etwas Besonderes erleben. Niemand fragt mehr nach Fließbanderlebnissen. Und deshalb ist die Entwicklung in Mals für den Tourismus so interessant.«

Ich bestelle einen Salat und frage Rudi, was ihn so sicher mache, im Bezug auf diese positiven Rückkopplungen für die Wirtschaft.

Er antwortet, dass sich hier immer das gleiche Muster wiederhole, und gibt mir gleich ein Beispiel: »Vor vielen Jahren wollte man eine Schnellstraße durch den Vinschgau bauen. Die Umweltschutzgruppe Vinschgau hat sich dagegen gewehrt und sich stattdessen für die Wiederinbetriebnahme der Vinschger Eisenbahn eingesetzt. Wir haben damals immer wieder versucht, die Politik zu überzeugen. Meistens wurden wir ausgelacht. Man sagte uns: ›Hört doch endlich auf mit diesem Unsinn.‹ Aber wir waren so überzeugt davon, dass nichts uns davon abbringen konnte. Und heute sind natürlich alle froh über die Vinschger Bahn. Ganz besonders die Wirtschaft. – In diesem Sinne glaube ich«, fügt er hinzu, »dass die Entwicklung in Mals einen anderen, besseren Weg in der Landwirtschaft aufzeigen wird, einen besseren Weg im Umgang mit der Landschaft, aber auch in Bezug auf den sanften Tourismus und in Bezug auf regionale Kreisläufe. Hier sehe ich ein riesiges Potenzial.«

Zum zweiten Mal an diesem Tag höre ich diese Formulierung: ein Riesenpotenzial. Und ich teile die Einschätzung von Uli Veith und Rudi Maurer. Eine regionale, vielfältige Landwirtschaft, im Gleichgewicht mit der Natur, hat so viele Vorteile, dass ich wirklich nur schwer begreifen kann, wie irgendwer gegen die Idee einer solchen Pilotregion Obervinschgau ankämpfen kann.

Auf dem Weg zum Wagen läuft mir am Dorfplatz Johannes Fragner-Unterpertinger über den Weg. Er grüßt mich freundlich und fragt, in welche Grübeleien ich so vertieft sei. Ich schwärme von der Pilotregion und von ihren zahlreichen Vorteilen, denn wovon das Herz voll ist, davon spricht der Mund. »Es ist doch lupenreiner Wahnsinn«, sage ich, »dagegen anzukämpfen.« Johannes nickt.

*Kurzfristig haben wir mehr, und langfristig haben wir gar nichts mehr.*

»Sicher«, erwidert er, »wenn wir jetzt den falschen Weg einschlagen, ist das Resultat vorhersehbar: Kurzfristig haben wir mehr, und langfristig haben wir gar nichts mehr. Daher werden wir niemals locker lassen in unserem Kampf für eine pestizidfreie Gemeinde.«

## *Mals allerorten – vorläufige Chronik der Ereignisse*

Zurück in Meran ziehe ich mich in eine dunkle Ecke meines Büros zurück. Es ist drückend heiß. Die Luft steht still, und das laute Geräusch der Klimaanlage, die direkt vor den Fenstern montiert ist, stört mich ein wenig. Ich beobachte, wie Staub langsam durch jene Lichtstreifen schwebt, die durch die heruntergelassenen Jalousien in den Raum fallen. Dann schlage ich die druckfrische Kulturzeitschrift *Vissidarte* auf, die mir Johannes mit auf den Weg gegeben hat. Sie kommt mir sehr gelegen, denn sie enthält eine Chronik der Ereignisse in Mals, unmittelbar vor der Volksabstimmung im Herbst 2014.

Januar 2014: Der Schweizer Agrarforscher Hans Rudolf Herren sendet einen Unterstützerbrief an die Promotoren der Volksabstimmung. Das hat er mir bei unserem Gespräch unterschlagen.

Februar 2014: Der Südtiroler Landesrat für Landwirtschaft kommt nach Mals. Er versucht, die Volksabstimmung zu verhindern. Es gibt nichts Neues unter der Sonne, denke ich.

März 2014: Eine Gruppe »konventioneller« Obstbauern organisiert sich. Die »Plattform für eine bäuerliche Zukunft« wird gegründet. Ihr Ziel: die Abstimmung in Mals verhindern. Warum eigentlich, frage ich mich, haben die Obstbauern so viel Angst vor Veränderung? Vielleicht würde es ihnen ja in einem veränderten System unter dem Strich viel besser gehen als heute.

Im gleichen Monat stimmt auch der Südtiroler Landtag darüber ab, ob die Pestizidbelastung in Südtirols Schulhöfen durch regelmäßige Rückstandsmessungen kontrolliert werden soll. Das leuchtet mir sofort ein, denn im Fall von Belastungen könnte man die Bevölkerung informieren und Gegenmaßnahmen ergreifen. Der Beschlussantrag wird jedoch mit 17 gegen 12 Stimmen abgelehnt. Nichts Neues unter der Sonne, denke ich wieder. Und dann kommt mir der Titel eines frühen Werks von Samuel Beckett in den Sinn: »More bricks than kicks.« Ein irischer Freund hat das einmal nicht ganz wörtlich so übersetzt: »Mehr Arsch, als man treten kann.«

Mai 2014: Die Promotoren der Malser Volksabstimmung erhalten den Ilse-Waldthaler-Preis für Zivilcourage und freuen sich darüber.

Und: Eine Initiative mit dem Namen »Rosenrot & Weizenschrot« produziert Ansichtskarten, die im gesamten Vinschgau zirkulieren. Ein Bild der Fotografin Maria Gapp zeigt die unbeugsamen Malser am Tartscher Bichel, wo sie eine Menschenkette bilden. Darunter kann man lesen: »Monokultur ist Unkultur.«

*»Monokultur ist Unkultur.«*

Juni 2014: Wenige Tage vor Beginn der Volksabstimmung teilt das Bozner Regierungskommissariat Bürgermeister Veith mit, dass es die Wählerlisten nicht aktualisieren werde, da es die Volksabstimmung für nicht zulässig halte. Bürgermeister Veith weist darauf hin, dass die Abstimmung zulässig sein müsse, da sie von der dafür zuständigen Kommission genehmigt worden sei. Daraufhin entdeckt das Regierungskommissariat einen Formfehler: Der Antrag auf Aktualisierung der Wählerlisten müsse 45 Tage vor Beginn der Abstimmung eingereicht werden. Resultat dieses zähen Ringens: Die Abstimmung findet nicht statt. Zumindest nicht jetzt. Sie muss verschoben werden. Sie soll nun zwischen dem 22. August und 5. September 2014 abgehalten werden.

August 2014: Der Bozner Rechtsanwalt Dr. Frei bringt, im Namen der konventionellen Obstwirtschaft, noch vor der Abstimmung eine Klage ein: Das Ergebnis dieser Volksabstimmung müsse bis 18. Dezember 2014 von der Staatsadvokatur und der Autonomen Provinz Südtirol für ungültig erklärt werden.

Jedoch: In allen Malser Fraktionen, von Burgeis über Schleis und Tartsch bis Matsch und Mals, geht in der Nacht vor der Abstimmung die Sonne auf. Denn überall auf den Straßen und Gehwegen wurden in dieser Nacht leuchtend gelbe Sonnenblumen auf den Asphalt gesprayt. Im Inneren dieser Sonnenblume steht gut lesbar ein einziges Wort: »JA!« »JA zu einer pestizidfreien Gemeinde Mals!« Das begeistert mich, und ich denke an eine Zeile aus einem Song von John Lennon: »Yes, is the answer. And you know that for sure.« Einen Augenblick lang denke ich, dass das vielleicht der Titel meines Films sein könnte: »Yes, is the answer!«

Ab 22. August haben die Menschen in Mals schließlich für zwei Wochen die Gelegenheit, ihre Stimme abzugeben. Die Stimmung im Dorf ist angespannt.

Ich verlasse mein Büro und schlendere durch die Freiheitsstraße zum Theaterplatz hinunter, wo ich mir eine Pizzaschnitte hole. Kartoffelpizza!

Die Frauengruppe Hollawint hatte mir, in dem von mir aufgezeichneten Gespräch, auch von jener besonderen Zeit im August und September 2014 erzählt, vor und während der Abstimmung, und von jenem speziellen Tag, als das Ergebnis endlich verkündet wurde.

Überraschend schnell finde ich die richtige Festplatte und auf der richtigen Festplatte das betreffende Interview sowie die gesuchte Stelle in dem Video. Ich drücke auf Play und lehne mich zurück.

»In der Zeit unmittelbar vor der Abstimmung hat dann plötzlich kein Mensch mehr über das Thema gesprochen«, erzählt Margit. »Auch nicht während der Abstimmung. Die hat ja 14 Tage gedauert.«

»Also für mich war das wahnsinnig schwer«, sagt Beatrice, »zwei Wochen nicht über das Thema zu reden. Ich hatte Angst, dass die Abstimmung, wenn man sich äußern würde, ungültig wäre.« Die anderen sehen sie fragend an. »Wegen dem Gesetz, das vorschreibt, dass man nur bis zu einem bestimmten Zeitpunkt vor dem Referendum Werbung machen darf.«

Jetzt meldet sich Pia zu Wort. Sie grübelt offenbar darüber, was Margit zuvor gesagt hatte. Dass nämlich wenig gesprochen wurde in Mals. »Die Diskussion hat ja schon den ganzen Sommer über nicht stattgefunden. Kein Mensch hat darüber gesprochen.«

Margit, einer liebgewonnenen Gewohnheit folgend, widerspricht ihrer Hollawint-Kollegin Pia: »Ich habe das nur in den letzten 14 Tagen vor der Abstimmung so wahrgenommen. – Und es hat mir Angst gemacht: Gehen die Menschen überhaupt zur Abstimmung?«

»Die Obstbauern wollten den Menschen ja einreden, dass sie nicht zur Abstimmung gehen sollen«, erklärt Beatrice. Dann lächelt sie verschmitzt. »Aber genau das hat viele Menschen erst recht dazu bewogen hinzugehen. Einige Leute haben zu mir gesagt: ›Denken und entscheiden können wir noch selber.‹«

»Und wie ist es euch dann an jenem Tag ergangen, an dem das Ergebnis verkündet werden sollte? Ward ihr sehr aufgeregt?«, will ich wissen.

»Ich bin eigentlich zunächst recht ruhig gewesen. Aber an diesem Tag ...«, Margit sucht nach Worten, »... habe ich mich dann in die Hausarbeit gestürzt.« Die anderen lachen. Wissend.

»Und du Pia, du bist ins Bett gegangen, oder?«, wendet sich Beatrice fragend an Pia.

»Ja. Um 15 Uhr hat der Bürgermeister gesagt: ›Ich gebe eine hohe Wahlbeteiligung von 70 Prozent bekannt, aber ich erwarte ein knappes Ergebnis.‹ Das hat mich komplett erschlagen.«

»Hat er das wirklich gesagt?«, fragt Margit.

»Ja. Um 15 Uhr. In den Nachrichten: ›Ein knappes Ergebnis.‹ Ich bin danach so nervös geworden, so zappelig ... Ich habe angefangen, ganz negativ zu denken. Ich habe mich schon gefragt, ob ich auswandern muss. Es war sehr schlimm für mich. Dann habe ich mir keinen Rat mehr gewusst. Also bin ich ins Bett gegangen. Decke über den Kopf. Fertig. Schluss. Aus.«

Alle lachen herzhaft.

Pia, unbeirrbar, erzählt weiter: »Doch um sechs Uhr hab ich mir gedacht: Ich muss meinem Mann jetzt ein Abendessen kochen. Sonst schimpft er mit mir. Also bin ich aufgestanden.«

Wieder lösen ihre Worte allgemeine Heiterkeit aus.

»Endlich, um 18:30 Uhr hat Martina mir eine SMS geschrieben. Mit nur einem Wort: JA!«

Abblende auf Schwarz. Ich drücke auf Pause. »Ja, ist die Antwort.« Ich freue mich. Auch ich selbst kenne dieses Gefühl der Anspannung vor einer Wahl, in der man sich selbst engagiert hat, sehr gut. Man verliert plötzlich seine Urteilskraft. Triumph oder Katastrophe, beides erscheint mit einem Mal gleich wahrscheinlich. Man nimmt die anstehende Wahl und ihren möglichen Ausgang sehr persönlich. Man selbst scheint zur Wahl zu stehen. Und der Gedanke an eine totale Zurückweisung jagt einem Angst ein. Der Wahltag bringt dann entweder jene eiskalte Dusche, vor der man sich so gefürchtet hat, oder wirkliche Befreiung.

Ich drücke abermals auf Play, da ich mich undeutlich an eine Folgesequenz erinnere, in der Uli Veith vom selben Tag erzählte: »Ich werde den Moment nie vergessen, als ich im Jahr 2014 beim Firmian-Lauf in Neumarkt ins Ziel eingelaufen bin ... Es war der Tag, an dem die Abstimmung ausgezählt wurde. Während des ganzen Laufs habe ich nicht gewusst, wie die Abstimmung ausgegangen ist. Ich laufe also durchs Ziel und frage außer Atem: ›Und? Wie ist es ausgegangen?‹ Und dann höre ich: ›76 Prozent‹. Ich habe laut geschrien vor Freude. Ich konnte das gar nicht glauben. Dass es so deutlich ausgehen würde, hätte ich nie erwartet. Das sind jene Momente, in denen man zurückbekommt, was man investiert hat. Diesen Moment werde ich sicher mein ganzes Leben lang nie vergessen.«

Das Ergebnis des Malser Referendums, das am 5. September 2014 genau um 19 Uhr verlesen wird, jagt eine Schockwelle durch das Land Südtirol: 75,68 Prozent der Malser stimmen mit JA. Fast 76 Prozent der Bevölkerung

Beatrice Raas (Mals), Naturfrisörin

sagen damit JA zu einer Zukunft ohne Pestizide. Mit 69,22 Prozent ist auch die Wahlbeteiligung sehr hoch.

Über 200 Medien in ganz Europa berichten in den darauffolgenden Wochen über die Ereignisse in dem kleinen uns wohlbekannten Dorf im Obervinschgau. Im Internet verbreitet sich die Nachricht vom ersten pestizidfreien Dorf Europas auf den Seiten von Bioverbänden und Umweltschutzorganisationen. Fernsehteams streifen plötzlich mit ihren Kameras durch das kleine Mals. Darunter auch Filmemacher aus Japan oder den USA.

Aus aller Welt erhalten die Malser nun Kongresseinladungen. Auch im Parlament in Rom präsentieren sie den neuen Weg, den sie beschreiten wollen.

Etwa zur gleichen Zeit jubeln in Schottland die Schmetterlingsforscher Europas auf ihrem Jahreskongress und sprechen erstmals vom »Miracle of Mals«. Kein Wunder: Ihr Forschungsobjekt, der Schmetterling, leidet ganz besonders unter dem zunehmenden Einsatz von Ackergiften. Die Europäische Schmetterlingsgesellschaft beschließt, ihren Jahreskongress 2016 in Mals abzuhalten.

Im September 2014 wird Mals schließlich auch mit dem Europäischen Dorferneuerungspreis ausgezeichnet. Und im Oktober trifft Post aus Indien ein. Die Saatgutaktivistin und Trägerin des Alternativen Nobelpreises Vandana Shiva bietet den Malsern ihre Unterstützung an.

»Wir hatten nicht erwartet«, sagt Bürgermeister Veith, »dass es so ein internationales Echo geben würde. Es war wirklich faszinierend zu sehen, dass es ganz viele Menschen gibt, die ähnlich denken wie wir. Und dass es ganz viele Menschen gibt, die diese Werte auch leben wollen. Viele von diesen Menschen sind auch zu uns nach Mals gekommen. Oft gab es dann Gegenbesuche. Wir haben enorm viel voneinander gelernt.«

Der Herbst 2014 war ganz bestimmt eine Zeit besonderer Freude in Mals, eine Zeit der Ernte. In solchen Zeiten der Ernte empfangen die Menschen den Lohn ihrer Arbeit. Im Geist schlendere ich nun durch Mals, am Tag direkt nach der Volksabstimmung. Auf den ersten Blick scheint das Leben in unserem kleinen Dorf seinen gewohnten Gang zu gehen. Doch wenn man etwas genauer hinsieht, bemerkt man einen besonderen Glanz auf allen Gesichtern, ein angedeutetes Lächeln, ein besonderes Funkeln in den Augen. Sogar die Art, wie man sich bewegt, hat sich ein wenig verändert. In allem liegt, so scheint es, ein zusätzliches Quäntchen Freude, ein klein wenig mehr Energie und Kraft.

## 15

# Widerstand säen und wachsen lassen

*Vom Umgang mit Niederlagen*

Im Jänner 2015 betrete ich den Sitzungssaal der Gemeinde Mals. Die meisten Gemeinderäte haben an einem großen runden Tisch Platz genommen. Den Vorsitz führt Bürgermeister Veith. Im Publikumsbereich sind bereits nahezu alle Sitzplätze besetzt. Ich schaue mich um und entdecke viele bekannte Gesichter. Anspannung liegt in der Luft.

Denn dies ist ein seltsamer Augenblick. Man hat sich so sicher gefühlt, hat den Sieg in vollen Zügen genossen, bis langsam eine neue Erkenntnis ins Bewusstsein drang: »Vielleicht haben wir nur einen Schaukampf gewonnen, und der wirkliche Kampf steht noch bevor.« Nur zögernd gewann diese Erkenntnis Gestalt, da man sich zunächst nach Kräften dagegen wehrte: »Solange nicht mindestens ein Teil jener Menschen sich wandelt, die mit enormer Trägheit und erschreckender Energie gegen einen Kurswechsel arbeiten, solange wird es zu keinem Kurswechsel kommen.« Die Malser haben eine Wahl gewonnen, doch womöglich nicht recht viel mehr.

Um zu verstehen, worüber heute im Gemeinderat abgestimmt wird, um die Nervosität, die spürbar ist, zu begreifen, muss man wissen, was in Südtirol als Gemeindesatzung bezeichnet wird. Auch auf Gemeindeebene gibt es eine Art Verfassung, eine Art Grundgesetz: die Satzung. In der Gemeinde Mals schreibt diese Satzung vor, dass das Resultat einer Einführenden Volksabstimmung verbindlich ist. Es muss umgesetzt werden. Das Volk schlägt zunächst eine Gesetzesänderung vor, eine neue Regel, die in der Gemeinde eingeführt werden soll, daher der Name »Einführende Volksabstimmung«. Danach erfolgt die Abstimmung. Und wenn das Volk für eine Gesetzesänderung stimmt, muss diese unverzüglich vom Gemeinderat umgesetzt werden. Die Aufgabe der Gemeinderäte an diesem heutigen Abend bestünde also eigentlich nur noch darin, diese Gesetzesänderung durchzuwinken.

Denn in der Demokratie ist das Volk der Souverän, der Machthaber. Alle Macht geht vom Volk aus, heißt es in den meisten demokratischen Grundgesetzen, oft bereits im ersten Satz. In unserer aktuellen Spielart von Demokratie freilich bestimmt das Volk meist nicht direkt, sondern wählt vielmehr eine Handvoll Vertreter, die dann das Gemeinwesen organisieren und verwalten. Einige Jahre lang. Diese Spielart der Demokratie wird repräsentative Demokratie genannt, im Gegensatz zur direkten Demokratie. In der direkten Demokratie ergreift das Volk selbst das Wort: in einer Volksabstimmung. Dieses Wort des Volkes ist dann natürlich das letzte Wort.

## *Schlag ins Gesicht der Mehrheit*

Wir sind an diesem Abend nach Mals gekommen, um die heutige Sitzung des Malser Gemeinderats zu dokumentieren. Denn es bahnt sich eine Katastrophe an, deren Vorbeben bereits im Dezember 2015 zu spüren waren. Damals traten die Volksvertreter der Gemeinde Mals nämlich erstmals zusammen, um das Ergebnis der Malser Volksabstimmung umzusetzen. Die erste Aufgabe bestand dabei darin, einige grundsätzliche Änderungen in eben jener Gemeindesatzung zu verankern. Eine Zweidrittelmehrheit der Gemeinderäte wäre dazu vonnöten gewesen. Doch diese Zweidrittelmehrheit kam nicht zustande. Die Volksabstimmung war zwar gewonnen. Doch den Volksvertretern war's egal. Sie lehnten die nötigen Änderungen kurzerhand ab.

Ich erinnere mich noch gut, wie überrascht ich war, als ich davon erfuhr. Ich konnte es zunächst gar nicht glauben. Doch man beruhigte mich und erklärte mir, dass noch nicht alles verloren sei. Es gebe einen zweiten Anlauf, eine zweite Sitzung des Gemeinderats, und dort würde dann eine einfache Mehrheit für eine Änderung ausreichend sein. Nur noch 51 Prozent der anwesenden Gemeinderäte müssten für eine Änderung der Gemeindesatzung stimmen. Ich war daher vorsichtig optimistisch, als ich heute Nachmittag nach Mals aufbrach, dass wenigstens dies gelingen würde.

Wir bauen also unsere Kameras auf. Ich filme diesmal auch selbst, mit einer kleinen Handkamera. Die Gemeinderäte beginnen zu diskutieren. Umständlich und langwierig wird das Für und Wider der Sachfrage erwogen. Jetzt, frage ich mich bestürzt, jetzt beginnen sie damit, die Sachfrage zu erörtern. Die Entscheidung des Souveräns ist doch längst gefallen! Ich schwenke mit meiner Kamera auf das Publikum, das diese Inszenierung, ganz so wie ich, mit zornigem Staunen verfolgt. »Die Zeit der Diskussionen ist doch vorbei.« – »Es war doch eine Einführende Volksabstimmung!« – »Hier gibt es nichts mehr zu diskutieren!« Diese und ähnliche Einwände lese ich in den Gesichtern.

Auch Uli Veith scheint verzweifelt. »Wir sind heute hier zusammengekommen, um unserer Verpflichtung gerecht zu werden, das Ergebnis der

Volksabstimmung umzusetzen. Wir haben in unserer Gemeindesatzung festgelegt, dass eine Volksabstimmung bindenden Charakter hat«, so beschwört er die anwesenden Gemeinderäte. »Eine Volksabstimmung hat stattgefunden, und zwar zu einer ganz klaren Fragestellung. Die Bevölkerung hat sich geäußert, eindeutig. Und wir haben jetzt die Aufgabe, den Wunsch der Bevölkerung umzusetzen. Heute wollen wir durch die Anpassung unserer Satzung die Vorbedingung dazu schaffen. Wie die konkrete Verordnung dann später genau aussehen wird, werden wir in den nächsten Wochen in aller Ruhe ausarbeiten.«

Immer wieder ergreift er das Wort. Immer leidenschaftlicher wirbt er für die Zustimmung zu dieser Änderung: »Es ist unsere politische Verpflichtung, diese Anpassung umzusetzen. Wir haben uns doch selbst diese Satzung gegeben, in der wir eindeutig festgelegt haben: Wir wollen, dass das Volk mitredet. Wir wollen, dass das Volk mitgestaltet. Wir wollen, dass das Volk auch mitentscheiden kann. Und was immer das Volk dann entscheidet, wollten wir ernst nehmen und umsetzen. Ist das nicht unsere politische, ja sogar unsere moralische Pflicht?« Eine rhetorische Frage.

Alle Anwesenden wissen, Gemeinderäte und Publikum, wer von den Gemeinderäten aus der Fraktion des Bürgermeisters bereits angekündigt hat, ihm heute in den Rücken zu fallen. Wenn auch die Vizebürgermeisterin ihm heute die Gefolgschaft aufkündigt, wird die Satzungsänderung scheitern. Und genau das kündigt eben diese Vizebürgermeisterin am Ende der Sitzung an. Sie werde sich der Stimme enthalten.

Uli Veith sieht blaß und müde aus. Auch ihm wird es manchmal zu viel, spüre ich. Noch einmal ergreift er das Wort und spricht die Vizebürgermeisterin direkt an. »Du weißt genau, dass du das Zünglein an der Waage bist. Deshalb möchte ich dir ganz persönlich sagen: Ich bin tief enttäuscht. Ich kann einfach nicht verstehen, wie jemand zuerst mit uns diesen Weg beschreiten und mittragen kann, um dann am Ende diesen Prozess zu bremsen. Einen Prozess, für den wir hart gearbeitet haben, der uns motiviert hat. Das enttäuscht mich nicht nur persönlich, sondern auch politisch. Sollen wir tatsächlich das Volk ignorieren?«

»Der Prozess ist nicht gebremst«, sagt die Vizebürgermeisterin. Rumoren im Saal. Bitteres Gelächter.

»Okay. Dann bringe ich den Punkt nun zur Abstimmung«, sagt der Bürgermeister. »Also wer ist dafür, dass wir die Satzung so abändern, wie vom Ausschuss vorgeschlagen?«

Er selbst hebt die Hand und mit ihm einige Getreue. Die Gemeindesekretärin zählt und notiert. Auch das Publikum zählt. Ich schwenke auf die Vizebürgermeisterin, die teilnahmslos dasitzt, beide Hände im Schoß. Was 76 Prozent der Bevölkerung beschlossen hatten, wird vor meiner Kamera kalt lächelnd ignoriert. »Gegenstimmen?« Wieder wird gezählt. »Enthaltungen«, fragt der Bürgermeister nun. Wer bisher die Hand nicht hob, hebt sie jetzt. Darunter die Vizebürgermeisterin.

Man hört Buhrufe aus dem Publikum. Das seltsame Raunen nimmt zu. Wie wenn ein gefährliches Tier erwacht und seine Glieder reckt. Wäre es jetzt zu einem Handgemenge gekommen, hätte mich das nicht sonderlich erstaunt.

Ich fühle mich buchstäblich, und nicht nur im übertragenen Sinn, als ob mich ein heftiger Schlag trifft. Ich setze mich hin und ringe nach Luft. Mein Gesicht ist kreidebleich. Nicht aus Wut, sondern aus Fassungslosigkeit.

Einige Malser kommen zu mir, um mich zu trösten: »Mir ging es ganz ähnlich im Dezember, bei der ersten Abstimmung«, sagt Elisabeth Viertler. »Aktivist tröstet Journalist«, taucht eine Schlagzeile in meinem Kopf auf. Ein gutes Zeichen. Ich gewinne meinen Humor zurück. »Wir müssen uns jetzt halt etwas Neues einfallen lassen«, höre ich Elisabeth sagen.

Nach der Sitzung begleite ich eine Handvoll Malser zum Grauen Bären am Dorfplatz. Dort dreht sich die Diskussion, zu meinem Erstaunen, um allerlei Alltagsfragen und nicht um die Bewertung der verheerenden Niederlage, die wir gerade gemeinsam erlebt haben. Mir fällt ein Satz ein, den Armin Assinger, der Moderator der österreichischen Version von »Wer wird Millionär?«, bei dieser Sendung zu mir gesagt hatte: »Gell, Sie sind schon sehr cool, oder?« Er sagte es mit einem Anflug von Kritik in der Stimme. So als wollte er gleichzeitig sagen: »Denken Sie nicht, dass Sie's ein bisschen übertreiben?« Ich war als Kandidat bei dieser TV-Show und hatte ihm zuvor erklärt, dass es mir gänzlich einerlei sei, ob ich die Million gewinnen würde oder gar nichts. Diese gleichen Worte in dem gleichen Tonfall würde ich jetzt am liebsten zu meinen Malser Freunden sprechen. »Ihr seid schon ziemlich cool, oder?« Was ich zu diesem Zeitpunkt noch nicht verstand. Unsere Malser Freunde hatten bereits, wie kampferprobte, alte Schlachtrösser, mehr als einmal Gelegenheit gehabt, sich an Siege zu gewöhnen und auch an Niederlagen. Dennoch: Ich bleibe dabei. Keine Niederlage schmeckt bitterer als jene Niederlage, die kurz nach einem Sieg erfolgt.

»Was werdet ihr jetzt machen?«, will ich wissen.

Sie wissen es nicht. Man wird sehen.

Man wird sich zusammensetzen. Wird diskutieren.

Vielleicht Anfang nächster Woche.

Ob ich dabei sein möchte?

Natürlich möchte ich das.

## *Kritik bitte taktvoll, mit Humor – und nicht zu oft*

Es ist spät geworden, als ich in meinen Wagen steige, um nach Meran zurückzufahren. Uli Veith steht auf der Seite des Volkes, überlege ich. Er steht für direkte Demokratie. Er will keine Monokulturen in Mals. Warum findet der Bürgermeister von Mals denn plötzlich keine Mehrheit mehr im Gemeinderat? Seine eigenen Parteifreunde haben ihn verraten. Doch wie kam es dazu?

Ich rufe mir einige Besonderheiten der Südtiroler Landespolitik ins Gedächtnis. Alle deutschsprachigen Südtiroler wählten seit dem Krieg mehr oder weniger geschlossen eine einzige Partei: die Südtiroler Volkspartei. Diese SVP war es, die sich dafür einsetzte, dass Südtirol zur größten Apfel-Monokultur Europas wurde. Einzig die Menschen in Mals wollen immer noch ihre gewachsene Kulturlandschaft erhalten. Die Antwort der Landes-SVP fiel jedoch stets eindeutig aus: »Ihr könnt uns den Buckel runterrutschen. Nichts und niemand wird sich unserer Monokultur-Dampfwalze in den Weg stellen.« Das Eigenartige daran: Auch in Mals regiert eine SVP-Mehrheit. Bürgermeister Veith ist ein SVP-Bürgermeister. Indem er sich aber hinter die Bevölkerung stellte, stellte er sich gegen seine eigene Partei. Über mehr oder weniger dunkle Kanäle hat nun also diese Landes-SVP auf die SVP-Gemeinderäte im kleinen Mals Druck ausgeübt, vermutlich. Druck, der Linie der Landespartei zu folgen und nicht dem Bürgermeister von Mals. Nicht der Bevölkerung.

Ich weiß nicht genau, wie das zuging, aber ich kann es mir vorstellen.

Jede Gesellschaft regelt neben anderen Fragen auch und vor allem den Diskurs: »Wer darf wann was sagen?« Und: »Was geschieht eigentlich, wenn jemand sich nicht an diese Spielregeln hält?« Stell dir ein Klassenzimmer vor, in dem du die Hand heben musst, bevor du sprechen darfst, was ja eigentlich ein klein wenig absurd ist. Zuhause am Küchentisch hebt niemand die Hand, und es geht auch irgendwie. Auch im Geschäftsleben, an einem Sitzungstisch, habe ich noch nie jemanden gesehen, der den Arm in die Luft reckte, wenn er sprechen wollte. In der Schule jedoch wird dir das Wort allein vom Lehrer erteilt. Wenn aber die Begeisterung mit dir durchgeht und dir ein Zwischenruf entschlüpft, dann ist es nicht unwahrscheinlich, dass du dafür bestraft wirst. Zu meiner Zeit musste man dann in der Ecke stehen. Man stand also dort in der Ecke und starrte auf den Boden, bis man vom Lehrer begnadigt wurde, bis dem Lehrer in den Sinn kam, den Bannfluch aufzuheben.

Alle Mitspieler in diesem Spiel, die Lehrer, Schüler und Eltern, aber fanden nichts daran eigenartig – damals. In der Betriebswirtschaftslehre nennt man jemanden betriebsblind, der zwar in anderen Betrieben Fehler klar erkennen kann, nicht aber im eigenen. Dieser Begriff, der Begriff der »Betriebsblindheit«, ist durchaus auf andere Ebenen der Gesellschaft anwendbar. Man kann familienblind sein, klassenzimmerblind, gemeindeblind, regionalblind oder nationalblind, kurz und gut: kulturblind. Alles, wozu uns die Distanz fehlt, können wir nur schwer erkennen.

Als die deutschsprachigen Südtiroler nach dem Ersten Weltkrieg plötzlich zu einer Minderheit im italienischen Nationalstaat wurden, erlitten sie ein schweres Trauma, das sich noch verstärkte, als die italienischen Faschisten tatsächlich alles daran setzten, die deutsche Kultur in Südtirol zu vernichten.

Nach dem Zweiten Weltkrieg wendete sich das Blatt jedoch. Mit dem Autonomiestatut gelang es den deutschsprachigen Südtirolern, die Macht im Lande zurückzuerobern. Das Erfolgsrezept war geschlossenes Auftreten. Danach lautete die Devise ein und für alle Mal: geschlossen auftreten! Konflikte unter den Teppich kehren! Weder durften die Italiener gereizt werden, noch durfte in den eigenen Reihen Streit ausbrechen. Zumindest nicht in der Öffentlichkeit. Wer ausscherte, der wurde bestraft.

Und die Südtiroler Volkspartei war durch jahrzehntelange Alleinherrschaft bestens gerüstet, drakonische Strafen durchzusetzen. Wir alle zahlen ja, manche von uns mehr als 50 Prozent ihres Einkommens, in einen gemeinsamen Topf ein, den sogenanten Steuertopf. Und wer immer die Macht erringt, befindet darüber, wie diese Mittel wieder zur Verteilung gelangen. In Südtirol ist das die SVP. Und wer brav ist, wird belohnt. Wer jedoch frech ist, wird bestraft. Das Land als Übervater. Wer dem Übervater widerspricht, geht ohne Abendessen zu Bett. Und wer jeden Abend widerspricht, bekommt, zumindest in Südtirol, gar kein Abendessen mehr.

Kritik ist in Südtirol zwar erlaubt. Aber taktvoll, bitteschön, mit Humor und nicht zu oft. Wer zu oft kritisiert, der wird ausgeschlossen. Urban Gluderer vom Kräuterschlössl ist dafür ein erschreckendes Beispiel. Er kritisierte, dass seine Nachbarn Gift auf seine Felder spritzten. Er fand es nicht richtig, dass er sich und seine Felder durch einen Folientunnel schützen musste. Um 150.000 Euro! Würde man eine weltweite Umfrage starten, ob diese Kritik berechtigt sei, so würden gewiss mehr als 90 Prozent zustimmen. Wieso soll Urban Gluderer für den Schaden bezahlen, den andere ihm zufügen? Natürlich ist er im Recht. Natürlich hat er das Recht, zu seinem Nachbarn zu sagen: »Hör auf damit, Gift in meinen Garten zu spritzen! Mir entsteht dadurch ein gewaltiger Schaden.« Auch in Südtirol durfte Urban Gluderer diese Kritik üben. Allerdings ohne erkennbare Reaktion. Also übte er sie ein zweites Mal und ein drittes Mal. Das jedoch geht, zumindest in

> *Kritik ist in Südtirol zwar erlaubt. Wer zu oft kritisiert, der wird ausgeschlossen.*

Südtirol, eindeutig zu weit. Urban Gluderer ist jetzt ein Streithansel, ein Fanatiker, ein Umwelt-Taliban. Jemand, der eine Hetzkampagne veranstaltet. Ein Nestbeschmutzer. In seinem Dorf, Goldrain, spricht man nicht mehr mit ihm.

Ausgeschlossen zu sein, stelle ich mir grauenhaft vor. »Du bist für mich gestorben.« – »Du bist für mich Luft.« – »Du existierst für mich nicht mehr.« Bevor ich nach Südtirol kam, wusste ich nicht, dass diese Formulierungen eine buchstäbliche Wahrheit beschreiben können. Die Südtiroler ziehen so etwas tatsächlich durch. Erbarmungslos. Urban Gluderer existiert nicht mehr für seine Gemeinschaft. Und mit ihm seine Familie, seine Kinder und seine Eltern. Ich selbst könnte meine Kinder keinen Tag lang in so einem Umfeld, in dem alle gegen mich sind, zur Schule schicken oder in den Kindergarten.

Und weshalb wurde diese Höchststrafe, ohne jedes Mitgefühl und mit beispielloser Härte, verhängt und exekutiert? Weil jemand auch dann seinen Mund nicht hielt, als die gesellschaftliche Konvention Schweigen vorschrieb. Weil jemand auf seinem Recht beharrte. Das aber geht nicht in Südtirol, wo eine Kultur von Kriechern und Heuchlern jeden kreuzigt, der weder kriecht noch heuchelt.

Kurz: Der Diskurs in Südtirol ist also arg limitiert, und die Konsequenzen für Übertretungen sind harsch. Wer nicht aufzeigt, der steht in der Ecke. Die Südtiroler selbst bemerken es nicht. Sie sind sozusagen kulturblind.

Wenn also die Landes-SVP zu den Gemeinderäten in Mals spricht: »Hört zu, uns ist egal, was euer Bürgermeister denkt! Und uns ist erst recht egal, was die Bevölkerung denkt. Ihr stimmt gegen den Bürgermeister! Ihr stimmt gegen die Bevölkerung!« Dann wird jeder halbwegs vernünftige Mensch, so sagt man, nicht seine Existenz aufs Spiel setzen. Wie ehrlos und feig ein solches Verhalten jedoch ist, wie vollkommen absurd, das dringt keinem der Beteiligten ins Bewusstsein, weder den Tätern noch den Opfern.

Die reale Machtstruktur hatte die Augenauswischerei der pseudodemokratischen Methoden mit einer lässigen Handbewegung beiseitegefegt. Sozusagen mit den Worten: »So, liebe Freunde, Zeit des Erwachens! Wir zeigen euch jetzt, wie das Spiel in Wirklichkeit funktioniert!«

## *Immer ein bisschen die Grenzen überschreiten*

Einige Tage später bin ich wieder in Mals und gespannt darauf, was als Nächstes geschehen wird. Eine kleine Anzahl von Aktivisten hat sich im Grauen Bären versammelt, um zu besprechen, wie es weitergehen soll.

Ich höre der Diskussion eine Weile zu und stelle zwei Parallelen zu dem kleinen gallischen Dorf von Asterix und Obelix fest: Unsere Malser wehren sich nicht nur trotzig gegen eine Übermacht, die sie zu überollen droht, sie greifen auch gerne nach jeder kleineren und größeren Gelegenheit, um untereinander zu streiten. So wie Fischhändler und Schmied in dem kleinen uns wohlbekannten Dorf in Gallien.

Auch hier in Mals hat jeder seine fixe Idee, seinen Standpunkt. Sie wissen, dass sie sich nicht einigen werden, geht es mir durch den Kopf; heute nicht. Und auch sonst nicht oft.

Falls sie jemals wieder die Kraft finden werden, sich zu wehren, so wird das nicht aufgrund einer gemeinsamen Idee geschehen oder gesteuert durch eine Organisation, sondern auf chaotische Weise. Vielleicht wird der Druck von außen ein bestimmtes Maß überschreiten. Vielleicht wird dann einer von ihnen handeln. Dann ein anderer. Dann ein Nächster. Und immer so weiter. Ähnlich wie sich ein Gewitter zusammenbraut, wird sich der Widerstand in Mals zusammenbrauen. Ihren heutigen Versuch, sich zu organisieren, ihr Aneinandervorbeireden erkennen sie selbst als weitgehend sinnlos. Doch ganz so wie Künstler hin und wieder auf Inspiration warten, warten die Malser, wie es scheint, auf etwas, das von selbst geschieht. Sie machen keinen Widerstand, sie lassen ihn wachsen. Sie sind sozusagen Widerstandsbauern, die geduldig auf den Tag der Ernte warten. Am Tag der Ernte wird es rundgehen im kleinen Mals, da bin ich mir sicher. Aber wird dieser Tag noch einmal kommen? Oder ist ihr Widerstand für immer gebrochen? Wird sich dieser Widerstand in einer neuen Welle erheben oder komme ich mit meinem Filmteam zu spät?

> *Sie machen keinen Widerstand, sie lassen ihn wachsen.*

Jetzt hat Elisabeth das Wort, Elisabeth Viertler: »Bei der ersten Gemeinderatssitzung war ich schockiert. Absolut schockiert. Ich war emotional aufgelöst. Doch dann habe ich erkannt: Das ist nicht der Weg. Ich muss Geduld haben. Deshalb war ich bei der zweiten Sitzung bereits viel cooler. Ich sehe es jetzt als einen Entwicklungsprozess an. Mir tut zwar immer noch mein Herz weh, wenn ich einen Bauern spritzen sehe. Und mir tut jede Mutter leid, die da mit dem Kinderwagen durch muss. Aber ich muss das aushalten. Die Zeit arbeitet für uns.«

Alexander Agethle spricht als Nächstes, zieht eine Art Summenstrich unter die erste Runde von Wortmeldungen: »Wenn ich uns heute zuhöre, dann erkenne ich eine besondere Kraft, die aus unseren Gruppierungen entsteht, aus der Unterschiedlichkeit des Denkens. Wir kommen von ganz verschiedenen Ansätzen her: wissenschaftlichen, gesundheitlichen, agrarischen, ökologischen, gesellschaftlichen, landschaftlichen oder touristischen. Deshalb macht es auch nichts, wenn wir uns in verschiedene Richtungen bewegen. Es ist ganz wichtig, dass wir diese Verschiedenheit für uns als Wert wahrnehmen und auch respektieren, dass es manchmal nicht in die gleiche Richtung geht. In der Summe entsteht eine große Kraft.«

Hier hakt Friedrich Haring ein: »Das war ja von Anfang an so. Jeder hat getan, was er am besten konnte. Und man hat ihn arbeiten lassen. Man hat sich gegenseitig keine Vorschriften gemacht. Jede Gruppe und jeder Einzelne hat für sich gehandelt.«

Ich werfe ein, dass mich diese Vielfalt von Gruppen und Meinungen in Mals von Anfang an fasziniert hat. Adam & Epfel, Bund Alternativer Anbauer, Promotorenkomitee, Umweltschutzgruppe, Hollawint, PAN-Italia usw. »Man könnte diese Vielfalt aber auch kritisch sehen.« Ich erzähle eine Szene aus dem Film »Das Leben des Brian«, in der Brian, ein potenzieller Widerstandskämpfer, auf eine Gruppe von Aktivisten stößt und sie fragt: »Seid ihr von der Judäischen Volksfront?«

»Verzieh dich!«, antwortet der Anführer der kleinen Gruppe ärgerlich. »Judäische Volksfront, Quatsch! Wir sind die Volksfront von Judäa!« Er schüttelt den Kopf und wiederholt entrüstet: »Judäische Volksfront!«

»Schwächlinge!«, ergänzt ein zweiter Aktivist empört und meint damit die Judäische Volksfront.

»Hör zu«, hebt der Anführer neuerlich an, »es gibt Typen, die wir noch mehr hassen als die Römer, das sind diese verfluchten Judäische-Volksfront-Mistkerle!«

»Und die Populäre-Front-Mistkerle!«, ergänzt ein anderer.

»Und die Volksfront-von-Judäa-Mistkerle!«, sagt ein Dritter.

»Hm?!«, wundert sich der Anführer. »Wir sind doch die Volksfront von Judäa!«

»Oh ... Ich dachte, wir wären die Populäre Front.«

»Mann, Volksfront!«

»Und was ist dann aus der Populären Front geworden?«

»Die sitzt da drüben ...«. Die Kamera schwenkt und gibt den Blick auf einen einzelnen, älteren Herrn frei, der etwa 20 Meter entfernt von unserer Gruppe sitzt.

Alle lachen mit mir über sich und über diese kleine Provokation. Nach wie vor herrscht Einigkeit darüber, dass diese chaotische Vielfalt das schlagende Herz des Malser Widerstands ist.

*Die chaotische Vielfalt ist das schlagende Herz des Malser Widerstands.*

»Wie gehen wir nun ganz konkret mit dem Schadensfall Gemeinderatsbeschluss um?«, fragt Alexander Agethle in die Runde. »Wenn wir das Versagen der Gemeinderäte in den Vordergrund rücken, dann verstärken wir es doch, oder? Obwohl ich mich natürlich auch dabei ertappe, wie ich mir morgens beim Melken ausmale, was ich dem einen oder anderen Gemeinderat gerne ins Gesicht sagen würde.«

»Das geht uns allen so«, sagt Martina. »Aber ich finde auch, wir sollten nicht zu direkt darauf reagieren.«

»Wenn du etwas bekämpfst, gibst du ihm Energie«, sagt Friedrich. »Manches verpufft ganz einfach, wenn du zulässt, dass es verpufft.« Friedrich erinnert mich an einen alten Samurai. Sein Gesicht trägt tiefe Furchen von vergangenen Kämpfen und intensiven Gedanken. Er ist vor vielen Jahren von Nordtirol nach Südtirol gekommen, um hier ein großes Schulungszentrum zu leiten. Jetzt ist er in Pension.

»Ich muss mich schon ziemlich anstrengen«, gesteht Pia, »um nicht abzustürzen. Doch um mich zu trösten, denke ich oft an das Sprichwort: Selten ein Schaden ohne Nutzen. Diese Gemeinderäte haben sich sicher keinen Gefallen getan.« Damals wusste ich noch nicht, wie Recht sie behalten sollte.

Friedrich bestärkt Pia durch weitere Redensarten: »Wer die Zeit nicht begreift, bleibt zurück. Doch die Karawane zieht weiter.«

*»Wenn du etwas bekämpfst, gibst du ihm Energie.«*

»Wenn im Frühjahr wieder zehn Hektar Land an den Obstbau verloren gehen, werde auch ich alle Kraft aufwenden müssen, um nicht abzustürzen«, sagt Alexander und greift damit das Verb auf, das Pia zuletzt verwendet hatte: abstürzen. »Aber wir müssen aufpassen, wie wir reagieren. Wir haben das ja alles schon erlebt. Ganz am Anfang wurden bei Neupflanzungen die Bäume umgesägt. Und das hat man dann uns zugeschrieben. Obwohl ich weiß, dass das keiner von uns war. Aber wenn wir auf diesem Niveau in den Kampf einsteigen, ist das Spiel sofort verspielt.«

Auch Beatrice lässt jetzt ihrem Unmut freien Lauf: »Im Publikum saß ein Bauer aus einer anderen Gemeinde, den ich vor einiger Zeit gefragt habe, ob er eigentlich kein schlechtes Gewissen hat, wenn er spritzt. Da hat er mich angegrinst und gesagt: ›Hauptsache, ich verkaufe gut.‹ Dieser Bauer hat sich nach der Sitzung im Gemeinderat in Siegespose erhoben. Das hat mich schon verletzt. Es ist meine Heimat, die da zerstört wird.«

Günther Wallnöfer widerspricht ihr: »Ich habe das anders wahrgenommen. Ich habe gesenkte Köpfe gesehen bei den Obstbauern. Denn sie wissen ganz genau, dass wir am Ende gewinnen werden. Während sie lange Gesichter zogen, sind wir zum Grauen Bär ein Bier trinken gegangen …«

»Mehrere …«, ertönt ein Zwischenruf.

»Okay, mehrere … und schon haben wir wieder gelacht«, bringt Günther seinen Gedanken zum Abschluss.

»Ich sehe den weiteren Weg so«, sagt Friedrich: »Das Ergebnis der Volksabstimmung steht fest. Das durch die Volksabstimmung vorgegebene Ziel ist außer Diskussion. Da gibt es eine Mehrheit und Punkt. Über den Weg kann man jetzt diskutieren.«

Elisabeth Viertler (Mals), Kinderärztin

»Diskutieren wir«, fordere ich. »Was ist die Methode? Im Augenblick machen die Obstbauern ja einfach weiter wie bisher.«

»Wir wissen selbst nicht, was morgen passiert«, ergänzt Friedrich. »Genau das ist ja unsere Stärke. Morgen passiert vielleicht etwas völlig Überraschendes. Irgendjemandem wird schon etwas einfallen.« Er macht eine Pause und fügt hinzu: »Du weißt ja auch nicht, wie dein Film ausgehen wird.«

»Er geht gut aus«, sage ich lachend.

»Und bei uns ist das auch so«, erwidert Friedrich.

»Was ist die Methode?«, greift Alexander meine Frage wieder auf. »Sie wird im Prozess entstehen. Mögliche Bausteine: Sensibilisierung der Bevölkerung. Aufzeigen und Unterstützen von positiven Projekten. Die Unmöglichkeit der Koexistenz betonen.« Er denkt nach und ergreift neuerlich das Wort: »Wir sind jedenfalls alles andere als schwach. Denn es herrscht eine tiefe, existenzielle Angst, dass eines Tages beim Konsumenten, Hauptmarkt Deutschland, diese riesige Lüge auffliegen könnte. Dass der Konsument dann erfährt, wie oft unsere Südtiroler Produkte chemisch behandelt werden. Dass der Tourist mehr Information bekommt. Das verunsichert die Gegenseite extrem. Zusammen mit unserer Unberechenbarkeit.«

Er überlegt, und ich kann beinahe zusehen, wie er sich in seine Ideen hineinsteigert. Er denkt immer noch über die passende Methode nach: »Im Prinzip müssen wir uns irgendwann mal vor der Gemeinde anketten lassen. Ich bin jedenfalls dazu bereit. Ich sage immer, es ist ein Stufenplan. Auch das ist Teil eines möglichen Prozesses. Unsere letzten Aktionen haben wir immer ganz leicht über der Rechtsgrenze gesetzt. Wenn wir stets ganz brav gewesen wären, dann hätte das keinen Reiz gehabt. Von Greenpeace muss man lernen. Immer ein bisschen die Grenzen überschreiten.«

»Geht es eigentlich primär um die Veränderung der Landwirtschaft oder kämpfen wir hier in Wahrheit für eine andere Form von Demokratie. Worum geht es?«, frage ich weiter.

Jemand ruft: »Um die Gesundheit«. Jemand anderer: »Um die Landschaft.«

»Ich finde, es geht um Demokratie«, beharre ich trotzig auf meinem Standpunkt und sehe mich auf dem Weg, ein echter Malser zu werden. »Hätten wir uns darauf geeinigt, dass der Wille des Volkes entscheidet, wäre unser Problem bereits gelöst.«

»Mir geht es hauptsächlich um die Gesundheit«, zeigt Günther sich unbeeindruckt von meiner Argumentation. »Ich ginge mit meiner Tochter nie mehr im Obstgebiet spazieren. Nie mehr.« Dann fügt er hinzu: »Ich möchte ohne Nachdenken vor meiner Haustür spazieren gehen. Ich möchte mich nicht fragen müssen: Was spritzen sie heute? Was spritzen sie morgen? Ich möchte mich weiterhin frei bewegen.«

»Es ist zum Teil auch eine Wertediskussion«, ergänzt Alexander nachdenklich. »Es geht darum, wieder zu spüren: Wer bin ich? Was macht mich aus? Wie prägt mich meine Landschaft?«

»Mir geht es um eine ›gesunde Heimat für Menschen und Pflanzen und Tiere‹«, wiederholt Pia, wie immer vollkommen unbeirrbar, den Text der Hollawint-Transparente. »Wenn wir keine gesunde Heimat haben, was haben wir dann noch?«

»Ein paar reiche Äpfelbauern«, meint Günther.

»Was ist das für eine armselige Landschaft, wenn man spazierengeht und keinen Schmetterling mehr sieht«, meint Pia.

»So, und jetzt schaltet ihr mal eure Kameras ab«, sagt Friedrich unvermittelt.

Alexander ballt die Faust und grinst: »Denn dann kommen die wirklichen Argumente. Mit dem Pazifismus sind wir jetzt fertig.«

»Dazu passt, was ich mir gerade gedacht habe: Ihr seid heute genau sieben. Wie die sieben Samurai«, lache ich.

»Oder die sieben Zwerge ... «, meint Martina.

## 16

# Öffentlichkeit für die Wahrheit

*Ein Facebook-Kanal
für das »Wunder von Mals«*

Kurz nach jenem Abend im Kreis der Malser Aktivisten werde ich selbst zu dem Ereignis, auf das die Malser gewartet hatten, zu jenem Widerstandsunwetter, das sich zunächst am Horizont zusammenbraut und sich schließlich donnernd entlädt.

Denn in meiner Empörung beginne ich, Rohmaterial, das ich für unseren Dokumentarfilm gedreht hatte, auf einem Facebook-Kanal und im Web zu veröffentlichen: bis zu zehn Minuten lange, oft ungeschnittene Interviewsequenzen mit den Malser Widerstandskämpfern. Damit gebe ich allen Südtirolern Gelegenheit, die Positionen der Malser in unverfälschter Form kennenzulernen. Wer will, kann nun mühelos deren Ideen und Anliegen im Detail verstehen. Und dieser Umstand verändert die Wahrnehmung des Konflikts in Südtirol deutlich.

Bisher waren nämlich die Ereignisse in Mals nur durch den Filter großer Medien dargestellt worden. Die größten Reichweiten in Südtirol erzielen der RAI-Sender Bozen und die Tageszeitung *Dolomiten*, die beide eng mit Landespolitik und Wirtschaft verzahnt sind. Der Eigentümer der *Dolomiten* soll einmal scherzhaft bemerkt haben, dass sich andernorts Medien im Besitz von Parteien befänden, hier in Südtirol jedoch sei es umgekehrt: Hier befände sich eine Partei, die Südtiroler Volkspartei, im Besitz eines Mediums, seines Mediums.

Die Menschen in Mals verfügen nun, durch den von mir eingerichteten Facebook-Kanal, plötzlich über einen direkten Draht zu den Menschen in Südtirol. Ungeschnitten, ungefiltert, ungeschminkt können sie sich dort präsentieren.

Dass dies sehr viel Goodwill für den Weg der Malser im ganzen Land und über die Grenzen des Landes hinaus erzeugt, das macht die Obstbauernlobby wütend. Sie schalten sich nun massiv und aggressiv in die Diskussion ein.

Ich jedoch genieße diese Auseinandersetzung in jenen Anfangstagen. Ich finde sie aufregend. Ich bin froh, dass der Konflikt sich endlich deutlich zeigt, dass er zum Ausbruch kommt. Auch hart geführte Diskussionen bringen uns voran. Vielleicht sogar mehr als andere.

Auch gefällt es mir, etwas zu verändern, etwas zu bewegen. Die meisten Interviewclips werden über 20.000-mal angesehen, manche sogar mehr als 100.000-mal. Unter einigen Beiträgen finden sich so viele Kommentare, dass es mir nicht mehr möglich ist, sie alle zu lesen. Doch ich bemühe mich redlich. Täglich investiere ich nun mehr als eine Stunde, um möglichst oft zu reagieren.

Dabei fällt mir auf, dass sich hauptsächlich die Gegner der ökologischen Landwirtschaft zu Wort melden, die Obstbauern und ihre Lobby. Kaum jemand hilft mir dabei, diese Sturmflut von Wortmeldungen zu bewältigen. Doch ich kann es eigentlich niemandem übel nehmen. Denn die Diskussion mit den Freunden der pestizidbasierten Monokulturen stellt sich zusehends als ziemlich zermürbend heraus. Falls man hier überhaupt von einer Diskussion sprechen kann. Denn es werden immer wieder die gleichen sechs rhetorischen Figuren aus dem Hut gezaubert, oft sogar in der gleichen Reihenfolge:

### *Leugnen, ausweichen, beschuldigen – Pseudorhetorik der Obstanbau-Lobby*

In der ersten Phase einer solchen Diskussion in Anführungszeichen wird geleugnet, dass es überhaupt ein Problem gibt. Dies geschieht durch die Behauptung 1.1: *Der integrierte Anbau ist ohnehin beinahe ein Bioanbau.*

Man antwortet darauf geduldig: »Erstens, auch der Bioanbau in Monokulturen ist nicht mehr als ein erster Schritt in die richtige Richtung und keinesfalls die Lösung unseres wahren Problems. Diese Lösung ist vielmehr eine landschaftsschonende, vielfältige, regionale Landwirtschaft nach agrarökologischen Prinzipien. Und zweitens, die Pestizide, die ihr verwendet, sind viel giftiger und viel gefährlicher als jene, die im Bioanbau Verwendung finden. Also nein, der integrierte Anbau ist kein Bioanbau.«

»Na, gut«, sagen dann die Obstbauern und deren Freunde in der Politik und bestreiten die Existenz des Problems auf andere Weise. Und zwar tun sie es mit Behauptung 1.2: *Die verwendeten Pestizide sind zugelassen, also harmlos.*

Geduldig weist man nun auf die Mängel der Zulassungsverfahren hin, auf die Macht der Pharmakonzerne, auf deren Interesse an hohen Umsätzen, auf Negativbeispiele in der Vergangenheit, auf die Grenzen der Wissenschaft, auf die Schwierigkeiten bei der Folgenabschätzung, auf langfristige Wirkungen im Körper, auf Wechselwirkungen zwischen verschiedenen Giften, auf zahllose Studien und so weiter und so fort.

Sollten die Obstbauern und ihre Politiker an dieser Stelle zähneknirschend einlenken, dann folgt mit hoher Wahrscheinlichkeit die Behauptung 1.3: *Wir halten uns bei der Ausbringung an strenge Auflagen, daher kann kein Schaden entstehen.*

Verärgert weist man nun darauf hin, dass nichts weiter von der Wahrheit entfernt sein könnte als diese Behauptung. Man verweist auf die Videos von Urban Gluderer und hört, dies seien nur einzelne schwarze Schafe. In Wahrheit ist es jedoch ziemlich genau umgekehrt. Es handelt sich um eine Herde von schwarzen Schafen, in der da und dort auch einmal ein weißes Schaf auftaucht. Doch was bringt das schon? Auch ein ordentliches Ausbringen würde nur wenig verbessern. Denn das Gesamtsystem der industriellen Landwirtschaft, dessen Teilelement Pestizide sind, zerstört die Umwelt in Südtirol und weltweit. Man spricht nun vom Klimawandel, vom Stickstoffkreislauf, vom Wasserverbrauch, von der Bodenzerstörung und erklärt, wie all diese Probleme den Artenverlust vorantreiben. Doch hier kommt die Sachdiskussion vermutlich zum Erliegen.

Die zweite Phase beginnt. Die Phase der Ausweichmanöver. Grundtenor: »Die anderen sind auch nicht besser als wir.« Behauptung 2.1 bezieht sich auf den Nachbarn am Feld: *Auch im biologischen Obstbau werden gefährliche Substanzen verwendet.*

»Mag sein«, antwortet man, »dies ist natürlich ebenso abzustellen. Unser gemeinsames Ziel muss Agrarökologie sein«, beginnt man sich zu wiederholen.

Doch der Obstbauer reagiert darauf nicht, sondern kontert mit Manöver 2.2, das sich gegen das Nachbarland richtet: *Glaubt ihr vielleicht, woanders ist es besser? Überall auf der Welt wird die Umwelt zerstört. Vielleicht sogar noch mehr als in Südtirol.*

»Was soll denn das für ein Argument sein?«, fragt man. »Ist ein Fehler kein Fehler mehr, nur weil ein anderer ihn auch begeht? Entbindet mich der Hinweis auf den Fehler des Nachbarn von der Verpflichtung, meinen Fehler zu beheben?«

Vielleicht folgt nun eine andere Variante dieses Ausweichmanövers. Behauptung 2.3: *Auch andere Wirtschaftszweige zerstören unsere Umwelt.*

»Sehr fein«, erwidert man, langsam ermüdend, »im Moment reden wir jedoch von der Landwirtschaft, konkret vom Obstanbau in Südtirol. Wenn du eine Initiative für das Fahrrad und gegen den Autoverkehr starten willst, werden wir dich gerne unterstützen.« So weist man also unermüdlich darauf hin, dass der Hinweis auf andere, die ebenfalls Fehler begehen, die Anforderung, sich selbst zu verändern, in keiner Weise verringert, und treibt damit das Gespräch in seine nächste Phase.

Phase drei: »Eine Veränderung ist unmöglich.« Und zwar – Behauptung 3.1 – aus wirtschaftlichen Gründen: *Zum Apfelanbau gibt es keine Alternative. Ganz Südtirol lebt davon, direkt und indirekt.*

Die Antwort: »Erstens würden die Bauern, wie alle anderen, Steuern bezahlen, und würde man, zweitens, alle Subventionen streichen, dann wäre die ganze Apfelwirtschaft von heute auf morgen pleite. Und das wäre für die Wirtschaft Südtirols weniger schlimm, als die Obstbauern vermuten. Ihr Beitrag zur Gesamtleistung der Wirtschaft liegt im einstelligen Bereich. Kurz: Die Mär vom wirtschaftlichen Erfolg ist ebenso substanzlos wie die Mär vom Beitrag zu Südtirols Wirtschaft. Doch abgesehen davon: Ein Wirtschaftsbereich, der unsere natürlichen Existenzgrundlagen vernichtet, muss ohnehin umgebaut werden. Das gebietet der Überlebenstrieb.«

Wie ein Fisch, den man nicht zu fassen bekommt, gehen Südtirols Pestizidfreunde an dieser Stelle womöglich zu Behauptung 3.2 über: *Ohne Agrarindustrie keine Welternährung. Was auch impliziert: ohne Pestizide keine Welternährung.*

»Habt ihr den Weltagrarbericht gelesen? Die Schlussfolgerungen von 400 unabhängigen Wissenschaftlern? Nein? Dort würdet ihr erfahren, dass industrielle Landwirtschaft eher die Ursache von Armut, Unterernährung und Hunger ist als deren Lösung. Wenn euch die Ernährung der Welt wirklich ein Anliegen ist, dann werdet Vegetarier, kämpft für ein Gesetz, das Fleischkonsum nur noch an Sonn- und Feiertagen erlaubt. Am Tag nach der Einführung dieses Gesetzes gebe es keinen Hunger mehr auf der Welt.« Während man so reagiert, auf Behauptung 3.2, die man so wie alle anderen schon hundertmal gehört hat, bemerkt man, dass man langsam selbst aggressiv wird, die Lust verliert an dieser eher fruchtlosen Debatte.

In Phase vier geht es dann nicht mehr darum, zu behaupten, dass das Problem nicht existiert (Phase 1), und auch nicht darum, mit dem Finger auf andere zu zeigen (Phase 2), oder darum, den Istzustand als alternativlos zu bezeichnen (Phase 3).

Jetzt wird der wahre Schuldige ausgemacht. Es ist der Konsument. Behauptung 4.1: *Der Konsument ist für diese Form der Landwirtschaft verantwortlich. Wir machen nur, was der Konsument verlangt. Das Konsumverhalten ist der einzige Hebel für Veränderungen.*

»Tatsächlich?«, fragt man. »Und wenn der Konsument Crack will, dann liefert ihr auch das? Es stimmt schon, der Einzelne trägt Verantwortung. Aber nicht nur beim Einkauf. Auch bei der täglichen Arbeit auf dem Feld. Auch als Produzent. Auch als Obstbauer. Doch der allerwichtigste Hebel liegt ohnehin nicht beim Produzenten. Und auch nicht, anders als im Zeitalter des Turbokapitalismus immer behauptet wird, beim Konsumenten.

Dieser Hebel liegt in einer Veränderung der Spielregeln, im politisches Handeln also.«

Politik ist das Stichwort für Phase vier und für Behauptung 4.2. Der politische Spielraum würde durch aktuell geltendes Recht eingeschränkt. Konkret: *Eine Abstimmung auf Gemeindeebene über ein Pestizidverbot war und ist aus formalen Gründen nicht zulässig.*

Natürlich weist man nun darauf hin, dass diese aktuelle Rechtslage, falls sie überhaupt einer solchen Abstimmung im Wege stehe, ja nicht vom Himmel gefallen sei. Gesetze seien keine Naturgesetze. Sie würden von Menschen geschaffen, genauer: von Politikern, noch genauer: von Volksvertretern, die sie im Auftrag des Volkes erlassen. Und dieser Souverän, das Volk, habe daher immer das letzte Wort. Seine Äußerungen seien Imperative. Sie wögen viel schwerer als geltendes Recht. Geltendes Recht sei so anzupassen, dass die Entscheidungen des Souveräns zügig zur Umsetzung gelängen. Wenn also eine Abstimmung über eine solche, in der Sache vernünftige, Ausweitung des Schutzes von Mensch und Natur nicht erlaubt gewesen sein sollte, so möge man daraus nicht den Schluss ziehen, dass der Souverän ignoriert werden könne, sondern den Schluss, dass jene Gesetze, die den Souverän hier behindern, geändert werden sollten.

Wie wenig die Obstbauern und ihre Förderer jedoch von der Demokratie halten, verrät Behauptung 4.3: *Eine Mehrheit darf nicht über eine Minderheit entscheiden.* Man schüttelt nun den Kopf und verzweifelt. Bevor man wieder zu Kräften kommt, um darauf zu reagieren, wendet sich das Gespräch und tritt in die fünfte Phase ein.

Jetzt geht es ganz allgemein um die Frage, wie Konflikte gelöst werden sollten. 5.1: *Man sollte sich stets in der Mitte treffen.*

»Unsinn«, erwidert man. »Was unzweifelhaft schlecht ist, gehört vollständig verboten. Zum Beispiel Kinderschändung: Ein Kompromiss, zum Beispiel Kinderschändung einmal pro Monat zu erlauben, ist hier keine Lösung. Umweltzerstörung fällt in diese gleiche Rubrik. Wir müssen sie stoppen. Vollständig. Bevor es zu spät ist.«

Das Gespräch nähert sich seinem Ende. Und wenn nun gar nichts anderes mehr geht, hilft in Phase sechs das gute alte ›Argumentum ad Hominem‹, ein Angriff auf die Beweggründe, den Charakter oder die Lebensumstände des Gesprächspartners.

»Du behauptest etwas. Doch dein Charakter ist inkonsequent/dumm/unfähig/unwahrhaftig/selbstsüchtig. Daher ist deine Behauptung abzulehnen.« Der Fantasie sind hier keine Grenzen gesetzt.

6.1: *Ihr betreibt eine Hetzkampagne.*

6.2: *Schiebel polarisiert, um am Ende davon zu profitieren.*

6.3: Wer kein Landwirt ist, kann sowieso nicht mitreden.
6.4: Wer nicht von hier ist, soll sich zunächst um die Probleme seines Heimatlandes kümmern.
6.5: Wer uns kritisiert, ist ein weltfremder Träumer.
6.6: Und so weiter. Und so fort.

## *Zu wenig Reflexion, zu viel Anpassung*

Von hier ist es nur noch ein winziger Schritt zur persönlichen Beschimpfung. Und auch von dieser Möglichkeit wird ausführlich Gebrauch gemacht. Am Dienstag, dem 17. März 2015, veröffentliche ich um 8:18 Uhr auf Facebook einen kurzen Text über dieses Phänomen.

Ich habe mir die Mühe gemacht, eure letzten Reaktionen auf meine aktuellen Beiträge auszuwerten. Sie ähneln einander stark. Ich schlage also vor, dass ihr in Zukunft das folgende Formular für eure Wortmeldungen verwendet:

Du bist ein *SCHIMPFWORT*
Dein Motiv ist *NIEDRIG*
Du bist *UNGLAUBWÜRDIG*
Dein Beitrag hat keine *QUALITÄT*
Du *NERVST*
Gehe *ANDERNORTS*
PS: Wir sind jedenfalls *MAKELLOS*
PSS: An allen Problemen seid ihr *SELBER SCHULD*.

Bitte jeweils das großgeschriebene Wort durch eine Phrase aus der nachfolgenden Liste ersetzen:
*) Volltrottel, Blindgänger, dahergelaufener Sesselscheißer, Klugscheißer, Spinner
*) du willst nur aufhetzen (2×), du bist nur neidisch (3×)
*) du isst selbst nicht bio (1×), kehre vor eigener Tür (2×)
*) lächerlich (3×), rufschädigend (2×), kindisch (2×), übertrieben, ein Schmarrn
*) auf die Eier gehen (3×), auf die Nüsse gehen, mehr als nervig
*) Verschone uns in Ewigkeit! Verschwinde, wo du hergekommen bist!
*) Wir üben den wichtigsten Beruf auf der Erde aus. Ohne Apfelbauern bricht die Wirtschaft zusammen.
*) Im Übrigen ist der Konsument an allem selbst schuld (3×).

Euer »idealer« Beitrag sieht daher ungefähr so aus ...

*Du Volltrottel! Du dahergelaufener Sesselscheißer! Wie lang willst du noch die Menschen aufhetzen? Du bist ja nur neidisch. Kehre vor deiner eigenen Tür. Deine Beiträge sind nur noch lächerlich. Geh uns damit nicht mehr auf die Eier (oder Nüsse). Geh dorthin zurück, wo du hergekommen bist. Ohne uns Bauern würde hier in Südtirol die Wirtschaft zusammenbrechen. Und außerdem machen wir nur, was ihr Konsumenten wollt.*

Unter allen euren Beiträgen der letzten Wochen fand ich nur zwei (eher schwachbrüstige) sachliche Inputs ...
1. Nebenwirkungen sind unvermeidlich (»Wo gehobelt wird, fallen Späne«).
2. In den USA gibt es viel größere Monokulturen.

Dass ich diese beiden »Argumente« als sachlich werte, zeigt, wie bescheiden meine Ansprüche geworden sind ...

Dabei habe ich euch in den letzten Tagen genau fünf sachliche Inputs geliefert, auf die ihr die Möglichkeit hattet zu reagieren:
A. Im Unteren Vinschgau wurde jedes kleinste Gärtchen mit Apfelplantagen zugeknallt. Ja oder nein?
B. Der Grund: Man verdient mit Äpfeln fünfmal so viel wie mit Grünland. Alles mehr oder weniger steuerbefreit. Ja oder nein?
C. Dies ist der wahre Grund für die Expansion in den Oberen Vinschgau. Ja oder nein?
D. In Mals möchte die Mehrheit eine andere Landwirtschaft ohne giftige Pestizide und Monokultur. Ja oder nein?
E. In der Demokratie gelten die Regeln, die die Mehrheit setzt, auch für Obstbauern. Ja oder nein?

Auf keine einzige (!) dieser Fragen habt ihr reagiert. Nicht mit einem einzigen Wort.

Ich lese mir diesen Facebook-Beitrag noch einmal durch und denke, dass unser wahres Problem in der Unfähigkeit zum Sachdiskurs liegt. Der kommt nämlich eindeutig zu kurz. Dabei wäre es so einfach.

Erstens: Probleme genau beschreiben.
Zweitens: Mögliche Lösungen sammeln.
Drittens: Wege zur Umsetzung finden und diskutieren.
Viertens: Einen Plan entwickeln.
Fünftens: Diesen Plan umsetzen.

Am Sonntag, dem 29. März 2015, finde ich für meine Verzweiflung über die Diskussionskultur auf Facebook deutliche Worte:

> Wenn ich über unsere Diskussions- und Konfliktkultur nachdenke, gelange ich zu einem recht trostlosen Befund: Unsere Ansichten entstehen im Großen und Ganzen durch Imitation, nicht durch eigenes Denken. Wir übernehmen die Ansichten unseren Familien, Freunde, Kollegen, Vorbilder etc. Sehr oft dienen diese übernommenen Ansichten hauptsächlich dazu, den Status quo zu rechtfertigen. Durch die Übernahme dieser Ansichten passen wir uns unserem sozialen Umfeld an. Wir spüren daher wenig Antrieb, diese Ansichten zu modifizieren, eigene Ansichten zu entwickeln. Zusammen mit dem Weltbild unseres Umfelds übernehmen wir natürlich auch dessen Werte und Verhaltensweisen. Sollten wir dennoch einmal eine Ansicht modifizieren, sodass diese neue Ansicht einer bisherigen Gewohnheit widerspricht, fällt es uns außerordentlich schwer, der neuen Ansicht gemäß zu leben.
>
> In dem Essay »Was ist Aufklärung?« aus dem Jahr 1784 schreibt Immanuel Kant: »*Aufklärung ist der Ausgang des Menschen aus seiner selbstverschuldeten Unmündigkeit.*«
> Mit Unmündigkeit meint Kant »*das Unvermögen, sich seines Verstandes ohne Leitung eines anderen zu bedienen*«.
> Dieses »Unvermögen« sieht er als »selbstverschuldet« an, wenn die Ursache nicht ein Mangel an Verstand ist, sondern ein Mangel an Mut.
>
> Daher ruft er seinen Zeitgenossen zu:
> »Sapere aude!
> Habt Mut, euch eures eigenen Verstandes zu bedienen!«
> Dieser Ruf verhallt bis heute ungehört.
> Statt von Vernunft, Unabhängigkeit und Souveränität ist unser Alltag geprägt von zu wenig Reflexion und zu viel Anpassung.
> Und das betrifft natürlich nicht nur die Diskussion über Monokulturen und Pestizide in unserem südlichen Blütenland.

*»Habt Mut, euch eures eigenen Verstandes zu bedienen!«*

## 17

# Zum Glück nicht gefoltert
*Strafverfolgung und Wirtschaftssanktionen*

Als die Diskussion auf Facebook gerade erst Fahrt aufnimmt, im Januar 2015, läutet eines Abends mein Telefon. »Heute findet in Mals etwas statt, das du vielleicht filmen solltest. Komm nach Mals.« Sofort rufe ich Martin Rattini an, ob er bereit sei für einen solchen nächtlichen Spontaneinsatz. Gegen 22 Uhr holt er mich ab, und kurz nach 23 Uhr treffen wir in Mals ein. Vor dem Gemeindehaus stoßen wir auf eine einzelne vermummte Gestalt. Doch schon wenige Augenblicke später ist aus dieser einen Gestalt eine kleine Gruppe geworden. Von allen Seiten strömen nun Menschen herbei. Alle sind vermummt. Hauptsächlich allerdings aufgrund des Windes und der Temperaturen. In Mals kann es sehr kalt sein im Jänner, denke ich und lausche dem Klappern meiner Zähne. Die Vermummten flüstern miteinander, koordinieren sich und machen sich schließlich, wie ein stummes Ballett, wortlos an die Arbeit. Sie malen die Ziffern von 1 bis 2.377 auf die Pflastersteine vor dem Gemeindehaus. Einzelne Schläge der Kirchturmuhr sind die einzige Begleitmusik zu diesem Ballett, während Pflasterstein um Pflasterstein mit je einer Zahl bemalt wird. In Mals haben 2.377 Menschen dafür gestimmt, dass es hier keine Monokulturen mehr geben soll. Doch die Politik überging diese Menschen. Ab morgen können jene Politiker auf dem Weg ins Gemeindehaus nicht nur im übertragenen Sinn, sondern auch buchstäblich über die Wünsche dieser Menschen hinwegschreiten. Das Einzige, an das ich im Augenblick jedoch denken kann, ist die Kälte. Mals verdrängt Russland in dieser Nacht vom ersten Platz auf meiner Liste der kältesten Orte, die ich jemals besuchte. Übrigens, ein Ortsteil von Mals wird Russland genannt. Es ist jener Teil, wo der Winterwind von der Malser Haide ungebremst hereinpfeift.

Am nächsten Tag ordnete das Gemeindesekretariat in aller Früh an, die Zahlen sofort zu entfernen. Unser kleines Kunstwerk verschandle den öffentlichen Raum. Ein Putzkommando wird hergepfiffen, und eine gute Stunde später ist alles wie zuvor. Als ob die Aktion niemals stattgefunden hätte. Man hatte jedoch vergessen, auch unser Filmmaterial zu reinigen.

Auf unserem Filmmaterial befinden sich nach wie vor die unvergänglichen Spuren dieser nächtlichen Aktion. Hier sind sie sozusagen für die Ewigkeit gespeichert. Wir schneiden daraus einen kurzen Beitrag und stellen ihn noch am selben Tag ins Internet. Er wird abertausende Male geteilt, kommentiert und angesehen. Der Versuch, dieses Zeichen des Widerstands zum Verschwinden zu bringen, war kläglich gescheitert. Wer ins Feuer bläst, erreicht oft das Gegenteil: Das Feuer lodert noch höher.

Einige Tage danach erfahre ich, dass die Carabinieri Ermittlungen in dieser Sache aufgenommen haben. Einige Malser wurden vorgeladen und verhört. Zum Glück nicht gefoltert, geht es mir sarkastisch durch den Kopf. Man erzählt mir auch, dass Martin Rattini, unser Kameramann, und ich im Brennpunkt der Ermittlungen stünden. Da wir ja dieses Verbrechen gefilmt hätten, seien wir eigentlich die Einzigen, von denen absolut sicher sei, dass sie am Tatort gewesen seien. Ich bewundere den kriminalistischen Scharfsinn der italienischen Behörden. Die Polizei, so erfahre ich, suche vor allem das Originalfilmmaterial, denn darauf könnten die Täter möglicherweise identifiziert werden. Ich verstecke also meine Festplatten in verschiedenen Schränken und Schubladen zwischen Socken und Unterwäsche. Hoffentlich finde ich sie selbst wieder, wenn ich sie das nächste Mal brauche. Das Originalmaterial bringt Martin Rattini nach Bozen und versteckt es dort so gut, dass ich es bis heute nicht wiedergesehen habe.

## *Pestizidtirol – versteckte und offene Drohungen*

Am Folgetag wache ich auf mit einer Idee. Im Halbschlaf sehe ich das Südtirol-Logo vor mir. Es besteht aus einem stilisierten Gebirgszug, zusammengesetzt aus verschieden hohen Balken in fröhlichen bunten Farben. Darüber das Wort Südtirol, in einer besonderen Schrift, die – soweit ich weiß – eigens dafür entwickelt wurde. Das Logo, das ich im Halbschlaf vor mir sehe, weicht allerdings minimal von der offiziellen Version ab. Statt Südtirol lese ich dort das Wort Pestizidtirol. Wow! Noch komprimierter kann man auf die Gefahr nicht hinweisen, in die das Land Südtirol immer tiefer hineinschlittert.

Schnell finde ich den richtigen Schrifttyp im Internet. Danach montiere ich das neue Pestizidtirol-Logo mit Photoshop zusammen, übermütig wie ein kleiner Junge. Diese neue Wort-Bild-Marke wird viele aufschrecken.

Dann eile ich zu einem Termin mit Paul Rösch und Christl Kury. Zu dieser Zeit helfe ich nämlich dem Bürgermeisterkandidaten Paul Rösch im Meraner Wahlkampf. Er wird auch von den Grünen und von Christl Kury unterstützt. Sie ist die Grande Dame der Grünen in Südtirol. Stolz zeige ich den beiden meine Logovariation. Paul wird sehr nachdenklich, teilt meine

Begeisterung scheinbar nicht. Christl sagt in scherzhaftem Ton: »Ich kann, wenn du willst, eines deiner drei Kinder einmal pro Woche zum Mittagessen zu mir einladen.« Würde ich also 21 weitere Mäzene finden, so die Botschaft, dann wäre eine warme Mahlzeit am Tag für meine drei Kinder gesichert. Beide scheinen überzeugt, dass ich ruiniert sein würde, falls ich dieses Bild wirklich online stelle. Ich stelle es also online, auch weil ich nicht glauben kann, dass die Menschen in meiner Wahlheimat so humorlos und so repressiv reagieren werden. Unter meinen Logovorschlag schreibe ich: »Wenn die Südtiroler Bauern ihre Landwirtschaft nicht bald reformieren, dann muss die Südtiroler Tourismusbranche womöglich eine neue Dachmarke entwickeln.« In Klammern füge ich noch hinzu: »Vorsicht Satire.« Denn von meinem Bruder weiß ich, dass man vor Strafverfolgung umso sicherer ist, je unzweifelhafter man auf die satirische Absicht hinweist. Mein Bruder hat früher einmal eine Satirezeitschrift publiziert.

Als ich an jenem Tag gegen 13 Uhr nach Hause komme, steht tatsächlich ein Carabiniere vor meiner Tür. Eindrucksvoll, mit Federn am Hut und Epauletten an den Schultern. Ein bisschen wie ein Pfau, der ein Rad schlägt. Er fragt, ob ich ihn begleiten wolle, er hätte ein paar Fragen. Ich möge eine Aussage machen. »Sicher, kein Problem«, sage ich, »wenn es nicht zu lange dauert.« In der Polizeistation nimmt er quälend langsam meine Aussage zu Protokoll. »Wer in jener Nach dabei war«, will er wissen. An meiner Aussage liegt es nicht, dass ich hier schon 30 Minuten festsitze. »Ich weiß es nicht, und wenn ich es wüsste, würde ich es niemandem sagen.« Nach einiger Zeit wird es mir zu blöd, und das verhehle ich nicht: Und wenn ich schon mal dabei sei, ihr Vorgehen kritisch zu beleuchten, so fände ich es auch lächerlich, dass sie bei der Wahl ihrer Kommunikationsmittel auf moderne Medien verzichteten. Sie hätten doch sicher schon einmal etwas von der Erfindung des Briefs gehört. Sollten sie also noch einmal was von mir wollen, so sollten sie sich der Briefform bedienen, um mich einzuladen. Bin ich bei diesen Ausführungen zu laut geworden, zu deutlich für den Geschmack dieses Herrn? Ich weiß es nicht. Der Herr jedenfalls erhebt sich und holt den Hauptmann der Polizeistation, sozusagen zu seiner Verstärkung. Und dieser Hauptmann brüllt mich an: »Was fällt Ihnen eigentlich ein? In meinem Haus herumzubrüllen?!« Paradox. Brüllend untersagt er mir zu brüllen. Es sei gar nicht sein Haus, merke ich an, bemühe mich im Übrigen jedoch um Deeskalation, da meine Lust, hier noch länger zu verweilen, einen Tiefpunkt erreicht.

Auf dem Heimweg weiß ich nicht, ob ich lachen oder weinen soll. Persönlich würde ich mich eher für Lachen entscheiden. Aber meinen Freunden in Mals war teilweise gar nicht zum Lachen zumute. Und auch Martin Rattini hat mir erzählt, dass er sich echte Sorgen mache. Welche Konsequenzen hätte eine Bestrafung für ihn? Dürfte er dann noch an Ausschreibungen in Südtirol teilnehmen?

Für heute habe ich jedenfalls genug. Zuhause setze ich mich auf die Veranda und lasse meinen Blick über Palmen schweifen. Submediterranes Klima, denke ich zufrieden. Da läutet das Telefon. Am Telefon ist die Chefredakteurin der aktuellen Werbekampagne für Südtirol, in deren Zentrum einfühlsame Filmporträts interessanter Söhne und Töchter des Landes stehen. Eigentlich entsprach diese Kampagne ziemlich genau meinem Video-Blog »Südtirol erzählt«, mit dem ich gleich nach meiner Ankunft in Südtirol begann. Als ich daher vor eineinhalb Jahren von dieser Kampagne des Lands Südtirol erfuhr, war ich zunächst irritiert angesichts dieser offensichtlichen Übereinstimmung. Doch dann bot ich meine Dienste als Beitragsregisseur an und produzierte zahlreiche Beiträge für jene Kampagne, stets zur allgemeinen Zufriedenheit. Für mich war diese Kooperation sehr wichtig. Sie entwickelte sich rasch, vor allem in kommerzieller Hinsicht, zur Hauptsäule meiner kleinen Meraner Filmproduktion.

Die Stimme der Chefredakteurin klingt angespannt, als sie mich am Telefon begrüßt.

»Stimmt etwas nicht?«, will ich wissen.

»Ja«, sagt sie. »Ich gebe Ihnen jetzt meinen Chef, der will mit Ihnen sprechen.«

Mit Höflichkeitsfloskeln, wie zum Beispiel einer Begrüßung, hält sich dieser Chef nicht lange auf. Er sagt: »Nehmen Sie Ihr Pestizidtirol-Logo sofort aus dem Netz. Sonst wird es keine Aufträge mehr an Sie geben und alle offenen Aufträge werden storniert.«

Ich sage etwa fünf bis zehn Sekunden lang nichts. In meinem Kopf rechne ich die Summe der Aufträge des letzten halben Jahres zusammen.

»Warum sagen Sie nichts?«, fragt er.

»Ich denke nach«, antworte ich.

»Ich habe schon mehrfach schützend die Hand über Sie gehalten und gesagt, dass Sie gute Arbeit für uns machen und dass wir Sie nicht einfach rausschmeißen werden, nur weil die Politik bei uns interveniert. Aber das geht jetzt wirklich zu weit.«

»Also gut«, sage ich, »eine Bitte wäre mir zwar lieber gewesen als eine Forderung, verbunden mit einer Drohung, aber ich nehme das Pestizidtirol-Logo für den Augenblick aus dem Netz. Danach müssen wir aber darüber diskutieren. Ich würde gerne wissen, ob es in meinem Auftrag irgendwo einen kleingedruckten Zusatztext gibt, der meine Grundrechte beschneidet. Ich meine das Grundrecht zur freien Meinungsäußerung. Und falls das so sein sollte, bitte ich um nochmalige, taxative Aufzählung aller Themen, zu denen ich mich hinfort nicht mehr äußern darf.«

Darauf sagt *er* nichts. Er scheint meine Bemerkung überhören zu wollen und ist zufrieden damit, dass ich das Bild entfernen werde. Mehr wollte er nicht.

## *Nicht mundtot – Repressionen*

Als das Telefongespräch beendet ist, hole ich meinen Laptop heraus, lege ihn auf meine Knie und schreibe eine lange E-Mail:

Was mich ursprünglich zu dem Dokumentarfilm »Das Wunder von Mals« inspiriert hat, war der Titel eines Buchs von Camus: »Der Mensch in der Revolte«. Die Kernfrage des Films lautete nämlich: »Was geschieht, wenn Bürger sich gegen ein System erheben, das sie als unrecht empfinden?« Persönlich denke ich, dass ein solcher Aufstand sich lohnt, da er die vermutlich einzige Möglichkeit darstellt, sich morgens mit ruhigem Gewissen im Spiegel zu betrachten. Für wichtige Anliegen mutig zu kämpfen, das verleiht dem Leben Bedeutung. Man muss es also tun. Und zwar unabhängig davon, wie repressiv das System ist, mit dem man sich dabei anlegt.

»Gut ist: Leben erhalten und Leben fördern. Schlecht ist: Leben vernichten und Leben hemmen.« Auf diese Formel bringt Albert Schweitzer die Ethik des Christentums, für die er den berühmten Begriff der »Ehrfurcht vor dem Leben« prägte. Wer sich mit der Geschichte der Vermarktung von Pestiziden beschäftigt, mag sich selbst ein Urteil darüber bilden, in welche Rubrik die Produktion und der Vertrieb von giftigen und sehr giftigen Pflanzenschutzmitteln fällt. Gut oder schlecht? Leben erhalten oder Leben vernichten? Sollte sich ein Mittel als krebserregend erweisen, kämpfen Pharmakonzerne oft jahrelang darum, dieses Mittel möglichst lange im Markt zu halten. In den armen Ländern des Südens werden viele dieser Mittel bis heute verkauft. Und in Südtirol wird das Pestizid Glyphosat unter der Produktbezeichnung Roundup in großen Mengen ausgebracht. Wer dieses Gift verharmlost, unterschätzt meines Erachtens die damit verbundenen Gefahren oder schaut absichtlich weg.

> »Gut ist:
> Leben zu fördern
> und zu erhalten.«

Ich glaube, dass in der Gemeinde Mals kein Weg am Willen der Bevölkerung vorbeiführen wird. Und ich glaube, dass auch die anderen Gemeinden Südtirols bald eine Landwirtschaft ohne Gift fordern werden. Die allmähliche Umstrukturierung der Landwirtschaft wird sich allerdings nicht auf Südtirol beschränken. Eine vielfältige, regional orientierte Landwirtschaft wird überall jene Monokulturen ersetzen, die sich als Irrweg herausgestellt haben.

Meine Dokumentation nähert sich dieser Thematik bewusst aus einem sehr persönlichen Blickwinkel. Weil ich nämlich glaube, dass jede Erzählung subjektiv ist und dass jeder Erzähler durch seine Gegenwart die Geschichte verändert, oft sogar geradezu erzeugt. Mein Herangehen an diesen Dokumentarfilm würden Ethnologen daher vielleicht als »teilnehmende Beobachtung« bezeichnen. Mit der Kamera in der Hand wird der Filmemacher selbst zum Akteur der Geschichte. Meine Vorabveröffentlichungen im Web spielen vor diesem Hintergrund eine wichtige Rolle: Die Wechselwirkung zwischen Erzähler, Erzählung und Publikum wird zum Teil der erzählten Geschichte.

»Wie ist es also?«
»Wird die Verharmlosung des Pestizidproblems im Obstbau zu einem südtirolweiten Problem werden?«
»Ich denke, ja.«
»Besteht die reale Gefahr, dass dies das Image von Südtirol als Urlaubsdestination beschädigt?«
»Da bin ich mir sicher.«
»Kann es sein, dass sich Südtirol in den Augen der Urlauber in Pestizidtirol verwandelt?«
»Ganz bestimmt.«

Daher erscheint mir der Hinweis auf diese Gefahr gerechtfertigt. Die satirische Umwandlung der Südtiroler Dachmarke verstößt gegen kein Gesetz. Nicht einmal gegen ein ethisches. Im Gegenteil. Das Problem sind die Pestizide. Nicht der Filmemacher, der darauf hinweist.

Aber in einem Punkt verstehe ich Sie natürlich. Es kann nicht sein, dass Sie sich darum bemühen, diese Marke aufzubauen, ich jedoch setze dieselbe Marke in einen keineswegs positiven Kontext. Daher habe ich meinen Facebook-Beitrag vorläufig ausgeblendet, um diesen Widerspruch noch einmal zu bedenken.

Südtirol hat viele faszinierende Facetten. Diese zeige ich gerne im Auftrag der SMG. Südtirol hat jedoch auch einige dunkle Flecken. Ich gestatte mir, mich auch dazu zu äußern.

Ich möchte nun in einem persönlichen Gespräch klären, wie diese Situation von Seiten der SMG eingeschätzt wird, um auf diesem Wege herauszufinden, wie eine weitere Zusammenarbeit aussehen könnte und ob eine solche Zusammenarbeit unter den gegebenen Rahmenbedingungen noch Sinn macht.

Falls Sie sich für ein solches Gespräch Zeit nehmen wollen, bitte ich Sie um einen Terminvorschlag. Mit herzlichen Grüßen, Alexander Schiebel

Ein Tag vergeht. Ein weiterer Tag vergeht. Ein Wochenende vergeht. Keine Antwort. Keine Zeile. Kein Wort. Ich ärgere mich. Was denken die eigentlich? Vielleicht: »Was kratzt es uns, wenn der verdammte Köter noch ein bisschen kläfft.« Ich habe nun wirklich die Nase voll und stelle mein Pestizidtirol-Logo neuerlich ins Web. Ich bedauere sogar, zu Gesprächen bereit gewesen zu sein, denn offenbar war ich der Einzige, der dazu bereit war.

Zusätzlich zum Pestizidtirol-Logo publiziere ich einen Blog-Artikel, der die Intervention der Werbeagentur des Landes akribisch beschreibt. Dieses Protokoll der Ereignisse, die ich in diesem Zusammenhang erleben durfte, ist mir sehr wichtig, da der Versuch, mich durch wirtschaftlichen Druck mundtot zu machen, fast noch aussagekräftiger ist als mein Logo selbst.

Danach rufe ich kurz meinen Bruder in Wien an, der Jurist ist und zur Zeit Klubdirektor eines österreichischen Parlamentsklubs. Ihn bitte ich, meine Frage zu beantworten, denn er verfüge über das notwendige Hintergrundwissen: »Habe ich etwas zu befürchten?« Er lacht herzhaft über mich. »In hundert Jahren nicht«, meint er und wundert sich augenscheinlich über die fremden Sitten in den südlichen Provinzen, die offensichtlich auch bei mir bereits zu einem Verlust von Perspektive geführt hätten.

Als Nächstes telefoniere ich mit Johannes Fragner-Unterpertinger. Ihm verdanke ich eine blendende Formulierung, die ich kurz darauf auf Facebook publiziere: »Solange man sich über den Propheten Mohammed lustig machen darf«, damals solidarisierte sich gerade die halbe Welt mit der Redaktion von *Charlie Hebdo*, »solange wird man sich auch über das Südtirol-Logo lustig machen dürfen.«

Der Chef der Südtirolmarketing-Agentur sagt am nächsten Tag zur Presse: Ja, tatsächlich, die Südtiroler Dachmarke dürfe satirisch kritisiert werden. Das halte sie aus. »Aber niemand zwingt uns dazu, mit jemandem zusammenzuarbeiten, der unsere Bemühungen untergräbt.«

Am Mittwoch, dem 22. April 2015, meldet sich der damalige Chef der SMG dann noch einmal persönlich zu Wort. In einem Facebook-Kommentar:

> Natürlich, Herr Schiebel, darf Satire alles, und die Dachmarke ist stark genug, um dieser standzuhalten. Das ist das eine. Das andere ist, dass Sie als Dienstleister der SMG Filmprojekte gedreht haben, die zur Begehrlichkeit und Bekanntheit des Lebensraums Südtirol – und somit auch der Dachmarke – einen wesentlichen Beitrag leisten. Wenn dann dieselbe Person, die journalistisch für die Dachmarke arbeitet, diese für eigene politisch-satirische Zwecke nutzt, darf es nicht verwundern, wenn der Auftraggeber die Zusammenarbeit beendet.

Ich antworte:

Danke für Ihre Stellungnahme auf diesem Wege. Es stimmt, dass ich in meinen Filmen für die SMG und für meinen Blog »Südtirol erzählt« von der beeindruckenden Vielfalt und Schönheit Südtirols erzählt habe. Eben weil ich dieses Land liebe, leiste ich nun auch einen Beitrag zur Reduktion der Monokulturen in Landwirtschaft und Politik. Abgesehen von einigen Ostblockstaaten, die ich in den 80er-Jahren besucht habe, habe ich selten ein Land erlebt, in dem so viel Furcht vor der Obrigkeit herrscht, so viel vorauseilender Gehorsam wie in Südtirol. Kein Wunder – nach Jahrzehnten der Alleinherrschaft einer Partei.

Hinter vorgehaltener Hand stimmen mir ganz viele Gesprächspartner in Südtirol zu, dass hier ein frischer Wind sehr wichtig wäre. Vielleicht kann ich auch dazu einen Beitrag leisten. Mit oder ohne SMG, ich werde weiterhin Filme machen, welche die schönen und die weniger schönen Seiten Südtirols zeigen werden. Alexander Schiebel

Kurz darauf erhalte ich einen Brief vom Anwalt der Werbeabteilung des Landes. Ich möge der Südtirolmarketing-Agentur alles, was ich bisher in ihrem Auftrag gedreht hatte, unverzüglich überreichen, innerhalb eng bemessener Frist. Gleichzeitig würden alle Projekte, die noch nicht zu Ende produziert seien, und alle offenen Aufträge mit sofortiger Wirkung storniert.

Als ich einige Monate danach die Chefredakteurin jener Kampagne zum Mittagessen treffe und sie vorsichtig auf dieses Streitthema anspreche, sagt sie: »Sie spucken uns in den Suppentopf und wollen gleichzeitig daraus essen.« Genervt antworte ich: »Südtirol ist nicht Ihr Suppentopf, sondern der Topf aller Südtiroler, aller Menschen, die hier leben. Und Kritik ist keine Spucke.« Eine Verständigung scheint unmöglich. Schade.

## *Zivilcourage*
## *kontra vorauseilendem Gehorsam*

Natürlich mache ich mir in diesen Tagen nicht nur viele Feinde, ich erfahre auch viel Zuspruch.

In einem Blog aus Nordtirol empört sich Werner Kräutler, unter der Headline »Zivilcourage: Alexander Schiebel sollte uns allen ein Vorbild sein« über die Ereignisse im südlichen Nachbarland. Er erzählt von meinem Engagement und davon, wie ich gegen die »Südtiroler Einheitspartei« aufbegehrt hätte. »Das muss natürlich umgehend bestraft werden«, schreibt er und schildert danach die Details:

Schiebel ist seit dem »Wunder von Mals« – als die Bevölkerung der Obervinschger Gemeinde Mals den Einsatz von Agro-Giften per Volksabstimmung auf ihrem Gemeindegebiet ausgeschlossen hatte – ein kritischer Begleiter dieser neuen Anti-Gift-Bewegung in Südtirol. Ist ja eigentlich sein Job. Genau das ist bei den Obstbaronen, Landwirtschaftskämmerern und den mit ihnen unter einer Decke steckenden Politikern von der SVP nicht auf Wohlwollen gestoßen. Und jetzt plant Schiebel auch noch eine groß angelegte, durch Crowdfunding finanzierte Dokumentation über das »Wunder von Mals«. Das war denn doch zu viel. Es wurde offensichtlich schon länger überlegt, wie man so einen Mann »mundtot« machen könne. Jetzt war es soweit.

Als Schiebel eine ironische Abwandlung des Südtirol-Schriftzugs im Marketing-Logo auf Facebook stellte (»Pestizidtirol«), reichte das den modernen Landvögten und Duodezfürsten. Und als Schiebel dann auch noch eine »Chronik der Repression« auf Facebook veröffentlichte, war der Ofen völlig aus. Wenn man in Tirol schon gefeuert wird, dann hat man gefälligst die Schnauze zu halten. Schiebel tat das Gegenteil: Er dokumentierte die Reaktionen der »Herrschenden« akribisch. Und entblößte damit Politiker und deren Lemuren.

Für mich zeugt die Aktion von Alexander Schiebel jedenfalls von einer Zivilcourage, wie ich sie in Tirol kaum mehr für möglich gehalten hätte. Sicher, in Facebook-Postings wird sie immer wieder eingefordert – meist anonym. Aber wenn's drum geht, Klartext zu reden, ziehen 99,9 Prozent der Maulhelden ihren Schwanz ein.

Schiebel führt uns jedenfalls schmerzhaft vor Augen, wie wir alle angesichts der Ungerechtigkeit und schmerzhaft aufbrechender Ungleichheit als Demokraten handeln müssten.

Wer hat den Mut, mit Schiebel, aber auch mit dem Kräuter-Unternehmer Urban Gluderer gegen die Vergiftung der Südtiroler Böden aufzustehen?

Ja, wer eigentlich?, frage ich mich, als ich diese Zeilen lese. Im Augenblick weiß ich ja selbst nicht einmal, ob und wie ich weiterkämpfen kann. Denn die Finanzierung meines Dokumentarfilm-Projekts über das Wunder von Mals scheint durch die Eskalation des Konflikts unmöglich geworden zu sein.

Ohne Förderzusagen aus dem Land, in dem man dreht, ist nämlich eine Filmfinanzierung sehr schwierig. Und eine Förderung aus dem Land, in dem ich drehe, kann ich mir, glaube ich, abschminken.

Die Lage scheint beinahe hoffnungslos, zumal ich bereits mehr als zehn Drehtage aus der eigenen Tasche finanziert haben. Und so ein Drehtag kostet immerhin, je nach Größe des Teams, 700 bis 1.000 Euro. Und die Kosten der Nachbearbeitung sind danach pro Drehtag zumindest noch einmal doppelt so hoch.

In dieser angespannten Situation entschließe ich mich, es mit einer Crowdfunding-Kampagne auf Startnext zu probieren. Wer den Film unterstützt, erhält ihn nach dessen Fertigstellung auf DVD. Als minimales Funding-Ziel setze ich 12.000 Euro.

Wir erreichen dieses Ziel knapp, überschreiten es sogar ein wenig. Als ich mir danach ansehe, wer das Projekt unterstützt hat, bemerke ich, dass die Funding-Summe beinahe ausschließlich durch Kleinstbeträge zusammengekommen war. Das berührt mich und freut mich. Es gibt also tatsächlich sehr viele Menschen, die diesen Film sehen wollen und die uns ihr Vertrauen schenken. Andererseits ahne ich gleichzeitig bereits, dass ich mir vielleicht ein Eigentor geschossen haben könnte. Denn mit 13.000 Euro kann man keinen abendfüllenden Dokumentarfilm produzieren. Dazu benötigt man eher 300.000 Euro. Dennoch, ich will diesen Film machen, und irgendein Weg wird sich schon finden. So verwende ich das Geld aus der Crowdfunding-Kampagne, um die bisher entstandenen Finanzlöcher zu stopfen. Jetzt bin ich meinen Förderern im Wort und dazu verpflichtet, das Unmögliche zu probieren.

Irgendwann in diesem Frühjahr wird mir schließlich mitgeteilt, dass ich noch einmal vor der Polizei zu erscheinen hätte. Diesmal mit Anwalt. Es werde Anklage gegen mich erhoben. Wegen Mittäterschaft.

Ich suche mir also tatsächlich einen Anwalt. Die Kosten dafür werden mir bestimmt, nach meinem Sieg vor Gericht, erstattet. »Nicht in Italien«, klärt mich mein Anwalt auf. Na wunderbar. Man versucht uns also nicht nur einzuschüchtern, sondern zieht uns gleichzeitig das Geld aus der Tasche. In meinem Fall Geld, das ich nicht oder nicht mehr habe.

»Bei dem Verhör werde ich nur einen einzigen Satz sprechen«, sage ich zu meinem Anwalt beim Vorgespräch. »Und ich bestehe darauf, dass dieser eine Satz wortwörtlich protokolliert wird. Exakt so, wie ich ihn diktieren werde.«

»Und wie lautet dieser Satz?«

»Ich nehme an, dass sich zur Zeit des Giro d'Italia, also während der Italien-Rundfahrt der Radrennsportler, die Gefängnisse in Italien mit in- und ausländischen Journalisten füllen, da diese, so wie ich, unzählige Menschen dabei beobachten und filmen, wie sie Anfeuerungsrufe auf den Asphalt malen. Und dies, so wie ich, ohne einzuschreiten.«

Mein Anwalt scheint einen ähnlichen Humor zu haben wie ich. Ihm gefällt der Satz, und ich verwirkliche meinen Plan. Bis heute habe ich danach nichts mehr von dieser Geschichte gehört.

## Anklage ohne Ursache –
## Johannes Fragner-Unterpertinger vor Gericht

Viel intensiver als meine Begegnung mit der Justiz war der unfreiwillige Nahkampf mit den Gerichten, in den Johannes Fragner-Unterpertinger verwickelt wurde. An einem sonnigen Frühlingstag sitzt er in seinem Garten und erzählt mir ausführlich davon. Er hat gerade Mittagspause und trägt einen weißen Arbeitskittel mit der Aufschrift «Gerichts-Apotheke Mals», »Farmacia Distrettuale Malles«. Lustig. Der Name seiner Apotheke passt zufällig recht gut zu jener Geschichte, die ich ihn bitte, mir zu erzählen.

»Die Apothekentür geht auf und ein kleines Männlein, ein vom Gericht bestellter Aktenzusteller, bringt mir einen von jenen unangenehmen grünen Umschlägen. Diese grünen Umschläge bedeuten oft Steuernachzahlungen und Ähnliches. Aber für einen unbescholtenen Bürger ist es natürlich noch viel unangenehmer, wenn er plötzlich erfährt, dass er angeklagt wird. Angeklagt!? Warum denn? Was habe ich getan? Es stellte sich heraus, dass ein kleiner Teil der Bevölkerung von einer Lobby gegen mich aufgehetzt wurde, Klage gegen mich zu erheben. Eine Klage, bei der nicht einmal die Causa petendi, die Ursache der Klage, klar definiert war. Ich musste tatsächlich meine Rechtsanwälte fragen: ›Wegen was werde ich hier eigentlich verklagt?‹ Und meine Rechtsanwälte mussten ihrerseits bei der ersten Verhandlung Einspruch erheben. Sie sagten zum Richter: ›Wir wissen tatsächlich nicht, wie wir ihn verteidigen sollen, wenn wir nicht einmal die Ursache der Klage verstehen.‹

Hat nicht jeder Mensch das Recht, zur Gemeinde zu gehen, sich Unterschriftenbögen zu holen und für sein Anliegen Unterschriften zu sammeln? Wenn ich zum Beispiel Ufologe wäre und meinte, hier lande nächstes Jahr ein Ufo ...«, er zeigt auf eine Stelle in seinem Garten, »... dann habe ich das Recht, eine Unterschriftensammlung zu starten, um an die Gemeinde die Petition zu stellen, man möge eine Abstimmung starten, darüber, ob hier eine Landestelle für UFOs eingerichtet werden soll. Die Kommission würde das zwar wahrscheinlich ablehnen, weil die Existenz von UFOs noch nicht nachgewiesen wurde. Aber deswegen verklagt werden? Das ist unbegreiflich!«

Seine übermütig funkelnden Augen stehen in auffälligem Kontrast zu seiner schockierenden Geschichte. Er lässt sich – und ließ sich – davon jedenfalls nicht die Laune verderben.

Johannes entwickelt nun seinen Gedanken weiter, setzt seine Erzählung fort: »Aber ich wurde verklagt, und die Absicht war klar: Man wollte den Kopf des Promotorenkomitees anschießen, in der Hoffnung, dass der Kopf dann in die Knie geht und das Ganze zusammenbricht.«

Der Kopf geht in die Knie? Das gefällt mir.

»Wenn er nicht in die Knie geht, schadet eine solche Klage auch nicht. Semper aliquid haeret. Etwas bleibt immer hängen bei solchen Klagen. Wenn er nicht in die Knie geht, fällt zumindest ein Schatten auf den ganzen Prozess. Es wird der Anschein erweckt, dass das Promotorenkomitee Sachen betreibt, die irgendwie nicht korrekt sind, die gegen das Gesetz verstoßen. Aber da haben sie sich verrechnet.«

»Johannes, du erzählst mir diese Geschichte, als ob es sich lediglich um einen kuriosen Streich handeln würde. Wie hat sich die Sache für dich angefühlt?«

»Irgendwann wurde dann die erste Anhörung angesetzt. Dabei ging es um reine Formalitäten. Nach einer Viertelstunde war alles vorbei. Ich war erstaunt und fragte meinen Anwalt, wie das eigentlich läuft. Mein Anwalt antwortete: ›Der Richter ist völlig souverän. Er kann dich anhören. Er kann dich nicht anhören. Wir müssen abwarten.‹ Dann kommt die zweite Verhandlung. Du darfst wieder nichts sagen. Dann kommt die dritte Verhandlung. Genauso.« Als ich gerade zu denken beginne, dass Johannes meine Frage vielleicht überhört hat, stellt sich heraus, dass das bisher Gesagte das Präludium zu seiner Antwort war: »Du hast zwar keine Angst, aber es ist schon ein sehr unangenehmes Gefühl, wenn man über den großen Gerichtsplatz in Bozen geht, im Hintergrund Mussolini auf dem Pferd: Credere, obbedire, combattere (glauben, gehorchen, kämpfen). Sehr unangenehm. Beim ersten Mal hatte ich nasse Hände, das gebe ich zu. Du gehst dann durch diese Pforte hinein. Entsprechend geschulte Menschen untersuchen dich auf Waffen und gefährliche Gegenstände. Dann wartest du und wartest und wartest. Man hat wirklich das Gefühl, in einem kafkaesken Prozess zu sein. Man darf nichts reden. Von Mal zu Mal wird der Prozess vertagt. Auch die Rechtsanwälte können dir nichts sagen ...«

»Und wie ging die Geschichte schließlich aus?«, will ich wissen.

»Irgendwann bekam ich von den Rechtsanwälten eine SMS, dass ein Urteil gefällt wurde. Ich bin freigesprochen worden. Freigesprochen von was, frage ich mich immer noch, weil ich ja niemals verstanden habe, was man mir eigentlich vorwarf. Der Fachausdruck war jedenfalls, dass ich nicht ›passiv legitimiert‹ sei. Frag mich bitte nicht, was das bedeutet. Auch Experten konnten es mir bisher nicht erklären. Vielleicht bin ich ja zu dumm für die ganze Juristerei. Oder vielleicht bin ich zu sehr Naturwissenschaftler. Eine chemische Reaktion kommt zustande oder kommt nicht zustande. Aber in der Juristerei gibt es sehr viele Zwischenräume, sehr viele Grautöne. Sehr nebelig, das alles.«

*Aber in der Juristerei gibt es sehr viele Zwischenräume, sehr viele Grautöne.*

»Wie lange bist du für einen Termin in Bozen auf Achse gewesen? Einen halben Tag?«

»Mindestens.«

»Immer begleitet von zwei Anwälten?«

»Drei. Inklusive Anwaltspraktikant. Allerdings ohne, dass wir jemals etwas sagen durften.«

»Auch die Anwälte nicht?«

»Naja, nur so in dieser Art: ›Wir widersprechen laut Artikel sowieso und legen dies und jenes vor.‹ Oder: ›Wie bereits von uns in der Replikation auf Artikel sowieso steht, widersprechen wir der Argumentation …‹«

»Wie groß ist dein Schaden? Zeitlich, nervlich, finanziell?«

»Fünf Tage in Bozen. Dazu der finanzielle Schaden, den kein Mensch dir ersetzt.«

Ein Lastwagen fährt vorbei. Johannes wartet einen Augenblick, damit ich ihn gut verstehen kann und sagt dann: »Allerdings selten ein Schaden ohne Nutzen! Man lernt viel über sich. Über die eigene Fähigkeit, so etwas anzunehmen. Wie verarbeite ich das untertags und bei Nacht. Man lernt auch Juridisches, was ja hochinteressant ist. Wenngleich – auch ein Horror.«

»Wieso?«

»Die Gerichtsbarkeit in Bozen sei vorbildlich, sagt man, zumindest im Vergleich zu anderen Regionen in Italien. Dann möchte ich allerdings lieber nicht wissen, wie es in diesen anderen Regionen zugeht.«

»Der Nutzen besteht also darin, dass du deine Leidensfähigkeit getestet und den Glauben in die Gerichte verloren hast?«, frage ich irritiert.

Er lächelt. »Ein weiterer Nutzen besteht vielleicht auch darin, dass ich durch meinen persönlichen Freispruch nun einen moralischen Trumpf in der Hand habe. An gewissen Orten und zu gewissen Zeiten kann ich diesen Trumpf durchaus einmal ausspielen. Wobei, Trumpf ist vielleicht das falsche Wort. Aber manche Kläger haben nun schon ein schlechtes Gewissen bekommen. Einige sind zu mir in die Apotheke gekommen und haben gesagt: ›Wir wussten gar nicht, dass wir gegen dich klagen. Uns wurde erzählt, dass wir hier eine Unterschriftensammlung machen, damit keine Volksabstimmung stattfindet.‹«

»Damit keine Volksabstimmung stattfindet?«

»Ja. Die Vorbereitung dieser Klage erfolgt ja schon vor der Volksabstimmung.«

»Ach so. Und man hat diese Leute tatsächlich Dokumente unterschreiben lassen, die sie gar nicht verstanden?«

»Scheinbar. Fünf Leute haben mir das sogar schriftlich gegeben. In diesen schriftlichen Erklärungen steht auch, dass man ihnen versichert habe, dass alle Kosten der Bauernbund in Bozen tragen würde.«

Ich schüttle ungläubig den Kopf.

Wenigstens kann sich nun jeder ein Bild davon machen, wer in Wahrheit hinter alldem steckt.

»Einer der Kläger war ein Italiener hier aus dem Dorf. Als ich ihn treffe, frage ich ihn: ›Wie kommst du dazu mich zu verklagen?‹ Er sagt staunend: ›Ich dich verklagen, Johannes?‹ ›Ja, du hast mich verklagt.‹ Und ich zeige ihm die Klageschrift. Er bekommt einen richtigen Schock. Sofort schreibt er jenem Anwalt in Bozen, der die Klage vorbereitet hatte: ›Ich ziehe meine Unterschrift mit sofortiger Wirkung zurück.‹ Einige verstehen mittlerweile durchaus, dass sie missbraucht wurden.«

Ich sehe Johannes mit einem leichten Zweifel an.

»Sicher, die meisten Menschen können heute lesen und schreiben. Ganz unschuldig ist hier keiner.«

## *Rebellische Hoffnung:*
## *Ein Umdenken findet bereits statt*

Ich frage Johannes zum Abschluss, worin nun eigentlich genau der Trumpf bestünde. »Darin, dass diese Leute nun verstehen, dass sie einen Fehler begangen haben?«

Er strahlt mich an. »Ja, genau. Viele haben nun ein schlechtes Gewissen. Und dieses schlechte Gewissen könnte man dazu nutzen, um sie aus der Obstbauernbund-Phalanx herauszubrechen, ihnen die Augen zu öffnen: ›Es geht doch um unser aller gemeinsame Zukunft. Landwirtschaft muss auch anders möglich sein. Weg von diesen pestizidgesteuerten Monokulturen. Macht ruhig weiterhin Obst und Gemüse! Aber macht es auf eine andere Art und Weise.‹ Und wenn Einzelne dann umdenken, tragen diese Einzelnen ihr Umdenken in den Obstbauernbund hinein, bis schließlich mehr und mehr Menschen umdenken. Dieses Umdenken findet ja bereits statt. Wenn ich beobachte, wie sich die Argumente unserer Gegner allmählich wandeln, dann denke ich, dass unser Kampf auch in diesen Betonköpfen etwas bewirkt. In diesem Beton tauchen bereits die ersten Risse auf. Und vielleicht kommt ja bald ein strenger Winter und Wasser dringt in diese Ritzen. Eis und Wasser können ja die größten Betonblöcke der Welt spalten. Wer weiß …«

Ich lächle ihn an.

»Klar«, sagt er, »es wird immer einen unbekehrbaren Rest geben, der aus einem Justament-Standpunkt heraus behaupten wird ›Der Himmel ist gelb, und Wasser ist Wein‹. Es wird immer einen Teil geben, der es vorzieht, mit seinen alten Überzeugungen ins Grab zu steigen, so unvernünftig sie auch sein mögen. Das liegt in der Natur des Menschen.«

Johannes, denke ich, als ich zu meinem Wagen schlendere, ist ein ausgezeichneter Geschichtenerzähler. Die Erfahrung, die er beschreibt, ist meinen eigenen Erfahrungen nicht unähnlich. Vielleicht sind das ja jene Erfahrungen, die in der einen oder anderen Form auf jeden warten, der sich dazu entschließt, gegen den Strom zu schwimmen. Vor allem in Südtirol.

Wer sich niemals wehrt, ähnelt einem Mann, der mit verbundenen Augen in einem kleinen Raum sitzt. Er hat sich sein Lebtag noch nie von diesem Stuhl erhoben. Still sitzt er da. Zufrieden. Denn man hat ihm gesagt, dass er sich in einem weiten und offenen Raum befinde. Er hat's geglaubt. Niemals nachgeprüft.

Wer sich jedoch wehrt, der ähnelt einem Mann, der mit verbundenen Augen in einem kleinen Raum sitzt und der sich plötzlich erhebt, um sich zu bewegen. Er streckt seine Hand aus und begreift sofort, wie gering sein Spielraum tatsächlich ist.

Der folgsame Mensch spürt davon nichts, will davon auch nichts spüren, will davon nichts wissen, will nicht, dass seine Ruhe gestört wird. Der rebellische Mensch bleibt genau deshalb mit seinem Wissen allein.

So ist es Johannes ergangen. So ist es mir ergangen. Während ich vor meiner frechen Insubordination mein Geld zu 100 Prozent in Südtirol verdiente, bin ich seitdem zum Paria in diesem Lande geworden, zum Unberührbaren. Ich verdiene mein Geld nun zu 100 Prozent außerhalb Südtirols.

Und Johannes hat mir vor Kurzem erzählt, dass er sich per Leserbrief zu Wort melden wolle. Zunächst müsse er jedoch diesen Leserbrief von seinen Anwälten prüfen lassen. Seine Erlebnisse vor Gericht haben ihn offenbar doch mehr verändert, als ihm lieb sein kann. – Als Franz K. eines Morgens erwachte, saßen zwei Gerichtsdiener in seinem Zimmer, die ihn aufforderten, ihn zum Gericht zu begleiten. So beginnt »Der Prozess«, Franz Kafkas alptraumhaftes Romanfragment, und ganz ähnlich muss sich Johannes gefühlt haben, als man ihm die Anklageschrift zustellte.

Doch das Allerschlimmste an alledem ist weder die Tatsache, dass man mich wirtschaftlich ruinieren wollte, noch die Tatsache, dass man Johannes in einen kafkaesken Alptraum hineinzog, nein, das Allerschlimmste ist, dass weder das eine noch das andere hier in Südtirol irgendjemanden aufregt. Keine Welle der Empörung geht durchs Land. Der gelernte Südtiroler nimmt solche Repressionen zur Kenntnis, achselzuckend, findet sie am Ende gar richtig. In Südtirol musst du nämlich die Hand heben, wenn du etwas sagen willst, und abwarten, ob man dir das Wort erteilt. Sonst stehst du alleine im toten Winkel.

> *Keine Welle der Empörung geht durchs Land. Der gelernte Südtiroler nimmt solche Repressionen zur Kenntnis, achselzuckend.*

## 18

# Das Wunder geht weiter!
## Politische Macht für das Votum der Malser

Im April 2015, rund drei Monate nach der gescheiterten Gemeinderatssitzung in Mals, finden in ganz Südtirol Gemeinderatswahlen statt. Bietet dieser Wahlgang unseren mutigen Malsern die Gelegenheit, noch einmal die Oberhand im Pestizidabwehrkampf zu gewinnen? Gemeinsam mit Bürgermeister Veith erstellen sie eine Kandidatenliste für die Wahl, aus der all jene Gemeinderäte entfernt werden, die die Änderung der Satzung im Jänner 2015 verhindert hatten. Auf der neuen Liste befinden sich ausschließlich Kandidaten, die sich dem Votum der Bevölkerung verpflichtet fühlen, die es zu 100 Prozent umsetzen wollen.

Mit dem Facebook-Kanal »Das Wunder von Mals« unterstütze ich die Wahlbewegung, so gut ich kann. Immer wieder werde ich gebeten, kurze Interviews zu führen und zu veröffentlichen.

Eines Tages tritt Günther Wallnöfer mit der Idee an mich heran, einen Kurzfilm über die zunehmend schwierige Situation des Kräuterschlössls in Goldrain zu drehen, um den Menschen in der Gemeinde Mals drastisch vor Augen zu führen, was hier verhindert werden muss. Dieses Video verbreitet sich viral und wird zum bisher erfolgreichsten Video unseres Facebook-Kanals.

### *Gefühl der Glückseligkeit – ein klares Mandat*

Am Tag nach der Gemeinderatswahl fahre ich frühmorgens nach Mals und treffe dort auf nahezu alle Malser Aktivisten. Sie haben sich im Garten von Johannes Fragner-Unterpertinger versammelt. Unter ihnen befindet sich auch der alte und neue Bürgermeister von Mals: Uli Veith. Die Stimmung ist ausgelassen.

Ich halte Pia mein Mikrofon unter die Nase und erkundige mich nach ihrem Befinden.

»In der Früh habe ich die Nachrichten gehört«, sagt sie, »und war überwältigt. Ich habe Freudentränen geweint. Dann bin ich ins Dorf hinuntergegangen und habe bemerkt, dass alle Menschen im Dorf gestrahlt haben.«

Koen Hertoge sitzt neben ihr und wendet sich nun an sie: »So hast du das gesehen?«

»Ja«, sagt Pia und wiederholt dieses Wort einige Male. »Ja. Ja. Ja.«

Koen Hertoge ist mit Martina Hellrigl verheiratet. Er hat belgische Wurzeln und pendelt zur Arbeit allwöchentlich nach Zürich. Auch er spielt eine entscheidende und einzigartige Rolle im komplexen System des Malser Widerstands. Mit einigen Gleichgesinnten hat er PAN-Italia gegründet und arbeitet dort nun im Vorstand mit. PAN ist eine weltweit operierende Organisation. Die Abkürzung PAN steht für Pesticide Action Network. Die Mission: den Einsatz gefährlicher Pestizide weltweit beenden.

»Ich bin natürlich auch erleichtert«, sagt er zu mir. »Jetzt stehen die Zeichen in Mals so gut wie noch nie, da jetzt ein Gemeinderat kommt, der imstande sein wird, das Ergebnis der Volksabstimmung umzusetzen. Gleichzeitig bin ich aber auch müde, weil ich heute Nacht zwischen 2 Uhr und 4 Uhr immer wieder ins Internet geschaut habe. Ich wollte, nein, ich musste immer wieder den aktuellen Stand der Dinge abrufen.«

*»Die Menschen in Mals fallen nicht um.«*

Neben Koen Hertoge sitzt Günther Wallnöfer. Mit seinem berühmten Strohhut. »Zum zweiten Mal wird in Mals ein Zeichen gesetzt«, sagt er. »Es sollte nun klar sein, wohin wir in Mals gehen wollen. Ganz besonders freue ich mich für unseren Bürgermeister. Er musste in den letzten Monaten so viel aushalten, wurde so durch den Dreck gezogen.«

Ich stehe auf und gehe zu Robert Bernhard, der zusammen mit Edith etwas abseits steht. »Wie geht es dir, Robert?«

»Ich habe ein sehr tiefes inneres Gefühl der Glückseligkeit.« Er wählt jedes seiner Worte sorgfältig. Dann lächelt er von einem Ohr zum anderen. Auch Edith strahlt. »Irgendwie war das Ergebnis der heutigen Wahl allerdings auch vorhersehbar. Die Umfrage ging so aus. Das Referendum ging so aus. Und die Gemeinderatswahl geht nun wieder so aus.« Sie lacht fröhlich. »Die Menschen in Mals fallen nicht um. Sie sind viel stabiler, als die Politiker glauben.«

Nun halte ich Martina auf, die gerade an uns vorbeigeht, und bitte auch sie um ein kurzes Statement: »Das ist die Bestätigung. Bei der Apollis-Studie waren es 80 Prozent. Bei der Volksabstimmung 76, jetzt sind es wieder über 70. Das wird nicht weniger. Das ist einfach da. Und das ist gut so.«

Ich warte einen Augenblick und sie liest aus meinem Gesicht meine ungestellte Frage, was dieses Ergebnis für Mals bedeutet. »Es geht jetzt weiter in Mals«, sagt sie mit Vorfreude in der Stimme.

Ich wende mich nun dem Nächsten zu. »Und wie geht es dem Herrn Bürgermeister heute?«, frage ich Uli Veith.

Pia Oswald (Mals), Tagesmutter

»Schon lange nicht mehr so gut gegangen. Die ganze Anspannung der letzten Woche fällt jetzt ab. Sehr gutes Ergebnis. Sehr gute Truppe. Darauf können wir aufbauen.«

»Johannes«, sage ich, »was sagst du zum heutigen Tag?«

»Genauso wie wir kein Triumphgeheul angestimmt haben, als wir die Abstimmung mit Dreiviertelmehrheit gewonnen haben, genauso werden wir auch jetzt kein Triumphgeheul anstimmen. Wir werden einfach konstruktiv weiterarbeiten.«

Uli Veith fügt hinzu: »Was uns auszeichnet, ist, dass wir auf das Volk hören, dass wir das Volk ernst nehmen. Wir lassen uns von keiner Lobby dreinreden. Wir sind die Gemeinde Mals. Unser Volk hat eine klare Meinung. Und die wird umgesetzt. Ohne Kompromisse. Punkt.«

»Und eine Zweidrittelmehrheit im Gemeinderat wird dabei sicher hilfreich sein«, ergänzt Johannes und lächelt mich an.

Ich gehe weiter und setze mich zu Beatrice, stelle ihr die gleichen Fragen. Auch sie ist glücklich. Sie habe sich Sorgen gemacht, ob diese Wahl gut ausgehen werde. Jetzt atme sie auf: »Das Ergebnis der Volksabstimmung wurde bestätigt. Und doppelt genäht hält besser.«

»*Wir brauchen eine enkeltaugliche Landwirtschaft.*«

»Wir werden die Satzungsänderung nun so schnell wie möglich umsetzen«, sagt Günther, der selbst einer der Kandidaten auf Ulis Liste war und der nun in den Gemeinderat einziehen wird.

»Ich hoffe wirklich, auch das restliche Land wird bald verstehen, dass Pestizide der falsche Weg sind«, mischt Uli sich ein, der uns zugehört hat. »Niemand verlangt, dass alle von heute auf morgen umsteigen. Aber jetzt ist es Zeit zu erkennen, dass eine ökologische Landwirtschaft der bessere Weg ist.«

»Wir brauchen eine enkeltaugliche Landwirtschaft«, sekundiert Robert. »Wir haben nicht das Recht, die Böden zu vergiften, das Wasser zu vergiften. Wir haben die Pflicht, das, was wir von den nachfolgenden Generationen geliehen haben, im gleichen Zustand weiterzugeben, wie wir es vorgefunden haben. Wenn nicht in besserem Zustand.«

Noch am selben Tag publiziere ich auf Facebook:

DAS WUNDER GEHT WEITER!
Bürgermeister Veith hat sich in Mals stets für die Umsetzung des Ergebnisses der Volksabstimmung eingesetzt. Doch seine Parteifreunde hatten ihm im Jänner des vorigen Jahres die Gefolgschaft im Gemeinderat aufgekündigt. Rechtzeitig vor den gestrigen Gemeinderatswahlen hat er daher ein neues Team geformt, das der Bevölkerung versprochen hat, den Wil-

len des Volkes ohne Wenn und Aber umzusetzen. Auf dieser Liste kandidierten auch einige uns wohlbekannte Malser Aktivisten. Gestern wurde Bürgermeister Veith mit 72 Prozent (!) wiedergewählt! Seine neue Liste eroberte 12 von 18 Sitzen im Gemeinderat.

Es ist ein schöner Tag, an dem nichts unmöglich scheint. Ein wunderschöner Tag. Die Malser Aktivisten verfügen nun über eine zuverlässige Zweidrittelmehrheit im Gemeinderat. Jetzt würde es ein Leichtes sein, die Wünsche der Bevölkerung umzusetzen. Jetzt würde auch umgesetzt werden, was im ersten Anlauf kläglich gescheitert war, die Änderung der Gemeindesatzung.

Und in der Tat, nur wenige Monate später geht diese Änderung der Satzung mühelos durch den Gemeinderat. Damit ist der erste Schritt getan. Der zweite Schritt besteht nun in der Ausarbeitung einer konkreten Verordnung, die einen neuen Rahmen für die Verwendung von Pestiziden in Mals definieren soll. Diese Verordnung muss allerdings so formuliert sein, dass sie mit bestehenden Gesetzen nicht in Konflikt gerät, dass sie einer möglichen Anfechtung standhalten kann.

Denn eines der Hauptargumente des Landes Südtirol und des Bauernbunds war ja immer gewesen, dass man auf Dorfebene über die Frage der Pestizide weder abstimmen noch befinden dürfe. Man bezog sich dabei stets auf die aktuelle Rechtslage, ohne deren Sinnhaftigkeit zu hinterfragen. Schade eigentlich. Denn die Frage, was sinnvollerweise auf Gemeindeebene diskutiert werden sollte, ist ja sehr interessant, da Demokratie gerade auf Gemeindeebene besonders gut funktionieren könnte. Klar, Regeln sollten immer auf jener Ebene verankert werden, auf der sie am meisten Sinn machen. Diesem Grundprinzip würde ich allerdings ein zweites Grundprinzip zur Seite stellen: Wann immer es sinnvoll und möglich erscheint, sollten die Gemeinden ein gewichtiges Wörtchen mitsprechen können.

Sicher macht es wenig Sinn, auf Gemeindeebene über die Höhe der Straßenmaut zu befinden. Sonst würde womöglich jede Gemeinde, die an einer Autobahn liegt, fantastische Tarife erheben. Zweifellos sollte es nicht gestattet sein, auf dem Gemeindegebiet die Todesstrafe wieder einzuführen oder ein Heer zu unterhalten. Es ist jedoch durchaus sinnvoll, den Gemeinden im Kampf gegen Umweltzerstörung und Gesundheitsgefahren eine gewichtige Rolle zuzuweisen. Es sollte Gemeinden erlaubt sein, gegen lokale Probleme der Umweltzerstörung und Gesundheitsgefährdung auf lokaler Ebene vorzugehen. Und zwar, indem man erlaubt, dass überregional verbindliche Schutzbestimmungen auf Gemeindeebene zusätzlich verstärkt werden dürfen. Wohlgemerkt: nicht aufgeweicht. Eine Aufweichung sollte weiterhin verboten bleiben. Doch wenn eine Gemeinde in Bezug auf Ackergifte zusätzliche lokale Schutzmaßnahmen ergreifen will, so sollte dies erlaubt sein. Gemeinden sollten die Möglichkeit haben, Umweltnormen zu verbessern.

Natürlich müsste dabei jeweils sorgfältig geprüft werden, welcher Schaden durch solche Maßnahmen für Einzelne oder für die Allgemeinheit entsteht. Wenn es, wie in Südtirol, eine Landwirtschaftsform gibt, mit der man gutes Geld verdienen kann, und eine Gemeinde macht diese Form der Landwirtschaft de facto unmöglich, so hat sie den Wert der Grundstücke in dieser Region gemindert. Das wäre freilich nicht das erste Mal, dass die Allgemeinheit den Wert von Grundstücken im Interesse der Allgemeinheit verringert. Mitten auf der Malser Haide darf ja auch kein Bungalow errichtet werden. Wäre es erlaubt, wäre eine solche Parzelle sehr viel mehr wert. Doch es ist nicht erlaubt: aufgrund von Bestimmungen zum Schutz der Umwelt und Landschaft.

»Soll eine Gemeinde auf die Umweltzerstörung durch Monokulturen und auf Pestizidrückstände reagieren dürfen, indem sie überregionale Regeln auf dem Gemeindegebiet zusätzlich verstärkt?« Das ist die Diskussion, die geführt werden müsste, aber nicht geführt wird. Denn der aktuelle gesetzliche Rahmen wird nicht im Bezug auf seine Sinnhaftigkeit durchleuchtet, er wird vielmehr dazu verwendet, um Lobbyinteressen rücksichtslos durchzusetzen. Das zwingt die Gemeinde Mals nun dazu, erstklassige Juristen zu beauftragen und sich ausreichend Zeit zu nehmen, um eine Verordnung zu erarbeiten, die »gerichtsfest« sein würde. Würde man nämlich einfach nur die giftigsten Pestizidklassen verbieten, wie es die Bevölkerung eigentlich gefordert hatte, so bestünde die Gefahr, dass eine solche Verordnung einem Rekurs vor Gericht nicht standhalten würde.

## *Nie wieder Mals! –*
## *Die Gegner machen mobil*

Ein Dreivierteljahr nach der Gemeinderatswahl, am 3. Februar 2016, stehe ich am Tartscher Bichel, jenem Hügel in der Nähe von Mals, wo unsere Geschichte ihren Ausgang nahm. Es ist schneidend kalt, doch es liegt kein Schnee. Dick vermummte Gestalten laufen am Bichel auf und ab. Nervös. Sie stellen Stative auf, richten Kameras ein, halten lange Stäbe mit windgeschützten Mikrofonen in die Luft. Andere fotografieren fleißig. Nur einer scheint vollkommen gelassen: ein schlanker, weißhaariger Mann. Er steht in der Mitte von all diesem Trubel, die Hände in den Taschen der Jacke. Hans Rudolf Herren, der nach Mals gekommen ist, um heute Abend einen Vortrag in der Aula des Schulzentrums zu halten. Während er darauf wartet, dass die verschiedenen Techniker ihre Geräte fertig eingerichtet haben, unterhält er sich mit Günther Wallnöfer, der heute keinen Strohhut trägt, sondern eine warme Wollmütze. In der kleinen Menschentraube, die sich um den Träger des Alternativen Nobelpreises bildet, erkenne ich auch Margit Gasser von Hollawint, den Biobauern Ägidius Wellenzohn und Rudi Maurer von der Umweltschutzgruppe Vinschgau. Ich selbst halte mich heute etwas abseits. Ich habe kein Interview vereinbart und amüsiere mich damit zu drehen, wie all die anderen Filmteams arbeiten. Ein italienisches Dokumentarfilmteam, der Österreichische Rundfunk und die italienische RAI, alle sind sie da und strecken dem hohen Gast ihre Mikrofone entgegen, während sie innerlich vor Kälte schlottern.

Jetzt steht Hans Rudolf Herren genau an jenem Punkt des Hügels, wo mein eigenes Engagement für Mals vor mehr als einem Jahr begann. Auch er lässt jetzt seinen Blick schweifen. Auch ihm steht jetzt ein Vinschger zur Seite und weist mit ausgestrecktem Arm auf Besonderheiten der Landschaft hin. Damals, als ich hier stand, war es Gianni Bodini gewesen. Heute ist es Günther Wallnöfer, der sich angeregt mit dem Gast unterhält. Vielleicht ist das ja ein Initiationsritual, denke ich mit einem Schmunzeln. Einem grimmigen Schmunzeln allerdings, denn auch mir fällt es allmählich immer schwerer, der schneidenden Kälte zu trotzen. Zum Glück werden wir sehr bald in warmen Räumen Zuflucht suchen. Zuerst bei der Pressekonferenz des Gasts und danach bei seinem Vortrag.

Acht Stunden später trinke ich ein alkoholfreies Bier an der Bar des Bio Hotel Panorama und denke zurück an die Kuppe des Bichel. An jenen seltsamen Ort, der besondere Einblicke möglich macht. Es ist kurz vor Mitternacht, und ich will heute noch nach Meran zurückfahren. Ich befinde mich in einer Gruppe von rund fünfzig Gästen, die gemeinsam mit Hans Rudolf Herren nach seinem Vortrag hierher gekommen sind. Mein Blick schweift über die bekannten Gesichter der unüberwindlichen Malser, und ich freue mich, hier zu sein. Auch jetzt wieder halte ich mich etwas abseits und erlaube meinen Gedanken jede von ihnen gewünschte Abschweifung. In wenigen Minuten werde ich exakt 50 Jahre alt sein. Ein Ereignis, das ich bisher erfolgreich geheim gehalten habe, da mir Feste, in deren Mittelpunkt ich selbst stehe, in der Vergangenheit stets ein Gräuel waren.

In diesem Augenblick gehen die Lichter in dem Lokal aus, die Tür zur Küche springt auf, ich sehe eine Torte mit brennenden Kerzen. Im flackernden Kerzenlicht finde ich mich umringt von meinen Malser Freunden, die ein Geburtstagsständchen für mich singen und mir herzlich gratulieren. Beatrice Raas hatte herausgefunden, dass ich heute Geburtstag habe. Friedrich Steiner vom Bio Hotel hatte die Torte herbeigezaubert. Und die größte Überraschung von allen: Nichts daran ist mir unangenehm, heute.

Unter diesen Menschen fühle ich mich wohl. Und in exakt jenem Augenblick, 50 Jahre nach meiner Geburt, treffe ich eine folgenschwere Entscheidung: Ich werde mit meiner ganzen Familie, mit meiner Frau und unseren drei Kindern, binnen Monatsfrist nach Mals übersiedeln. Ich hatte mit dieser Idee bereits seit einigen Wochen kokettiert. Ich hatte auch eine mögliche Bleibe gefunden. Doch die endgültige Entscheidung hatte ich stets auf den nächsten Morgen verschoben. Und dieser Morgen ist heute, beschließe ich. In Mals würde ich die Geschichte, die ich im Begriff war zu erzählen, nicht nur von außen beobachten können, sondern von innen miterleben. Ich würde sie viel besser verstehen und daher viel besser erzählen können.

Und tatsächlich, genau 30 Tage später beziehen wir ein Haus in der Hauptstraße von Mals. Als sich herausstellt, dass dort die Heizung nicht arbeitet, ist das halbe Dorf auf den Beinen, um das Problem mit uns zu lösen. Auch für die fehlende Kücheneinrichtung wird im Laufe der ersten Tage provisorisch Ersatz geschaffen.

Meine ersten Wochen in Mals verwende ich nun dazu, mir ein besseres Bild von der Stimmung im Dorf zu verschaffen. Ich bemerke eine gewisse Nervosität. Seit dem überwältigenden Wahlsieg der Liste des Bürgermeisters ist nun fast ein Jahr vergangen, und noch immer gibt es keine Verordnung, keinen Erlass, kein Verbot von gefährlichen Pestiziden in Mals. Zwar scheinen alle zu wissen, dass dies hauptsächlich daran liegt, dass eine solche Verordnung sorgfältige Vorbereitung erfordert. Doch in diese Gewissheit beginnen sich erste Zweifel zu mischen. Aber nicht nur in Mals ist es erstaunlich still geworden, auch in Bozen. Ist der Malser Initiative für Pestizidfreiheit auf dem langen Weg die Kraft ausgegangen?, frage ich mich. Oder ist diese seltsame Ruhe in Südtirol nur die Ruhe vor dem Sturm?

Tief in Gedanken versunken, treffe ich in der Fußgängerzone meines neuen Heimatorts auf Koen Hertoge. Er scheint beunruhigt: »Heute fand in der zweiten Gesetzgebungskommission in Bozen eine Sitzung statt, in der über einen Gesetzentwurf von Landesrat Schuler diskutiert wurde. In diesem Vorschlag steht tatsächlich drin, dass das Land in Zukunft die alleinige Kompetenz erhalten soll, wenn es um das Thema Pflanzenschutzmittel geht. Um das Thema Pestizide. Nach dem Motto ›Nie wieder Mals!‹ versucht der Landesrat jetzt dafür zu sorgen, dass nicht nur Mals, sondern auch alle anderen Gemeinden, die vielleicht in Zukunft pestizidfrei werden wollen, keine Möglichkeit mehr dazu haben.« Aufgebracht wiederholt er das Gleiche in anderen Worten: »Wenn dieses Gesetz im April durch den Landtag geht, dann haben die Gemeinden in Südtirol keine Möglichkeit mehr, etwas gegen die lokale Pestizidbelastung zu unternehmen.«

Ich spreche Koen darauf an, dass ein solches Gesetz unter Umständen verfassungswidrig sein könnte, und er stimmt mir zu: »Der Bürgermeister ist in Italien – gemäß italienischer Verfassung – für die Gesundheit in seiner Gemeinde verantwortlich. Wenn also durch den Einsatz von Pestiziden Gesundheitsprobleme auf dem Gemeindegebiet entstehen, dann hätte der Bürgermeister, falls das neue Landesgesetz in Kraft treten würde, keine Möglichkeit mehr, die Gesundheit der Bevölkerung zu schützen.«

Er erzählt mir weiter, dass PAN-Italia deshalb einen Appell an die Mitglieder der zweiten Gesetzgebungskommission gerichtet habe. Sie mögen gut überlegen, ob die Entscheidung, die sie im Begriff sind, zu treffen, tatsächlich zum Wohl der Bevölkerung und zum Wohl der Wähler sei.

Als er das Wort »Wähler« ausspricht, glaube ich darin einen drohenden Unterton zu vernehmen. Werden die Wähler verstehen, was die Pestizidlobby sich hier erlaubt?, frage ich mich. Ich hoffe es, doch ich zweifle gleichwohl daran. Ich frage Koen, was all das seiner Meinung nach für Mals bedeute.

»Für Mals gibt es jetzt zwei Möglichkeiten. Entweder Bürgermeister Veith bringt noch im März eine Durchführungsverordnung durch den Gemeinderat oder aber er schafft es nicht, bevor dieses neue Landesgesetz im April in Kraft tritt. In diesem zweiten Fall hätte die Gemeinde Mals keine Möglichkeit mehr, ein Pestizidverbot auszusprechen.«

Ich staune ungläubig und schüttle den Kopf. Die Südtiroler Landesregierung überrascht mich immer wieder. Leider nie positiv. Auch Koen ist außer sich: »Die Bevölkerung hat sich für ein Verbot ausgesprochen. Und daher sollte das Verbot nun endlich unter Dach und Fach gebracht werden.«

Koens Wunsch wird erhört. Noch im März tritt der Malser Gemeinderat zusammen, um eine wichtige Verordnung zu erlassen. Im Publikum befinden sich auch diesmal wieder die üblichen Verdächtigen. Die Frauen von Hollawint sitzen in der ersten Reihe, weiter hinten sehe ich Robert und Edith, dazwischen Peter Gasser. Alle Gesichter sind ernst und sachlich. Man ist gekommen, so scheint es, dem Rat auf die Finger zu schauen.

Die Gemeinderatssitzung beginnt. Uli Veith erklärt die geplante Verordnung. Juristen erklären den Hintergrund. Dann kommt es rasch zur Abstimmung. Die Opposition ist heute nicht anwesend. Die eigene Fraktion folgt dem Bürgermeister geschlossen. Ohne Enthaltung. Ohne Gegenstimme. Die Verordnung geht einstimmig durch.

»Habemus Pestizid-Verordnung«, juble ich auf Facebook, live aus dem Gemeinderat in Mals.

Mein Blick fällt auf den Wandschmuck im Gemeindesaal. Jesus von Kindern umringt. Ich denke an die Szene im Markus-Evangelium, die mir so gut gefällt. Die Szene in der Jesus sagt: »Lasst die Kinder zu mir kommen! Hindert sie nicht daran! Denn für solche wie sie ist das Gottesreich.«

Am heutigen Tag haben sich die Kinder durchgesetzt, die an ein Leben in Frieden und Harmonie miteinander und mit der Natur glauben, an ein Gottesreich.

Uli Veith schließt nun die Versammlung: »Ich danke allen Gemeinderäten für den Mut, den sie bewiesen haben. Sollte es zu einer Anfechtung dieses Beschlusses kommen, dann werden wir uns mit allen Mitteln wehren.« Die Versammlung ist zu Ende. Die Malser Pestizidgegner verlassen den Gemeindesaal. Man gehe wieder zum Grauen Bären, ob ich auch kommen wolle? Ich nicke. »Doch zuerst möchte ich noch mit einigen Gemeinderäten sprechen.«

»Jetzt muss man halt schauen, ob Rekurse kommen, und dann entsprechend reagieren« sagt Christine Taraboi, Gemeinderätin in Mals. »Ich bin sehr stolz auf meine Gemeinde«, ergänzt sie. »Zurzeit lebe ich ja in Thüringen, und auch die Menschen in Thüringen blicken auf Mals. Sie wollen wissen, wie sich die Dinge hier entwickeln. Denn Pestizidrückstände sind ja überall auf der Welt ein brennendes Problem. Wenn wir hier einen Anstoß in die richtige Richtung geben können, dann können wir stolz darauf sein.«

Am Ausgang des Gemeindesaals erwische ich noch Günther Wallnöfer. Er hält sein Statement kurz, knapp und wirksam: »Die Bürger von Mals sind jetzt geschützt.«

Ich halte ihn nicht länger auf, wende mich zurück und steuere zielstrebig auf den Bürgermeister zu. Ob er mir kurz erklären könne, was hier und heute genau geschehen ist. Gerne. Er nimmt sich Zeit: »Wir haben jetzt endlich die Verordnung verabschieden können, die wir den Bürgern versprochen haben. Damit haben wir auch den Beschluss aus dem Juli 2015 umgesetzt. Damals haben wir uns ja in unserer Satzung verpflichtet, die Initiative zu ergreifen, um die Gesundheit der Bevölkerung zu schützen, um auch die Natur zu schützen, um auch die Biodiversität zu schützen. Von der Verordnung, die wir jetzt ausgearbeitet haben, glauben wir, dass sie zu diesem Ziel führt: zum Ziel einer pestizidfreien Gemeinde Mals. Außerdem glauben wir, und das ist ganz wichtig, dass diese Verordnung auch rechtlich halten wird.«

Ich bitte ihn, mir die Details der Verordnung in möglichst einfachen Worten zu erklären.

»Zunächst einmal handelt es sich um eine stufenweise Anpassung. Bestehende Anlagen müssen nicht von heute auf morgen umgestellt werden. Für neue Anlagen sind jedoch bestimmte besonders giftige Pestizide ab sofort verboten. Bei einem Großteil der Pestizide wollen wir unser Ziel jedoch nicht durch Verbote, sondern durch eine Verschärfung der Abstandsregeln erreichen. Wir erhöhen also die Abstände, die bei der Pestizidausbringung zu beachten sind. Und zwar in fast allen Fällen auf 50 Meter. 50 Meter

Koen Hertoge (Mals), Umweltaktivist

Abstand zu allen öffentlichen Flächen, zu allen Schulen, zu allen Gebäuden, aber auch zu allen landwirtschaftlichen Flächen, auf denen keine Pestizide eingesetzt werden. Diese 50 Meter müssen also auch zu jeder Wiese, zu jedem Getreidefeld und jedem Gemüseacker eingehalten werden. Bei Gewässern sind wir sogar noch strenger. Dort sind es 200 Meter.«

»Und das führt zur Pestizidfreiheit in Mals?«, frage ich nach.

Er nickt. »Da wir unser Gebiet und seine Kleinparzellierung sehr gut kennen, sind wir sicher, dass wir mit dieser Verordnung das Ziel erreicht haben, Mals pestizidfrei zu machen. Der Wunsch, den die Bevölkerung im Jahr 2014 geäußert hat, wurde heute vom Gemeinderat umgesetzt.«

»Warum habt ihr nicht einfach, wie in der Volksabstimmung gefordert, die giftigsten Pestizidklassen verboten?«

»Weil es für uns auch sehr wichtig ist, dass der gewählte Weg rechtlich hält. Wir wollen uns nicht auf einen jahrelangen Rechtsstreit einlassen. Und unser Weg ist rechtlich nun so gut abgesichert, dass er vermutlich gar nicht angefochten wird. Auch deshalb nicht, weil mittlerweile unsere Gegner begreifen, dass die Gemeinde und die Bevölkerung unbeirrbar an ihrem Ziel festhalten. Der heutige Beschluss wurde ja einstimmig gefasst. Alle anwesenden Gemeinderäte haben dafür gestimmt. Das ist auch ein klares Signal nach außen, dass wir die Biodiversität auf dem Gemeindegebiet schützen werden, dass wir eine nachhaltige Landwirtschaft wollen.«

»Eine letzte Frage: Du wirkst gar nicht so euphorisch, wie du nach einem solchen Beschluss eigentlich wirken müsstest?«

»Wir haben jahrelang für diesen Weg gekämpft. Uns wurden immer wieder Steine in den Weg gelegt. Wir wurden aufgehalten. Es wurde verzögert. Wir wurden behindert. Und dadurch sind wir innerlich vielleicht noch immer vorsichtig: Wird die Verordnung tatsächlich halten? Die große Freude, die eigentlich nach einem solchen Schritt aufkommen sollte, ist daher noch etwas gedämpft. Aber eines haben wir am heutigen Tage auf jeden Fall erreicht: dass Mals pestizidfrei wird.« Ich bedanke mich, packe mein Equipment zusammen und schlendere zum Wirtshaus.

Die Szene dort kommt mir bekannt vor. Die gleichen Gesichter wie vor eineinhalb Jahren. Wie damals geht es hauptsächlich um private Themen. Natürlich ist die Stimmung gelöster als beim letzten Mal, als die Verordnung im ersten Anlauf vom Gemeinderat versenkt wurde. Doch auch heute, Johannes hatte Recht, gibt es hier kein »Triumphgeheul«. Unsere Malser wissen genau, dass die Geschichte noch nicht zu Ende ist. Vielleicht werden wieder einzelne Bauern, mit Rückendeckung des Bauernbundes, Rekurs gegen diese Verordnung einlegen? Vielleicht wird sie vor Gericht bekämpft werden?

## 19

# Die große Depression
*Was uns zerstört, wächst schneller*

Es kam, wie es kommen musste. Unbeeindruckt von Sachargumenten, unbeeindruckt vom Wählerwillen, unbeeinflusst von anderen Zielen als jenen des Bauernbundes, verabschiedet Südtirols Landtag im April 2016 tatsächlich das Gesetz zur Neuregelung des Pflanzenschutzes, das nun alle Macht dem Land zuweist, so umfassend, dass es den Gemeinden sogar untersagt, Rückstandsmessungen durchzuführen.

Beinahe zeitgleich fällt in einem Provinzgericht in Bozen die Entscheidung, die Malser Abstimmung von 2014 für ungültig zu erklären. Ungültig sind damit auch alle Rechtsakte, die sich unmittelbar auf diese Abstimmung beziehen.

Die Malser Pestizid-Verordnung ist davon zum Glück nicht betroffen. Denn sie bezieht sich nicht explizit auf die Abstimmung, sondern vielmehr auf die Pflicht der Gemeinde, die Gesundheit der Bürger zu schützen.

Die Malser Verordnung bleibt also in Kraft. Zumindest vorläufig.

Das alles schreit förmlich nach prompten und deutlichen Reaktionen.

»Ihr wollt also tatsächlich, dass wir in den Gemeinden nicht über Pestizide abstimmen?«

»Kein Problem.«

»Dann stimmen wir eben landesweit ab!«

»Nur worüber?«

»Wie soll die Fragestellung einer Einführenden Volksabstimmung lauten?«

»Es muss eine Fragestellung sein, die kein normaler Mensch ablehnen kann.«

»Ich hab's: Wollt ihr, dass regelmäßig und landesweit Rückstandsmessungen durchgeführt werden? Und wollt ihr, dass die Bürgermeister im Fall von Problemen für den zusätzlichen Schutz der Bevölkerung sorgen müssen?«

»Oh, wie ich mich darauf freue, von der Landesregierung zu hören, was gegen einen solchen Vorschlag sprechen könnte.«

## Zu müde zum Kämpfen

Sofort begebe ich mich auf die Suche nach Mitstreitern und beginne zu telefonieren. Ich hoffe, dass meine Begeisterung viele anstecken wird: »Wenn es uns gelänge, regelmäßige Rückstandsmessungen und eine Reaktionspflicht für die Bürgermeister einzuführen, würde das gesamte Kartenhaus der industriellen Landwirtschaft in Südtirol zusammenbrechen! Denn Rückstandsprobleme gibt es überall und allwöchentlich. Eine regionale Landwirtschaft nach ökologischen Prinzipien würde entstehen!«

»Wer will also gemeinsam mit mir das Promotorenkomitee für eine solche Volksabstimmung bilden?«

»Wer will sich mit mir in diesen Kampf stürzen?«

Zunächst spreche ich ein halbes Dutzend Malser darauf an. Alle sagen mir ihre Mitarbeit zu. Danach spreche ich mit ebenso vielen Bekannten aus dem übrigen Südtirol. Diese zögern. »Ja, vielleicht.« – »Wahrscheinlich.« – »Oder doch nicht.« – »Lass uns reden ...!«

Davon unbeirrt beginne ich eine Presseerklärung aufzusetzen.

Schließlich gibt es nichts Gutes, außer man tut es.

Als ich jedoch meinem provisorischen Promotorenkomitee vorschlage, am Anfang der Folgewoche zur Tat zu schreiten, springt einer nach dem anderen ab. Ich höre allerlei Ausflüchte. »Nicht jetzt.« – »Im Herbst vielleicht.« – »Zunächst noch eine Petition.« Und so weiter und so fort.

Ich habe verstanden. Niemand will in Wirklichkeit mitmachen. Nicht einmal meine Malser Freunde.

Bei einer Versammlung im Kulturhaus Mals wiederhole ich meinen Vorschlag. In einer der Wortmeldungen heißt es dazu: »Ich weiß mit meiner Zeit etwas Besseres anzufangen, als eine weitere Volksabstimmung zu organisieren.«

## Nichts geht mehr

Ich verstehe.

Unsere tapferen Malser sind also müde und ausgelaugt.

Ich nehme es ihnen nicht übel.

Und im restlichen Südtirol will man sich nicht exponieren.

Das finde ich schon eher zum Kotzen.

Ich fühle mich alleingelassen.

Ich sitze in meiner Stube, in der Stube meiner Malser Wohnung und bin zutiefst enttäuscht.

Und ich bin nicht nur enttäuscht. Ich bin auch vollkommen pleite: Nach eineinhalb Jahren Kampf ohne vernünftiges Budget stapeln sich unbezahlte

Rechnungen auf meinem Tisch. »Telefon, Gas, Elektrik, unbezahlt und das geht auch«, singt Herbert Grönemeyer. Und das stimmt wohl auch. Allerdings nicht für unbeschränkt lange Zeit. Irgendwann wird es eng. Jeden Abend verstecke ich nun meinen Computer und mein Filmequipment, aus Angst, dass am nächsten Morgen ein uneinsichtiger Exekutor an meiner Tür läuten könnte. Umweltfragen wären dem vermutlich egal.

Was tun?, frage ich mich. In Südtirol, wo ich lebe, ist an neue Aufträge nicht mehr zu denken.

Außerdem hätte ich gar keine Zeit, diese neuen Aufträge zu erfüllen, muss ich doch zunächst den Film über »Das Wunder von Mals« fertigstellen. Nur wie? Ohne Geld!

»Und welchen Film überhaupt?« In Mals tut sich ja eigentlich gar nichts mehr. Man wartet hier nur noch darauf, wie die Gerichte entscheiden werden. Doch das kann Jahre dauern. Soll ich die Malser beim Warten filmen?

Soll ich vielleicht filmen, wie meine Malser Freunde sich nun zurücklehnen, wie sie nicht einmal mehr auf offensichtliche Lügen in den Medien reagieren, wie sie das Spielfeld, auf dem sie so hart gekämpft haben, nun kampflos ihren Gegnern überlassen?

Nur eine Handvoll Menschen scheint das Problem der industriellen Landwirtschaft im vollen Ausmaß verstanden zu haben. Nicht alle Malser zählen dazu. Die meisten anderen ignorieren dieses Problem ohnehin oder engagieren sich aktiv für die Zerstörung der Welt.

> *Nur eine Handvoll Menschen scheint das Problem der industriellen Landwirtschaft im vollen Ausmaß verstanden zu haben.*

Eine Depression, habe ich einmal in einem medizinischen Lehrbuch gelesen, zeigt sich auch daran, dass man sich sogar zu müde fühlt, sich das Leben zu nehmen. Das Leben würde ich mir zwar niemals nehmen, doch was es heißt, lebensmüde zu sein, das erfahre ich in diesen Tagen auf schmerzhafte Weise. »Sometimes I feel I've had enough«, singt John Lennon mit trauriger Stimme. Und Rilke legt Jesus am Tag vor der Hinrichtung die folgende Anklage an Gott in den Mund:

»Ich bin allein mit aller Menschen Gram,
  den ich durch Dich zu lindern unternahm,
  der Du nicht bist. O namenlose Scham ...«

## *Die Hoffnung bleibt*

Ich könnte ein Bier trinken, geht es mir durch den Kopf. Dafür bin ich vielleicht nicht zu müde. Und tatsächlich, ich ziehe Schuhe und Jacke an; doch statt zum Wirtshaus biege ich in die entgegengesetzte Richtung ab und finde mich schließlich auf der Landstraße. Über mir hängen dunkle Gewitterwolken. Alles, was mir bleibt, ist die Nacht und der Wind voller Weltraum, der mir am Angesicht zehrt. Ich erreiche den Tartscher Bichel. Und wie immer, wenn ich dieses Kraftfeld betrete, denke ich meine Gedanken nicht mehr. Sie kommen ohne mein Zutun.

> *In lebendigen Systemen verlaufen Veränderungen nicht linear.*

»Wo Gefahr ist, da wächst das Rettende auch«, spreche ich mir Trost zu.

»Sicher«, lautet meine Antwort, »doch es wächst viel zu langsam. Was uns zerstört, wächst viel schneller ... Während hier in Europa ein paar kluge und verantwortungsvolle Menschen ohne Fleisch leben, erreicht die Fleischproduktion gleichzeitig in beinahe allen Teilen der Welt neue Höchstwerte. Und das ist nur eines von vielen Beispielen. Was uns zerstört, wächst viel schneller.«

Eine lange Stille tritt ein.

Der Dialog mit mir selbst erstirbt.

Wir müssen diesen Kampf gewinnen. Unser Widerstand ist ja keine Beschäftigungstherapie. Wir sind mit den größten Problemen konfrontiert, vor denen die Menschheit jemals stand. Und unsre Reaktionen sind bestenfalls lauwarm. Falls wir überhaupt reagieren. Was soll ich nur tun?

Ich gehe nun in tiefer Dunkelheit.

Da besänftigt mich eine Stimme.

Ist es meine eigene?

Sie ähnelt jedenfalls jener ruhigen Stimme, die mit Don Camillo zu sprechen pflegte.

»Manchmal kommt alles zusammen und verstärkt sich gegenseitig. Dann bringt ein einzelner Tropfen das Fass zum Überlaufen. Das gibt es nicht nur im Negativen. Mit der gleichen Plötzlichkeit und Heftigkeit kann auch ein einzelner positiver Funke eine Kettenreaktion der Befreiung auslösen.«

Stille.

Ein leichter Wind weht.

»Denk an das Senfkorn. Es ist das Kleinste aller Samenkörner, die man in die Erde sät. Aber wenn es einmal gesät ist, geht es auf und wird größer als alle anderen Gartenpflanzen. Es treibt so große Zweige, dass die Vögel in seinem Schatten nisten können.«

Ich habe nun die Kuppe des Hügels erreicht.

Der Wind ist hier stärker.

»Mach es wie der Bauer auf dem Felde, der seine Saat auf dem Acker ausstreut. Er legt sich schlafen, er steht wieder auf, ein Tag folgt dem anderen; und die Saat geht auf und wächst – wie, das weiß er selbst nicht. Ganz von selbst bringt die Erde Frucht hervor: zuerst die Halme, dann die Ähren und schließlich das ausgereifte Korn in den Ähren.«

Ich atme die frische Nachtluft ein.

Genieße den Wind in meinem Gesicht.

»Deine Aufgabe besteht ausschließlich darin, das Richtige zu tun. Was dabei herauskommt, liegt nicht in deiner Hand. Lass dich überraschen. Vertrau' mir.«

Da legt sich der Wind für einen Augenblick, und es tritt eine große Stille ein.

Das ist es! Das ist es, wonach ich gesucht habe … Denn ohne begründbare Hoffnung könnte ich nicht mehr weitermachen. Ich bin schließlich kein Masochist.

Die Stimme hat Recht. In lebendigen Systemen verlaufen Veränderungen nicht linear. Auch plötzliche Umbrüche sind möglich. Plötzliche positive Rückkopplungen. Sich selbst verstärkende Effekte. Darauf will ich hoffen. Daran werde ich arbeiten.

Am nächsten Tag erfahre ich, dass einige Obstbauern, mit Rückendeckung des Südtiroler Bauernbundes, tatsächlich Rekurs gegen die Malser Verordnung eingelegt haben. Ich bleibe gelassen. Ich werde ab jetzt unbeirrbar daran arbeiten, dass Mals pestizidfrei bleibt, dass die maßlose Umweltzerstörung durch die industrielle Landwirtschaft aufhört. In Südtirol, in Europa und weltweit.

## 20

# Mein Wunder von Mals
(TEIL 1)
*Alles fügt sich wie von selbst*

Wie kann ich den Zusammenbruch meiner Finanzen noch ein bisschen hinauszögern? Wie kann ich noch einige Wochen lang weiterarbeiten? Wie den Film vielleicht doch noch fertigstellen?

Diese Fragen stelle ich mir im Frühjahr 2016 tagtäglich, in der Früh, zu Mittag und am Abend. Bis mir schließlich eine Idee kommt, die im ersten Augenblick verrückt erscheint und die sich im zweiten Augenblick wohl auch als verrückt erweisen wird. Dennoch lässt sie mich nicht mehr los. Ich will, zusätzlich zum Film, ein Buch über »Das Wunder von Mals« schreiben. In Südtirol sollte sich solch ein Buch eigentlich recht gut verkaufen. Als Autor würde ich zwar, selbst wenn es mir gelänge, 5.000 Stück zu verkaufen, nicht wirklich viel verdienen – fünf zusätzliche Drehtage vielleicht –, doch als Verleger …? Wie wäre es, wenn ich das Buch im Eigenverlag herausbringen würde? Könnte ich auf diese Weise vielleicht endlich ein ausreichendes Budget zur Fertigstellung des Films zusammenkratzen?

### *Die Vernunft des Herzens*

Ich stelle solche und ähnliche Kalkulationen an und weiß doch gleichzeitig, dass sie nur als Vorwand dienen, mich in ein neues Abenteuer zu stürzen, das meinem Herzen vernünftig erscheint.

Und so sitze ich nun Tag für Tag in meinem verwilderten Malser Garten, mit einem Laptop auf dem Schoß, und schreibe Kapitel für Kapitel. Wenn ich müde werde, klappe ich diesen Laptop zusammen und gehe ins nahegelegene Kaffeehaus, wo ich ihn wieder aufklappe, um noch ein paar Zeilen zu schreiben. Obwohl ich von Anfang an genau weiß, was ich erzählen will, fällt mir die Arbeit zunächst sehr schwer, denn ich finde oft nicht die richtigen Worte.

Hin und wieder denke ich an Moses und daran, wie er mit Gott diskutierte, und dieser Gedanke heitert mich auf. Als Gott nämlich Moses aus dem brennenden Dornbusch heraus persönliche Aufträge erteilt, will Moses davon zunächst nichts wissen: »Ich bin kein Mann, der reden kann; ich bin es von jeher nicht gewesen, und bin es auch jetzt nicht. Ich habe eine schwere Zunge und einen schwerfälligen Mund!«

Doch Gott lässt diese Argumente nicht gelten: ER gibt den Auftrag, und ER gibt die Mittel. »Wer hat dem Menschen den Mund gemacht? Oder wer macht ihn stumm oder taub oder sehend oder blind? Bin ich es nicht? So geh nun hin: Ich will dich lehren, was du sagen sollst!«

Trotzig unternimmt Moses einen letzten Anlauf: »Ach, Herr! Sende doch, wen du senden willst!«

Jetzt wird es Gott aber zu bunt. Wörtlich heißt es an dieser Stelle: »ER wurde sehr zornig.«

Das will ich natürlich nicht riskieren. Also schreibe ich tapfer weiter.

## *Die Bruderschaft der Unbeirrbaren*

Nachdem ich mich auf diese Weise, durch zähes Ringen um Worte, allmählich davon überzeugt hatte, dass tatsächlich ein Buch heranwächst – und nach einem weiteren Blick auf mein Bankkonto –, kommt mir die Idee, einige Exemplare des Buchs bereits vorab zu verkaufen. Dazu müsste ich allerdings wieder unter Menschen gehen, sie um Unterstützung bitten. Und das fällt mir zurzeit nicht leicht.

Mit großer Mühe raffe ich mich auf und besuche Johannes Fragner-Unterpertinger in seiner Apotheke. Ob er einen Augenblick Zeit hätte, möchte ich von ihm wissen. Er hat, und er bittet mich, ihm zu folgen, in ein kleines Kämmerchen, das ihm offenbar als Büro dient. Dort erzähle ich ihm von dem Buchprojekt und stelle ihm geradeheraus die Frage, ob er einige Bücher vorab bestellen will. Er will und bestellt sogleich 100 Stück. Dann sucht er in seinem E-Mail-Verteiler nach weiteren möglichen Unterstützern.

Eine halbe Stunde später verlasse ich die Apotheke mit einer Bestellung und einer Liste, beschwingt und erleichtert und dankbar. Denn beide Projekte, Buch und Film, hingen in diesem Augenblick tatsächlich an einem seidenen Faden. Ich selbst hatte mir ja vorgenommen, von nun an unbeirrbar und stets das Richtige zu tun. Johannes, so wird mir klar, hat diese Unbeirrbarkeit schon vor langer Zeit erlangt.

Buchstäblich im letzten Moment wendet sich also das Blatt und die Arbeit kann weitergehen. Eine Erfahrung, die ich in den kommenden Wochen noch viele Male machen sollte. Denn auch auf der Liste des Johannes befinden sich viele Menschen, die, wie es scheint, der Bruderschaft der Unbeirrbaren angehören, die bereit sind, das Buch- und Filmprojekt durch eine

Vorabbestellung Wirklichkeit werden zu lassen. Bald sind rund 500 Bücher verkauft. Das Feuer in mir, es war am Erlöschen, doch nun lodert es heller als jemals zuvor.

## *Der Umweg über Deutschland*

Ich mache täglich lange Spaziergänge, begleitet von meinem Diktiergerät. Und was ich am Vormittag diktiere, wird am Nachmittag niedergeschrieben. Meistens diktiere ich einzelne Szenen des geplanten Buchs. Doch manchmal geht es auch um die Frage, wie der Kampf der Malser doch noch gewonnen werden kann. Einer dieser Texte trägt die Überschrift: »Der Umweg über Deutschland«:

*Wenn die Urlaubsgäste nun bemerkten, dass die Täler Südtirols durch Pestizide kontaminiert sind?*

Der wahre Motor von Südtirols Wirtschaft ist der Tourismus, nicht die Landwirtschaft. Die Landwirtschaft trägt weniger als 5 Prozent zur gesamten Wirtschaftsleistung bei.

Was, wenn die Urlaubsgäste nun bemerkten, dass die Täler Südtirols durch Pestizide kontaminiert sind? Was, wenn diese Gäste deshalb ausblieben?

Gewiss würden dann die Touristiker unsere unbelehrbaren Obstbauern ziemlich rasch zur Räson bringen: »Ihr müsst sofort damit beginnen, dieses Problem zu lösen! Sonst ruiniert ihr uns und damit die Wirtschaft unseres kleinen Landes.«

Die Bauern würden dazu gezwungen, endlich einzulenken. Und natürlich würden sie einlenken. Der Wolf würde Kreide fressen: »Ja, wir sind uns des Problems bewusst. Wir setzen nun alles daran, in den nächsten zehn Jahren zur ersten Urlaubsdestination frei von Pestiziden zu werden.«

Und der erste Schritt in diese Richtung? Worin würde der wohl bestehen?

Richtig! Die Modellregion Obervinschgau als Experimentierfeld für Südtirol würde stolz verkündet werden! Unser pestizidfreies Mals wäre endlich in trockenen Tüchern!

Um diese Strategie des Umweges über Deutschland aktiv umzusetzen, muss ich das Pestizidtirol-Image, vor dem ich zunächst noch scherzhaft gewarnt hatte, nun aktiv in Deutschland verbreiten. Die Urlaubsgäste müssen begreifen, wie vergiftet ihr Paradies ist. Mein Buch und mein Dokumentarfilm würden hoffentlich diese Strategie unterstützen. Was durch endlose Diskussionen in Südtirol nicht zu erreichen war, würde schließlich durch wachsenden Druck von außen ganz rasch verwirklicht werden.

Ich denke daran, was Alexander Agethle nach der gescheiterten Gemeinderatssitzung im Jänner 2016 gesagt hatte: »Wir sind jedenfalls alles andere als schwach. Denn es herrscht eine tiefe, existenzielle Angst, dass eines Tages beim Konsumenten, dem Hauptmarkt Deutschland, diese riesige Lüge auffliegen könnte. Dass der Konsument dann erfährt, wie oft unsere Südtiroler Produkte chemisch behandelt werden. Dass der Tourist mehr Informationen bekommt.«

> »Es herrscht eine tiefe, existenzielle Angst, dass eines Tages beim Konsumenten, dem Hauptmarkt Deutschland, diese riesige Lüge auffliegen könnte.«

Ich brauche allerdings einen starken Partner in Deutschland. Im Idealfall das Umweltinstitut München. Es repräsentiert die größte und womöglich effektivste Umweltlobby in Deutschland, mit mehr als 300.000 aktiven Newsletter-Abonnenten.

## *Im Rausch der Bilder*

Zunächst jedoch stehe ich vor der Aufgabe, auch mein Filmprojekt wiederzubeleben. Es rasch zu Ende zu bringen.

Das sollte eigentlich gar nicht so schwer sein. Denn die Struktur der Geschichte kenne ich ja recht gut. Ich weiß auch, was dringend gesagt werden muss, um das Sachproblem zu erklären. Auch über die nötigen Bilder, um die Geschichte zu erzählen, sollte ich mittlerweile verfügen. Mehrere Terabyte Filmmaterial befinden sich auf meinen Festplatten. Ob ich jedoch alles habe, was ich tatsächlich benötige, das weiß ich natürlich nicht. In Wahrheit schrecke ich davor zurück, mich endlich durch diesen Berg von Filmmaterial zu wühlen, um eben dies herauszufinden.

Was ist also zu tun?

Ich beschließe, die Postproduktion zu einer Art Live-Performance zu machen. Ohnehin schneide ich Filme nicht wie ein Perfektionist, der tagelang an Szenen herumtüftelt, sondern vielmehr wie ein Jazzmusiker, der sich in einen Rausch hineinsteigert, in dem er intuitiv die richtigen Töne trifft. Meistens jedenfalls. Manchmal jedoch auch nicht. Doch richtig oder falsch: Mir ist's egal. It does not mean a thing, if it ain't got that swing …

Der Plan: Ich werde meinen Film nun in Wochenintervallen im Internet vorab veröffentlichen. Und zwar jeweils eine Episode pro Woche. Das zwingt mich dazu, schnell zu entscheiden, schnell zu schneiden, fehlende Bilder, fehlende Interviews ohne Verzögerung zu drehen. Und es zwingt mich vor allem auch dazu, mit dem, was in Wochenfrist machbar ist, jeweils zufrieden zu sein.

Ich werde wertvolles Feedback erhalten. Werde sehen, was geht und was nicht. Und am Ende werde ich aus diesen Episoden, unter Berücksichtigung des Feedbacks, die Langversion des Films wie ein Puzzle zusammenfügen, bestärke ich mich in meinem Entschluss.

»Was dabei herauskommt, liegt nicht in deiner Hand. Lass dich überraschen. Vertraue mir«, flüstert die Stimme mir immerfort zu.

Und tatsächlich: Es funktioniert wie geplant. Die Episoden kommen gut an, finden ihr Publikum, werden positiv aufgenommen.

Und das vielleicht Wichtigste dabei: Die Verstimmung, die zwischen mir und meinen Malser Freunden entstanden war, löst sich allmählich auf. Sie unterstützen mich nach Kräften, geben mir fehlende Interviews, stehen für fehlende Szenen bereit und freuen sich mit mir an dem, was dabei herauskommt.

## *Von der Achtsamkeit für Allerkleinstes*

Allwöchentlich am Freitagmorgen teilt Johannes Fragner-Unterpertinger in seinem Newsletter aktuelle Neuigkeiten mit den Empfängern dieser Aussendung. Dort rührt er fleißig die Werbetrommel für meine Episoden. Und dort erfahre ich auch von einem Theaterstück, das am 25. September 2016 um 20 Uhr im Kulturhaus in Mals stattfinden soll: »Fräulein Brehms Tierleben – Lumbricus terrestris – Der Regenwurm« von und mit Barbara Geiger. Leider verpasse ich das Stück.

Doch als ich Johannes am Folgetag treffe, erzählt er mir von einer Wiederholung, die ich nicht verpassen dürfe. Es sei fantastisch. Ich folge also am selben Abend der Empfehlung des Johannes und schließe mich seinem Urteil an.

Barbara Geiger spricht in der Rolle des Fräulein Brehm ausführlich über Regenwürmer, zitiert dabei aus Brehms Tierleben und führt das Publikum an der Hand in eine unterirdische Welt. Der Ton, den sie für ihre Erzählung wählt und der bekanntlich die Musik macht, ist so witzig, dass man dabei aus dem Lachen nicht herauskommt.

Als Filmmensch beobachte ich auch interessiert einen Kameramann, der das Ereignis festhält. Mit ihm und seinem Regisseur führe ich nach der Veranstaltung ein kurzes Gespräch, zu dem sich bald auch »Fräulein Brehm« gesellt. Es stellt sich heraus, dass sie alle »Das Wunder von Mals« verfolgen oder zumindest davon gehört haben. Barbara Geiger in Berlin. Ralph Weihermann und sein Kameramann in der Filmmetropole Köln. Ich vereinbare, mit Ralph weiterhin in Kontakt zu bleiben.

Der unbeirrbare Widerstand der uns wohlbekannten Obervinschger hat das kleine Mals tatsächlich zu einem Anziehungspunkt für interessante Menschen gemacht, zu einem Ort, wo sich die Schicksale kreuzen, wie sich bald noch herausstellen sollte.

Zunächst aber muss ich nach München. Denn das Umweltinstitut München hat mich eingeladen, im Rahmen der »Nacht der Umwelt« einen Vortrag über Mals zu halten und dabei einige Szenen aus meinem Dokumentarfilm zu zeigen.

Zwei Stunden vor meinem Vortrag treffe ich mich mit Karl Bär, der beim Umweltinstitut für Agrarpolitik zuständig ist. Gemeinsam gehen wir zur Technischen Universität. Oder eigentlich laufen wir. Denn auf dem Weg dorthin geraten wir in einen Wolkenbruch von ungewöhnlicher Intensität. Als wir das Universitätsgebäude erreichen, sind wir nass bis auf die Knochen. Na gut, nicht bis auf die Knochen, doch jedenfalls bis auf die Haut.

Triefnass irren wir dann durch verlassene Korridore. 15 Minuten lang zumindest. Auf der Suche nach dem Hörsaal mit der Nummer 1400. Dort erwarten uns zwei Dutzend Zuhörer. Vielleicht haben ja die anderen den Weg zum Hörsaal nicht gefunden. Unverdrossen und unbeirrbar, gutgelaunt, trotz klatschnasser Kleidung halte ich also meinen Vortrag im Zentralgebäude der Technischen Universität, zeige meine Filmausschnitte und jene wunderbaren Bilder, die Gianni Bodini mir zu diesem Zweck und für mein Buch überlassen hat. Ich zeige auch zwölf Porträtfotos von zwölf Malser Aktivisten und Aktivistinnen. Bilder, die Wolfgang Schmidt im Sommer – vorläufig ohne Honorar – für mich fotografiert hatte. Ein Honorar sollte ich erst bezahlen, wenn mein Buch erscheinen würde.

Am Ende meines Vortrags habe ich den Eindruck, dass er die Anwesenden berührt und inspiriert hat. Was ich damals noch nicht wissen kann: Dieser Vortrag wird der Auftakt einer langen und fruchtbaren Zusammenarbeit sein, zwischen dem Umweltinstitut München und meinen Freunden in Mals.

## *Dem Rat von Freunden folgen*

Zurückgekehrt in mein kleines Bergdorf treffe ich in einem Kaffeehaus Marlene Hinterwinkler aus München. Sie verfolgt und unterstützt unser Filmprojekt bereits seit Langem. Mit ihrer Organisation »Genussgemeinschaft Städter und Bauern« setzt sie sich leidenschaftlich für den Erhalt des bäuerlichen Handwerks und für Lebensmittelvielfalt ein. Ich erzähle ihr von meinem Buch und von meinem Plan, dieses Buch selbst herauszubringen. »Tu das bloß nicht«, sagt Marlene. »Such dir lieber einen starken Verlagspartner. Der ideale Verlag für dich ist der oekom Verlag in München, der führende Verlag für Nachhaltigkeit und Ökologie in Deutschland.« Sie holt ihr Mobiltelefon heraus und sucht nach dem besten Ansprechpartner.

»Tu das bloß nicht!« Das höre ich jetzt schon zum vierten Mal. Zuerst von Johannes Fragner-Unterpertinger. Danach von Rainer Schölzhorn von der Buchhandlung Alte Mühle und schließlich auch noch von Paul Rösch, der mittlerweile zum Bürgermeister der Kurstadt Meran gewählt worden ist.

»Christoph Hirsch«, sagt Marlene jetzt, »Leitung Sachbuch«, und gibt mir seine Telefonnummer. Ich verspreche, ihn anzurufen.

Alles was mir seit jener Nacht am Tartscher Bichel widerfährt, lese ich jetzt als Hinweis und Zeichen. Nichts geschieht zufällig. Alles scheint für mich arrangiert. Vielleicht befinde ich mich ja in der gleichen Situation wie Truman Burbank, der im Film »Die Truman Show« – ohne davon zu wissen – der Hauptdarsteller einer Fernsehserie ist.

## 21

# Mein Wunder von Mals
(TEIL 2)
*Rückenwind für die Pestizidgegner*

Einige Wochen später kontaktiere ich Ralph Weihermann und vereinbare einen Skype-Termin mit ihm. Im Gespräch entwickeln wir dann die Idee, gemeinsam an einer Fernsehfassung des »Wunder von Mals« zu arbeiten. Ralph Weihermann meint, dass das Thema für drei Redaktionen im deutschen Fernsehen interessant sein könnte. Ich schlage vor, es als erstes bei »ARTE Re:« zu probieren, einer neuen Dokumentarfilmserie, die täglich nach den Nachrichten von 19:45 bis 20:15 Uhr läuft. Ralph meint, dass es genügt, einen Einseiter zu verfassen. Ein Treatment könnten wir immer noch nachreichen, wenn jemand interessiert ist.

Ein paar Tage nach unserem Gespräch erhalte ich eine E-Mail von Ralph: Es sei ihm leicht gefallen, einen Termin beim WDR zu vereinbaren bezüglich der Produktion eines Beitrags für »ARTE Re:«. »Das sollte uns zusätzlich motivieren …«, ermuntert er mich, ihm doch recht bald, wie vereinbart, meinen Einseiter zu senden.

Zwei Tage später bekommt er ihn, zusammen mit meinem Begleittext: »Ich finde, dieses kurze Exposé ist mir ganz hübsch aus der Feder geflossen. Ich bin damit ziemlich zufrieden, und das ist eher selten der Fall.«

Ralph meint in seiner Antwort, mein Text sei »deutlich zu feuilletonistisch«. Er werde ihn »simplifizieren«, sodass er »boulevardesker daherkomme«. Um mich zu beruhigen, fügt er am Ende hinzu: »Aber die Inhalte stehen und darauf sollte es ankommen.«

»Feuilletonistisch? Simplifizieren? Boulevardesk? Du machst mich neugierig …«, schreibe ich Ralph zurück.

So geht es ein paar Mal hin und her. Es entsteht die Überarbeitung der Überarbeitung der Überarbeitung, bis ich schließlich und endlich eine Endfassung sende.

Damit sei er, schreibt Ralph, nun »komplett einverstanden«.

## Nur Güte und Gnade alle Tage

Im Herbst 2016 bin ich ein weiteres Mal in der bayerischen Landeshauptstadt zu Gast. Wieder auf Einladung des Umweltinstituts. Diesmal beim Münchner Klimaherbst.

Ich zeige Teile meines Films im Münchner Werkstattkino, einem sympathischen kleinen Programmkino. Der Kinosaal ist, anders als beim letzten Mal, bis zum letzten Platz gefüllt. Nach kurzen einführenden Worten zeige ich einige Filmsequenzen. Es macht mir Spaß, meinen Film auf der großen Leinwand zu sehen. Noch mehr freue ich mich darüber, dass unsere Geschichte, wie es scheint, das Publikum berührt. Es wird lange und lebhaft diskutiert an diesem Abend. Ich erwähne dabei auch meinen Masterplan: den »Umweg über Deutschland«. Darauf spricht mich, nach dem Ende der Veranstaltung, ein freundlicher Herr an, der sich als Geschäftsführer des Umweltinstituts München vorstellt.

»Wie können wir dich beziehungsweise euch unterstützen?«, fragt er ohne Umschweife. »Wie wär's mit einer Mitmachaktion?«, ergänzt er. »Mit einem Brief an den Landeshauptmann zum Beispiel?«

»Das wäre großartig«, stimme ich zu. »Wie viele Menschen könnten wir damit unter Umständen erreichen?«

»15.000 bis 20.000 können das schon werden«, meint er.

Wow! Das sollte reichen. Das ist womöglich der Hebel, mit dem wir ein Umdenken in Südtirol bewirken werden.

Ich denke jetzt an Psalm 23, der auch als Psalm des Vertrauens gilt: »Nur Güte und Gnade umgeben mich alle Tage meines Lebens.« Ohne mein Zutun geschieht, nach einem geheimnisvollen Plan, genau das, was ich mir gewünscht habe.

Marlene Hinterwinkler, die auch im Publikum war, hat im Wirtshaus Fraunhofer, das sich im selben Gebäude befindet wie das Werkstattkino, einen großen Tisch reservieren lassen, an dem auch ich willkommen bin. Dort genieße ich nun mein Glück und ein wohlverdientes Bier. Die Inneneinrichtung der Wirtsstube versetzt mich in Entzücken: Spätes 19. Jahrhundert, neubarocker Stil, so muss ein Wirtshaus in München aussehen.

Auch Christoph Hirsch vom oekom Verlag hat sein Kommen angekündigt. Dafür hat Marlene – in weiser Voraussicht – einen zweiten Tisch reservieren lassen, damit wir beide in Ruhe über mein Buchprojekt sprechen können. Das tun wir dann auch, und sehr rasch wird klar, dass wir beide Lust darauf haben, dieses Projekt gemeinsam zum guten Abschluss zu bringen.

»Nur Güte und Gnade umgeben mich«, geht es mir durch den Kopf, als wir zum großen Tisch zurückkehren, wo ich ein zweites Bier bestelle und

Margit Gasser (Mals), Kindergärtnerin

eine Kleinigkeit esse. Wir essen und trinken und lachen noch lange an diesem wunderbaren Abend in diesem wunderbaren Wirtshaus in dieser wunderbaren Stadt.

### Ein perfekt ausgefülltes Formular

Zurück in Mals lese ich meine Post. Eine E-Mail von Ralph: Überraschend positiv, schreibt er, war der Termin beim WDR. »Wir sollen nun ein Formular ausfüllen, durch das unser schönes Exposé auf ein Minimum reduziert wird. Dieses Formular geht dann an ARTE.«

Unser Pingpongspiel beginnt von Neuem. Ich sende das Formular an Ralph zusammen mit kurzen Erklärungen: »Ich habe die vier Textblöcke des Formulars nun zur Gänze neu formuliert und dabei hauptsächlich darauf geachtet, die betreffenden Fragen exakt zu beantworten. Bei dieser Arbeit wurde mir klar, was für ein großer Vorteil es ist, dass ich hier von einer Geschichte erzähle, die ich seit Jahren miterlebe.«

Als Ralph am 25. November das Antwortschreiben des WDR kommentarlos an mich weiterleitet, muss ich innerlich schmunzeln. »Ein perfekt ausgefülltes Formular, sehr anschaulich, sehr klar, sehr verständlich. Ich ändere nichts mehr daran und schicke es Ende nächster Woche an die Kopfredaktion von ARTE«, schreibt die Dame vom WDR.

Mein Leben ist wirklich surreal, alles läuft plötzlich wie am Schnürchen. Da erhalte ich einen Anruf. Es ist Batya Simon von der Biogartenmesse, die mein Filmprojekt bereits mehrfach unterstützt hat. Heute ist sie ganz aufgeregt: Ob ich Valentin Thurn kenne?

»Natürlich«, sage ich. »Ich habe seine Bücher gelesen und seine Filme im Kino gesehen. Überaus wirksame Filme. ›Taste the Waste‹ hat zum Beispiel das Thema der Lebensmittelverschwendung in Deutschland auf die Agenda gesetzt.«

Sie habe gerade mit ihm gesprochen. Er habe vom »Wunder von Mals« gehört und sei bereit, uns zu unterstützen. »Er erwartet deinen Anruf«, ergänzt sie. Ich bedanke mich staunend bei Batya und rufe umgehend Valentin Thurn an.

Wir telefonieren lange und diskutieren darüber, wie wir zusammenarbeiten könnten. Vielleicht möchte ich mich ja, sagt er, mit meinem Film »Das Wunder von Mals« beim Documentary Campus bewerben? Die Bewerbungsfrist dafür laufe demnächst ab. Alte Hasen aus der Branche würden mich dort bei der Stoffentwicklung unterstützen. Am Ende, im Herbst 2017, würde dann mein Thema auf einer Pitch-Veranstaltung in Leipzig präsentiert, mit dem Ziel, den Film zu finanzieren.

»Schade«, antworte ich, »das wäre absolut großartig. Doch im Herbst 2017 möchte ich eigentlich mit diesem Film bereits fertig sein.«

Zu diesem Zeitpunkt weiß ich noch nicht, dass ich mich dennoch bewerben würde. Gemeinsam mit Valentin Thurn und mit einem anderen Filmprojekt, das seit Jahren in meiner Schublade liegt. Mit jenem Filmprojekt nämlich, das mich vor vier Jahren dazu bewog, mit dem Filmemachen zu beginnen. Der Titel: »Wächst das Rettende auch? Porträt einer weltweiten Bewegung, die die Probleme unserer Zeit auf radikal neue Weise anpackt.«

## *Fasse Mut!*

Das Umweltinstitut München veranstaltet jedes Jahr in der Vorweihnachtszeit ein Gewinnspiel. Dieses Jahr geht es um Mals. Wer bis zum 31. Dezember Fördermitglied wird, kann heuer eine Woche mit Halbpension im Bio Hotel Panorama gewinnen. Als zweiter und dritter Preis winkt je ein Wochenende im Hotel Greif und auf dem Lechtlhof in Mals.

Diese Preise habe ich für das Umweltinstitut organisiert. Im Gegenzug werden durch deren Aussendung mehr als 300.000 Newsletter-Abonnenten über die Lage in Mals informiert.

In der Aussendung heißt es unter anderem: »Wir wollen, dass Mals Schule macht und zum Vorbild für andere Orte in Europa wird. Deshalb werden wir das Projekt und seine Verbreitung nächstes Jahr mit einer Kampagne unterstützen.«

Auch einen Link zu meinem Trailer gibt es in dieser Aussendung. Was erstaunliche Auswirkungen hat: Während in den Monaten September und Oktober immerhin 22 Personen Bücher oder DVDs über die Crowdfunding-Page auf unserer Website bestellten, verzehnfacht sich diese Zahl im November und Dezember und steigt auf über 200 neue Unterstützer an. Gleichzeitig steigt das Volumen der Bestellungen, die Anzahl der DVDs und Bücher, um das 15-Fache. Denn nicht wenige Unterstützer bestellen DVD- oder Buchpakete. Sechsmal werden in diesem Zeitraum mir völlig unbekannte Menschen zu Hauptsponsoren unseres Projekts – sozusagen aus heiterem Himmel. An manchen Tagen finde ich bis zu zehn Bestellungen in meinem Posteingang. Am 22. November allein sind es über 30. Ich fühle mich wie ein Wellenreiter auf einer Woge von Energie. Ich bin dankbar und fassungslos zugleich.

In einer besonderen Hochstimmung treffe ich Anfang Dezember ein weiteres Mal in München ein, um mit dem oekom Verlag über den konkreten Vertrag zu sprechen. Erst wenige Tage zuvor hatte ich dem Verlag ein einziges Kapitel gesandt. Mehr als dieses eine Kapitel hatte ich nämlich bis zu diesem Zeitpunkt nicht fertiggestellt, da ich alles, was davor entstanden war, in den Papierkorb befördert hatte, um nochmals neu zu beginnen. Als ich dann in der Sitzung erfahre, dass mein erstes Kapitel gut angekommen war, fällt mir ein Stein vom Herzen. Rasch einigen wir uns auf die Vertragsdetails. Danach diskutieren wir ausgiebig über die Qualität des Buchs: Bindung, Papier, Illustrationen usw.

Ich erzähle Christoph Hirsch von meinem Gefühl, dass dieses Thema auch außerhalb Südtirols starke Emotionen auslöse. Als Beleg führe ich den Zuspruch an, den ich in den letzten Wochen erhielt. Ich sei sozusagen vom Glück verfolgt. In diesem Augenblick vibriert mein Handy. Am Telefon ist Beate Leonhardt. Sie erzählt, dass sie Mals besonders schätze und oft dort Urlaub mache. Daher habe sie ihrem Chef von unserem Projekt erzählt. Sie arbeite für den Naturland-Verband. Einen großen Verband für ökologischen Landbau.

»Ich kenne Naturland«, sage ich.

Ihr Chef überlege nun, wie Naturland uns unterstützten könne. »Er möchte Sie gerne kennenlernen.«

»Von wo aus rufen Sie mich an?«, frage ich.

»Aus München«, sagt Frau Leonhard.

»München? Das ist ja perfekt, ich könnte in einer Stunde bei Ihnen sein.«

Sie werde gleich ihren Chef fragen, sagt sie, und werde mich danach zurückrufen.

Nur eine Stunde später sitze ich mit Steffen Reese zusammen in den Büros von Naturland. Wir reden über Mals und über mein Projekt. Am Ende dieses Gesprächs sagt Herr Reese mir die Unterstützung von Naturland zu. Naturland will Hauptsponsor werden. Ich bedanke mich. Und freue mich. Und fahre zurück nach Mals in die Berge.

## *Rückenwind für Mals*

Zurück in Mals ist die Inbox verstopft. Ich scrolle durch den Posteingang und stoße auf eine E-Mail aus Köln. Ralph Weihemann schreibt: »Die Kopfredaktion von ARTE hat uns zusammen mit einem anderen Projekt des WDR in die engere Auswahl genommen. Nur sei ihnen nicht ganz klar, welche Aktionen wir im Frühjahr und Sommer in Mals beobachten könnten.«

Mist! Das weiß ich ja selbst nicht!

Sofort mache ich mich an die Arbeit, spreche mit allen Aktivisten, befrage sie nach ihren Ideen und erstelle eine Liste. Ich will, dass dieser Film im September 2017 auf ARTE läuft und danach vielleicht in einigen ersten Programmen: im WDR, NDR, SWR usw. Denn eine so gewaltige Reichweite wäre ein Geschenk des Himmels für meine Strategie des »Umwegs über Deutschland«.

»Nach Rücksprache mit meinen Malser Freunden«, schreibe ich Ralph ein paar Tage später, »habe ich nun eine Liste von Aktionen erstellt, die 2017 stattfinden könnten. Ich lege sie dieser E-Mail bei«:

*1. Rückstandsmessungen in Südtirol*
Koen Hertoge hat mir erzählt, dass er eine Serie von Rückstandsmessungen in ganz Südtirol beauftragen will. Man könnte die Menschen vor Ort zu diesen Messungen einladen, in Schulhöfe oder Kindergärten. Und auch die Messergebnisse könnten danach vor Ort präsentiert werden. Es würde dabei genau erklärt, welche Rückstände gefunden wurden und was das genau bedeute. Eine Road-Show nach dem Motto: »Wie vergiftet sind wir tatsächlich?«

*2. Mitmachaktion »Solidarität mit Mals« plus Fähnchen im Malser Wind*
Das Umweltinstitut München plant eine Mitmachaktion. Es lädt seine Unterstützer dazu ein, E-Mails an den Landeshauptmann von Südtirol zu senden, der gleichzeitig auch Landesrat für Tourismus ist. Der Inhalt in Stichworten: »Wir wollen im Urlaub nicht vergiftet werden.« – »Der Malser Weg ist richtig.« – »Mals sollte Vorbild sein. Nicht bekämpft werden.« – »Lasst Mals also endlich in Ruhe.« Wir hoffen auf mehr als 10.000 E-Mails.
Danach sollen die Namen der Unterstützer auf bunte Fähnchen gedruckt werden. Wir spannen ein Netz von Seilen über der Hauptstraße von Mals – mit 15.000 Fähnchen. Ein Fähnchen pro Unterstützer. Nach dem Vorbild tibetischer Gebetsfahnen.

*3. Fahrrad-Korso von Mals nach Bozen*
Alle Unterstützer, Einheimische und Gäste, werden eingeladen, an einer Aktion teilzunehmen. Wir treffen uns mit unseren Fahrrädern am Ausgangspunkt im Obervinschgau. Pestizidschutzkleidung wird ausgegeben. Dazu noch Atemmasken. Gemeinsam fahren wir dann auf dem Radweg abwärts Richtung Bozen. Durch endlose Apfelanlagen. An Betonsäulen vorbei. Und an Hagelnetzen. Durch Monokulturen und Monotonie. Vor den Giftwolken der Bauern geschützt.
Wenn wir schließlich in Bozen angekommen sein werden, in weißer Pestizidschutzkleidung, knallen wir dort die Kartons mit 10.000 E-Mails von Unterstützern vor die Füße des Landeshauptmanns.

Ralph findet die Liste gut. Ich überarbeite unseren Vorschlag und baue diese Aktionen ein. Daraufhin erhalten wir vom WDR ein knappes und positives Feedback: Der Themenvorschlag sei nun sehr viel besser und befinde sich bereits auf dem Weg zur Kopfredaktion in Straßburg.

## 22

# Niemals lockerlassen
(TEIL 1)

*Denn wir sind viele*

Seit jener Nacht auf dem Tartscher Bichel achte ich nun ausschließlich darauf, soweit es mir möglich ist, stets das Richtige zu tun. Was dabei herauskommt, weiß ich nicht. Es steht nicht zu meiner Disposition. Das müssen andere entscheiden. Andere müssen für sich entscheiden, was sie für richtig halten. Auch wenn sie sich dafür entscheiden, mich zu beschimpfen und zu bekämpfen, stört mich das nicht sonderlich. »Ich schaue gelassen auf die, die mich hassen«, heißt es im Psalm 118, jenem Psalm, mit dem sich der Beter feierlich bei Gott für seine Rettung bedankt. Und Rettung ist mir immer und immer wieder zuteil geworden. »Gestoßen, gestoßen hat man mich, doch ER, ER hat mir geholfen. ER ist meine Kraft und mein Lied.« –

Natürlich habe ich mich oft gefragt: Warum nur immer im letzten Augenblick? Immer im letzten Augenblick?

»Doch alles hat einen Sinn, auch wenn wir ihn nicht sogleich verstehen«, hat Robert Bernhard zu mir gesagt.

»Ich soll etwas üben, soll etwas lernen. Und ich weiß auch, was …«

»Vertrau' mir«, klingt es noch in meinen Ohren. Und: »Fürchte dich nicht.«

*Jetzt!*

Ohne Vertrauen ist Liebe nicht möglich. Und Liebe ist unsere Aufgabe: Die Lebewesen schützen und fördern, sagt Albert Schweitzer. Und wer sich dabei verausgabt, bis er selbst nichts mehr hat, der muss Vertrauen lernen.

Aus Liebe folgt Armut. Aus Armut Vertrauen. Und aus Vertrauen Demut. Und alle diese Tugenden sind in Wahrheit nur eine: »Du musst endlich lernen, ›WIR‹ groß zu schreiben – und ›ich‹ nur ganz, ganz klein.«

> »Du musst endlich lernen, ›WIR‹ großzuschreiben – und ›ich‹ nur ganz, ganz klein.«

Vor fünf Jahren habe ich Wien verlassen. Ich habe einen gut bezahlten Job zurückgelassen und bin der Aufforderung gefolgt, die ich innerlich vernahm: »Gehe aus deinem Vaterland und von deinen Freunden fort und aus deines Vaters Haus in ein Land, das ich dir zeigen will.«

Dieses Land war nicht Südtirol, sondern ein Land in mir verborgen.

Jedes Mal, wenn ich auf meine Uhr blickte, erinnerte ich mich daran. »Jetzt!« Und: »Jetzt!«. Und immer nur: »Jetzt!«.

»Das Reich Gottes ist mitten unter euch!«

Als ich nach Südtirol kam, hoffte ich, hier auf langen Spaziergängen zu mir selbst zu finden. Die Geschwätzigkeit der Großstadt sollte in mir verstummen. Und es geschah mir, wie ich gewünscht hatte ...

Ich erlaubte mir zunächst, Filmemacher zu sein. Geschichten zu erzählen. Geschichten, die jedem gefallen würden: Geschichten von Schönheit und Erfolg. »Südtirol erzählt« hieß diese Serie.

Mit dem »Wunder von Mals« erlaubte ich mir dann, auch die dunklen Seiten auszuleuchten. Zu meinem Ja fügte ich ein Nein. Ich legte den Finger in die Wunde, erhob meine Stimme für jene, die keine Stimme hatten. Und schließlich – als ich nach Mals kam – erlaubte ich mir, nicht mehr nur Filme zu machen, sondern auch ein Buch zu schreiben.

Endlich, im 50. Lebensjahr, erlaubte ich mir nun kompromisslos, genau das zu tun, was ich wollte, was ich für richtig und notwendig hielt. Das war mein »Wunder von Mals«.

»Es ist der Ort, der uns formt«, sagte Alexander Agethle, »seine Landschaft und seine Menschen.« Und Alexander hat Recht. Mals ist mein Kraftort geworden. Denn hier wachsen Eigensinn und Vielfalt, die beide untrennbar zusammengehören.

> »Es ist der Ort, der uns formt, seine Landschaft und seine Menschen.«

Hier bin ich eine Stimme geworden im Chorus der Eigensinnigen. Hier leiste ich meinen Beitrag zur Vielfalt. Und hier erlebe ich endlich, was alle hier längst zu wissen scheinen, was die Frauen von Hollawint mir gleich bei der ersten Begegnung zu erklären versuchten: »Was wirklich Bedeutung hat, das wird von selbst entstehen, wenn die Zeit dafür reif ist und unsere Sehnsucht groß genug.«

Ein Apfelbaum wird ein Apfelbaum. Ein Kirschbaum wird ein Kirschbaum. Und ich werde endlich ich sein. In Mals.

Ich fühle mich jetzt wie ein Baum ...
   ... an Wassergräben verpflanzt,
   der seine Frucht gibt zu seiner Zeit
   und sein Laub welkt nicht.
   Was alles er tut, es gelingt.

## With a little help from our friends

Am 14. Februar 2017 schreibt mir Ralph: »Hallo Alexander, ich denke, wir müssen mal wieder skypen. Wann hast du dafür Zeit?«
Ich bin zu diesem Zeitpunkt in Wien.
»Was will er mir nur persönlich sagen?«, frage ich mich. Mein Tipp: Zu- oder Absage von ARTE.
Ich rufe Ralph an und erfahre, dass wir den Auftrag erhalten haben. Vollkommen mühelos, wie mir scheint. Wir werden also eine TV-Doku über das »Wunder von Mals« im Auftrag des WDR für den Kultursender ARTE drehen.
Doch als ich nach Mals zurückkehre, ist es dort verdächtig ruhig. Alles geht seinen gewohnten Gang. Die perfide Strategie von Bauernbund und Landesregierung hat den Widerstand in Mals, wie es scheint, tatsächlich geschwächt. Aus einer politischen Frage wurde eine juristische. Und während die Mühlen der Justiz nun langsam, sehr langsam zu mahlen beginnen, finden sich die Menschen in Mals mit jener Rolle ab, die Land und Bauernbund ihnen zugewiesen haben. Sie warten ab.
Wenn aber der Widerstand in Mals nicht bald zu neuem Leben erwacht, dann gibt es für unsere TV-Doku keine Geschichte zu erzählen und dann gibt es in der Folge wohl auch keine TV-Doku. Der »Umweg über Deutschland« wäre im Keim erstickt.
Als das Umweltinstitut München am 23. März 2017 mit seiner Aktion beginnt, hoffe ich deshalb nicht nur auf einen großen Erfolg, sondern auch darauf, dass diese Unterstützung aus Deutschland dem Malser Widerstand neues Leben einhauchen wird.
Unter der Überschrift »Unterstützt die Pestizidrebellen von Mals!« heißt es auf der Website des Umweltinstituts:

> Die BürgerInnen aus dem Südtiroler Dorf Mals haben als erste Gemeinde Europas beschlossen, Pestizide in ihrem Ort zu verbieten. Doch die Landesregierung will lokale Pestizidverbote unmöglich machen, indem sie den Gemeinden die Zuständigkeit entzieht.
> Fordern Sie jetzt den Südtiroler Landeshauptmann auf, das Malser Pestizidverbot zu unterstützen und zum Vorbild für ganz Südtirol zu machen.«

Darunter findet man ein Formular, mit dem man einen Brief an den Landeshauptmann von Südtirol senden kann. In dem Eingabefeld des Formulars befindet sich ein Textvorschlag, den man jedoch löschen, abändern oder ergänzen kann.

Sehr geehrter Herr Kompatscher,

mit großer Begeisterung habe ich wahrgenommen, dass die Bürgerinnen und Bürger der Gemeinde Mals im Vinschgau entschieden haben, auf ihrem Gemeindegebiet konsequent gegen Pestizide vorzugehen. Auch ich würde nicht zwischen Plantagen wohnen oder Urlaub machen wollen, in denen Dutzende Male im Jahr Gifte gespritzt werden.

In weiten Teilen Südtirols ist genau das heute der Fall. Eine Urlaubsregion, die für sanften Tourismus, Sport in der Natur und kulinarische Genüsse bekannt ist, versinkt in Pestiziden. Aus meiner Sicht passt das nicht zusammen. Wenn sich daran nichts ändert, werde ich das sonst so schöne Südtirol als Urlaubsland streichen.

Als Landeshauptmann haben Sie Verantwortung für die EinwohnerInnen, die Umwelt und die Gäste Südtirols übernommen. Ich fordere Sie auf: Ermöglichen Sie der Gemeinde Mals, ihren Weg zu gehen, und unterstützen Sie andere Gemeinden dabei, dem Beispiel zu folgen! Lassen Sie nicht zu, dass Ihr Land sich vergiftet, um Äpfel zu exportieren. Pestizid-Freiheit ist der richtige Weg für Südtirol und Mals ein Vorbild für ganz Europa.

Mit freundlichen Grüßen ...

Um 13:12 Uhr desselben Tages hat Landeshauptmann Kompatscher bereits 1.025 E-Mails in seiner Inbox. Am nächsten Morgen um 07:38 Uhr sind es bereits 3.660. Bis zum Nachmittag des 24. März steigt die Zahl der E-Mails in der Inbox des Landeshauptmanns auf 5.281. Nach dem Wochenende, am 27. März, veröffentliche ich einen Zwischenstand und einen kurzen Text auf Facebook:

> 12.666 potenzielle Gäste und Einheimische machen sich große Sorgen und bringen diese Sorgen durch eine E-Mail zum Ausdruck. Eine E-Mail an Landeshauptmann Kompatscher! Wird er auch darauf nicht reagieren? Wird er wie immer schweigen, als ginge ihn das alles nichts an? Das mag ja in Südtirol durchgehen. Aber bei unseren Gästen? Durch Untätigkeit wird dieser Konflikt jedenfalls niemals gelöst werden, sondern immer weitere Kreise ziehen!

Kurz danach veröffentlichen wir auf Facebook den soeben erschienenen Bericht der Sonderbeauftragten für das Recht auf Nahrung der Vereinten Nationen, Hilal Elver, in dem sie eine Zeitenwende in der Landwirtschaft und beim Pestizideinsatz fordert. Der Grund: Pestizide hätten katastrophale Auswirkungen auf die Umwelt, die menschliche Gesundheit und nicht zuletzt auf die Gesellschaft als Ganzes.

Auf Facebook füge ich sarkastisch hinzu:

> Naja, die Vereinten Nationen, typisch. Vermutlich nur eine hinterhältige Hetzkampagne von profilierungssüchtigen ausländischen Provokateuren … (Ich frage mich tatsächlich, wie lang es noch dauert, bis man das Problem in Südtirol ohne Angst diskutieren wird …).«

Als schließlich mehr als 14.000 E-Mails die Inbox des Landeshauptmanns verstopfen, entschließt dieser sich zu antworten.

Seine Antwort sendet er an jeden einzelnen Unterstützer. Darin heißt es unter anderem:

> In Südtirol verfolgen wir seit Jahrzehnten eine Politik, die den Schutz der Umwelt und die Erzeugung hochwertiger Lebensmittel im Fokus hat. Südtirol ist ein Vorreiter in der biologischen Produktion. […]
> 
> In Bezug auf Ihr Schreiben zur Unterstützung der »Pestizidrebellen von Mals« ist es mir ein großes Anliegen, Sie darauf hinzuweisen, dass die Informationen auf den Internetseiten des Umweltinstituts München e. V. in weiten Teilen falsch bzw. durch extreme Vereinfachungen gekennzeichnet sind.
> 
> So ist auf der genannten Seite beispielsweise Folgendes zu lesen: »Die BürgerInnen aus dem Südtiroler Dorf Mals haben als erste Gemeinde Europas beschlossen, Pestizide in ihrem Ort zu verbieten. Doch die Landesregierung will lokale Pestizidverbote unmöglich machen, indem sie den Gemeinden die Zuständigkeit entzieht.« Der Sachverhalt ist ein anderer: Von Anfang an war klar, dass die Gemeinde in diesem Bereich keine Zuständigkeit hat, weil die nationale und europäische Gesetzgebung greift. Die Gemeindepolitik hat beschlossen, sich darüber hinwegzusetzen und trotzdem eine Volksbefragung abzuhalten. Nun scheitert die Gemeinde an der Umsetzung eines Versprechens, das von Anfang an unhaltbar war. Die Verantwortung dafür der Landesregierung zuzuschieben, ist falsch.
> 
> Die Geschichte über eine kleine eingeschworene Gemeinschaft, die sich gegen eine übermächtige Industrielobby und unverantwortliche Politiker auflehnt, klingt zwar spannend und führt wohl auch zu automatischer Solidarisierung, entspricht aber nicht den Tatsachen. Schwarz-Weiß-Malerei bringt uns nicht weiter. So wie die Dinge beim »Wunder von Mals« dargestellt werden, sind sie nicht.
> 
> Meine Verantwortung als Landeshauptmann von Südtirol verspüre ich sehr deutlich und nehme sie entsprechend ernst. Unser Land vergiftet sich nicht, das kann ich Ihnen versichern. Vielmehr hat es sich vor geraumer Zeit auf den Weg nachhaltiger Land- und Ernährungswirtschaft begeben

und wird diesen weiter beschreiten. Aus meiner Sicht gibt es jedenfalls keinen Anlass, Südtirol in Zukunft als Urlaubsziel zu meiden.

Mit freundlichen Grüßen, Arno Kompatscher

Sofort veröffentliche ich einen ersten Kommentar dazu:

> Unser Land vergiftet sich nicht? Warum, Herr Landeshauptmann, wehren Sie sich dann so vehement gegen landesweite Rückstandsmessungen?

Am 30. März reagiere ich dann ausführlich in einem Video mit dem Titel: »Fragen eines E-Mail lesenden Filmemachers«:

> Arno Kompatscher beschuldigt alle möglichen Personen und Personengruppen direkt und indirekt der Lüge. Das eine sei »schlicht falsch«, etwas anderes sei »Schwarz-Weiß-Malerei«, an einer dritten Stelle werde »grob vereinfacht« ... Kurz: Alle anderen sehen alles ganz falsch oder täuschen uns absichtlich. Nur er, Kompatscher, kenne die Wahrheit. Uns Unterzeichnern unterstellt er »automatische« Solidarität.
> 
> Automatische Solidarität? Sind wir Solidaritätsautomaten, in die man oben eine Halbwahrheit oder eine Lüge einwirft und schon huschen unsere flinken Fingerchen unten über die Tatstatur, und schwuppdiwupp findet Kompatscher eine Solidaritäts-E-Mail in der Inbox? Stellt er sich das so vor?
> 
> Wie auch immer, dem Landeshauptmann scheint es so, als sei er, salopp formuliert, von Lügnern und Idioten umgeben. Und das erinnert mich an einen Witz: »Ein Mann fährt auf der Autobahn und hört im Radio von einem Geisterfahrer. Staunend ruft er aus: Einer?! Tausende!« Ich finde, dass der Witz hier sehr gut passt.
> 
> Der Landeshauptmann, umgeben von Lügnern, sagt uns danach, wie es wirklich ist:
> 
> Erstens: »Seien Sie beruhigt, ganz beruhigt, unser Land ist nicht vergiftet.« Ich denke, wir sollten in dieser Frage einen Faktencheck durchführen.
> 
> Zweitens: »Die Malser haben eine Abstimmung abgehalten, bei der von Anfang an klar war, dass sie illegal war. Deshalb stecken sie nun in Problemen.« In Wahrheit wissen wir jedoch, dass die Malser Abstimmung in einem aufwendigen Zulassungsverfahren immer wieder geprüft und jedes Mal bewilligt wurde. Am Ende wurde sie vom italienischen Innenministerium zugelassen. Deshalb prangte auf den Wahlurnen in Mals nicht das Logo der Gemeinde Mals oder ein Emblem der Pestizidrebellen, sondern

das Logo des Innenministeriums, das die Urnen zur Verfügung gestellt hatte, zusammen mit den Wählerlisten. Also war nicht von Anfang an klar, dass die Abstimmung illegal war.

Bis heute ist das nicht klar. Denn das Verfahren zur Klärung der Legalität der Abstimmung in Mals ist ja noch nicht abgeschlossen. In erster Instanz erging ein Urteil. Nun wird die zweite Instanz angerufen. Am Ende vielleicht das Höchstgericht. Niemand weiß also bisher, ob die Abstimmung illegal war oder legal. Nicht einmal die Gerichte. Nur der Herr Landeshauptmann von Südtirol. Seltsam.

Übrigens, die Abstimmung wäre bis heute im Status der Legalität verblieben, hätten nicht ein paar Obstbauern auf Betreiben des Bauernbundes mit ständiger Rückendeckung des Landes diese Abstimmung angefochten.

Auch das Umweltinstitut München antwortet kurze Zeit später mit einem offenen Brief:

Sehr geehrter Herr Landeshauptmann Kompatscher,

seit vergangenem Donnerstag haben sich bereits mehr als 15.000 Menschen mit der Bitte an Sie gewandt, das Pestizidverbot der Gemeinde Mals zu unterstützen und als Vorbild für ganz Südtirol zu begreifen.

Sie haben darauf mit einem Schreiben an alle AktionsteilnehmerInnen reagiert und Ihre Sicht der Dinge dargestellt. Das ist Ihr gutes Recht. Allerdings erheben Sie in Ihrer E-Mail schwere Vorwürfe gegen uns, die wir so nicht stehen lassen können. So heißt es in Ihrem Schreiben, die Informationen auf unserer Aktionsseite seien »in weiten Teilen falsch bzw. durch extreme Vereinfachungen gekennzeichnet«.

Insbesondere geht es Ihnen dabei darum, dass die Gemeinde Mals von Anfang an keine Zuständigkeit für ein kommunales Pestizidverbot gehabt hätte, worüber sich die Malser aber mutwillig hinweggesetzt hätten. Stattdessen sei es allein Sache der EU und der italienischen Regierung, über den Pestizideinsatz zu befinden.

In Wirklichkeit führt der Fingerzeig nach Brüssel in die Irre. Denn die EU-Kommission hat letztes Jahr in einer Antwort auf eine Frage aus dem Europäischen Parlament mitgeteilt, dass lokale Pestizidverbote nicht grundsätzlich im Widerspruch zu europäischem Recht stehen. Sie hat lediglich strenge Voraussetzungen dafür genannt. Die Gemeinde Mals hat in ihrer Durchführungsverordnung über den Einsatz von Pestiziden im Gemeindegebiet versucht, diesen Voraussetzungen zu entsprechen. Die Verordnung bezieht sich auf europäisches Recht als eine Grundlage des kommunalen Handelns. Als weitere Grundlage nennt sie einen Paragraphen des Gesetzes Nr. 833, das den Gemeinden die Aufgabe gibt, die Gesundheit der EinwohnerInnen zu schützen.

Inzwischen gibt es ein laufendes Rechtsverfahren über die Zulässigkeit des Malser Beschlusses. Der Ausgang des Verfahrens ist ungewiss. Sicher ist jedoch, dass sich die Chancen der Gemeinde Mals vor Gericht verschlechtert haben, seit sich die Südtiroler Landesregierung eingemischt hat. Denn vor etwa einem Jahr brachte die Landesregierung ein neues Gesetz über »Bestimmungen auf dem Gebiet des Pflanzenschutzes« in den Landtag ein. Dieses Gesetz erklärt die Landesregierung für zuständig (Artikel 7.1) und verbietet den Gemeinden jede Handlung, die nicht von der Landesregierung autorisiert ist (Artikel 7.5). Damit wird es Mals deutlich erschwert, vor Gericht zu gewinnen.

Gleichzeitig diskutierte der Landtag über einen Gesetzentwurf der Grünen Fraktion, der den Malser Weg mit klaren Zuständigkeiten für die Gemeinden abgesichert hätte. Dieser Vorschlag fand jedoch keine Mehrheit.

Es ist somit durchaus so, dass die Landesregierung aktiv gegen das Pestizidverbot der Gemeinde Mals vorgegangen ist. Es ist dagegen keineswegs richtig, dass dies zwangsläufig geschehen musste, weil die Gemeinde keine Zuständigkeit in der Frage besitzt. Dies zeigen unter anderem die oben genannte Aussage der EU-Kommission sowie das Beispiel Ihrer Nachbarprovinz Trentino, wo durch das Landesgesetz 14/2014 und die Verordnung vom 23.2.2017 die Position der Gemeinden bei der Reglementierung des Pestizideinsatzes gestärkt wurde, statt sie gezielt zu schwächen.

Wir wundern uns auch über Ihre Aussage, dass sich »Südtirol nicht vergiftet«. Bis zu 30-mal pro Jahr wird in den Apfelplantagen gespritzt. Dabei kommen häufig Pestizide zum Einsatz, die hochproblematische Eigenschaften haben und zum Beispiel als krebserregend oder erbgutverändernd gelten. Woher nehmen Sie die Gewissheit, dass dies keine negativen Folgen für die Menschen und die Umwelt in Südtirol hat? Das könnte nur ein umfassendes Monitoring-Programm klären, doch entsprechende Anträge sind von Ihrer Regierung bisher abgelehnt worden.

Herr Kompatscher, Sie schreiben, dass sich Ihre Landesregierung für eine nachhaltige Lebensmittelerzeugung stark macht und viel zur Förderung der Bio-Landwirtschaft unternimmt. Das könnten Sie glaubhaft unterstreichen, wenn Sie den Tausenden Menschen, die Ihnen geschrieben haben, mitteilen würden, dass Sie Mals als Vorreiter für Südtirol sehen. Sie könnten dafür sorgen, dass Rechtssicherheit für den Malser Weg geschaffen wird, und sogar ein Programm auflegen, um weitere Gemeinden dabei zu unterstützen, pestizidfrei zu werden.

Wir glauben, dass Sie damit nicht nur viel für die Umwelt und die Gesundheit der Menschen in Südtirol tun würden, sondern dass dies europaweit für Aufmerksamkeit sorgen würde. Eine bessere Tourismus-Werbung kann es für Südtirol doch gar nicht geben.

Wir möchten Ihnen vorschlagen, sich einmal mit uns und VertreterInnen aus Mals zusammenzusetzen. In einem gemeinsamen Gespräch ließe sich herausfinden, ob wir wirklich so weit in unseren Vorstellungen auseinanderliegen oder ob es nicht doch eine Möglichkeit für die Landesregierung geben kann, den Malser Weg zu unterstützen. Gerne kommen wir dazu zu Ihnen nach Südtirol. Über einen Terminvorschlag von Ihnen freuen wir uns.

Wie es scheint, ist das Umweltinstitut München noch nicht mit den Sitten und Gebräuchen in unserer kleinen Provinz vertraut. Hier wird nicht sachlich diskutiert. Hier wird überhaupt nicht diskutiert. Der Schlusssatz aus dem Antwortschreiben des Landeshauptmanns an das Umweltinstitut bringt diese Tatsache perfekt auf den Punkt:

Die Notwendigkeit eines persönlichen Gespräches zwischen mir und Ihnen, als Vertreter eines privaten Vereines mit Sitz in Deutschland, kann ich – bei aller Wertschätzung für Sie und Ihre Anliegen – in diesem Zusammenhang gegenwärtig nicht erkennen.

»Ein Gespräch zwischen mir und Ihnen?«
»Der Esel nennt sich selbst zuerst«, hieß es in meiner Volksschulzeit. Aber vielleicht ist das ja nicht mehr aktuell.
Jedenfalls hat in Südtirol nur Rederecht, wer ortsansässig ist. Für ein Gespräch mit Umweltlobbyisten aus jenem Land, von dem Südtirol in Wahrheit lebt, sieht man in Südtirol keinen Bedarf.

## »Mals ist ein Super-Beispiel.«

Kurz darauf hält der Schweizer Agrarwissenschaftler Lucius Tamm einen Vortrag im Vinschgau: Die Faktenlage sei sehr klar, sagt er, Südtirol müsse den Einsatz von chemisch-synthetischen Pestiziden massiv herunterfahren:

Ich glaube, es ist wichtig, dass wir uns vor Augen führen, wo der Obstbau heute steht. Rein vom Pestizideinsatz ist der Obstbau die intensivste Kultur überhaupt, das zeigen alle europäischen Statistiken. Und wenn man Obstbau in Monokulturen betreibt, das Obst dabei räumlich sehr dicht anbaut, verschärft sich das Problem zusätzlich. Es ist völlig klar, dass es da zu

Friktionen kommt. Das kann gar nicht anders sein. Zu Pestizid-Austrägen in Fließgewässer, ins Grundwasser, in benachbarte Parzellen, ja bis in den Bodenraum hinein. Das heißt, man muss etwas dagegen tun.

Ich selbst liefere dazu begleitende Fakten auf Facebook:

> Laut italienischem Statistik-Amt ISTAT weist die Region Südtirol-Trentino den höchsten Einsatz an Pestiziden italienweit auf: 45,02 kg Pestizide pro Hektar in Südtirol vs. 6,66 kg auf Staatsebene in Italien! Unser Land vergiftet sich also nicht, Herr Kompatscher? Das können Sie uns versichern? Tatsächlich? Dann lügen jetzt vermutlich zusätzlich zu den Filmemachern und Umweltaktivisten auch noch die Agrarwissenschaftler und Statistiker?

Es ist nun auch die Zeit gekommen, um ein Interview zu veröffentlichen, das ich mit Prof. Gerhard Tarmann geführt habe. Prof. Tarmann ist seit dem Jahr 2000 Vorsitzender des Conservation Committee und seit 2007 Präsident der europäischen Schmetterlingsforschungsgesellschaft (S.E.L. Societas Europaea Lepidopterologica). Seit 1974 leitete er die naturwissenschaftlichen Sammlungen der Tiroler Landesmuseen (Ferdinandeum) und baute dort das internationale Forschungs- und Dokumentationszentrum über alpine Schmetterlinge auf. Zuletzt war er von 2005 bis 2006 Direktor des Ferdinandeums.

> Wenn ich sehe, dass Jahr für Jahr mit Spaziergängen durch den blühenden Obstgarten Südtirol geworben wird, dann habe ich natürlich immer unsere Ergebnisse vor Augen. Dann denke ich immer: Wer von diesen Leuten, die da durch die blühenden Obstgärten gehen, weiß eigentlich, dass er in Wirklichkeit durch ein komplett vergiftetes Gebiet geht? Wenn diese Leute nämlich wüßten, wieviel da tatsächlich gespritzt wird, dann würden sie zweimal darüber nachdenken, ob sie dort überhaupt hingehen.

Prof. Tarmann legte mir in diesem Interview detaillierte Beweise für den dramatischen Rückgang der Biodiversität in den Apfelanbaugebieten vor. Er demonstrierte das am Beispiel der Widderchen (Zygaenidae), einer Familie der Schmetterlinge, die er seit Jahrzehnten beobachtet.

> Im Großraum Bozen und im Burggrafenamt bis Meran war der größte Einbruch bereits in den 50er-Jahren. In den 60er-Jahren sind die Schmetterlinge dann in den Talbereichen fast zur Gänze verschwunden. Die letzten Widderchen, die wir aus der Umgebung von Meran in den Sammlungen finden, stammen alle aus den späten 1960er- und frühen 1970er-Jahren.

Danach ist es aus. Im Vinschgau wurden in der Umgebung von Partschins und Naturns noch bis in die ganz frühen 8oer-Jahre hinein einzelne Belege gefunden. Aber dann war es auch hier vorbei.

Der mittlere Vinschgau ist also mit Sicherheit extrem kontaminiert. Wir können zweifelsfrei nachweisen, dass es diese intensiven Veränderungen gibt. Die sind einfach vorhanden. Die Konsequenzen daraus muss die Politik ziehen. Oder eigentlich die Leute, die die Politiker wählen. Daher ist das Beispiel von Mals so wichtig. Man kann seine Bedeutung gar nicht hoch genug einschätzen.

Auf demokratische Art und Weise hat eine Gemeinde entschieden, dass sie etwas anderes will. Und diese demokratische Einstellung ist unsere Stärke. Ebenso wie unsere kulturelle Vielfalt. Und dass es eben Leute gibt, die zu ihren Überzeugungen stehen, die sich nicht von »übergeordneten« Wirtschaftsinteressen überfahren lassen. Mals ist ein Super-Beispiel. Ich bin stolz auf die Malser.

Als die Anzahl der Unterstützer nur wenige Tage später die 20.000er-Marke übersteigt, gibt Johannes Fragner-Unterpertinger der Südtiroler Tageszeitung ein Interview.

*Was erwarten Sie sich von dieser Aktion?*
Neue Kraft und neue Zuversicht für alle Mitstreiter in allen unseren Gruppen, ganz nach dem Motto: Nur nicht lockerlassen.
*Das Ausmaß dieser Aktion hat den Landeshauptmann zu einer Stellungnahme veranlasst. Er bezeichnet darin den Inhalt des Protestschreibens als »großteils falsch«, »vereinfacht« und »unredlich«. Ihr Kommentar?*
Diese drei Adjektive passen gut zu seinem eigenen Antwortschreiben. Das Umweltinstitut hat darauf jedoch seriös und sachlich geantwortet. Bitte online nachlesen.
*Für den Agrarlandesrat Schuler steht das Image Südtirols als umweltfreundliches Urlaubsland auf dem Spiel. Wie sehen Sie das?*
Da hat er ganz Recht. Es liegt nun an ihm, eine Kehrtwende einzuleiten, damit Südtirol nicht nur in Werbebroschüren und in den letzten pestizidfreien Regionen, sondern tatsächlich und flächendeckend zu einem umweltfreundlichen Urlaubsland wird.
*Was wird am Ende von der E-Mail-Flut übrigbleiben?*
Keiner unserer Landes- und Lokalpolitiker kann es sich noch länger leisten, uns zu ignorieren oder weiterhin blöde Sprüche über uns zu klopfen. Sie werden um die Themen »Partizipative Demokratie« und »Pestizide« nicht mehr herumkommen.

## 23

# Niemals lockerlassen
## (TEIL 2)
### Mit Eigensinn, Ausdauer und Vertrauen

Für den 23. April 2017 ist ein Aktionstag in Mals geplant. Beginn 11:30 Uhr am Dorfanger. Mit einem Bus werden Unterstützer aus München anreisen. Für 12:30 Uhr ist dann ein gemeinsames Mittagessen geplant. Nach dem Motto »Vielfalt geht durch den Magen« werden alle Lebensmittel und Zutaten ausschließlich aus der Region stammen. Danach werden Einheimische und Gäste ihre Namen auf bunte Fähnchen schreiben, die über dem Dorfanger aufgehängt werden.

Bereits in der Woche davor sollen in Mals bunte Fähnchen mit den Namen aller bisherigen Unterstützer im Malser Oberwind flattern. Deren Gesamtlänge wird mehr als einen Kilometer betragen. Um 14 Uhr schließlich wird eine Menschenkette gebildet. Auf der Malser Haide. Um die wunderbare Landschaft zu schützen und den freien Blick.

Am 20. April, drei Tage vor dem geplanten Aktionstag, treffen einige Kartons mit bunten Fähnchen aus München ein. Die Fähnchen sind bereits beschriftet. Mit den Namen von Tausenden von Unterstützern. Befestigt wurden diese Fähnchen auf jeweils zehn Meter langen Schnüren.

Die Frauen von Hollawint haben jedoch eine Vision: Sie wollen diese Fähnchen vom Fröhlichsturm im Zentrum zu den umliegenden Bäumen spannen. Doch dafür sind die Zehn-Meter-Seile weder lang noch dick genug.

Daher treffen sich Peter Gasser und Johannes Fragner-Unterpertinger am Abend des 20. April mit Luis Weger beim Fröhlichsturm. Luis Weger ist der pensionierte Chef der Bergrettung in Mals. Als ich in den Garten am Fuß des Turms komme, haben die drei bereits ein viel dickeres Seil zwischen zwei Bäume gespannt. Sie beginnen nun damit, die dünnen Zehn-Meter-Seile, auf denen die Fähnchen hängen, an jenem langen, dicken Seil zu befestigen. Die bunten Fähnchen flattern dabei ein erstes Mal im Wind. Es sieht so viel besser aus als in meinen kühnsten Träumen. Ich freue mich.

Am nächsten Tag erscheint Johannes am frühen Morgen beim Fröhlichsturm. Er trägt eine braune Lederjacke und eine graue Schirmkappe. Luis erwartet ihn bereits. Auch Margit ist da, um zu helfen. Gemeinsam werden nun die restlichen Fähnchen an den dicken Seilen befestigt. Im Hintergrund hört man die Turmuhr schlagen. Ein kalter Wind pfeift uns um die Ohren.

Ich lese einige der Namen: Karin Schumacher, Matthias Weibl, Norbert Welke, Thomas Rommel, Maike Paulsen ... Gelb, grün, rot, weiß, blau, grün, gelb ... Wahnsinn! Mehr als 20.000 Menschen unterstützen das kleine Mals im Vinschgau.

Johannes, Luis und Margit arbeiten konzentriert und fröhlich. Eine fast kindliche Vorfreude liegt auf ihren Gesichtern. »Es muss auch Spaß machen«, hat mir Margit einmal gesagt, und ich glaube, das stimmt. Es macht wirklich Spaß. Und ich bin als Augenzeuge dabei. Und mit mir mein Filmteam. Denn heute beginnen die Dreharbeiten für den Dokumentarfilm für ARTE. Und die Bilder, die wir heute drehen, versetzen mich in Begeisterung. Sie visualisieren die Freude des dörflichen Widerstands und zeigen gleichzeitig die ungeheure Kraft von zigtausend Unterstützern.

> *Mehr als 20.000 Menschen unterstützen das kleine Mals im Vinschgau.*

Luis macht sich nun auf den Weg zur Turmspitze. Die Seile sollen hochgezogen werden. »Der Turm ist 33 Meter hoch«, sagt Johannes zu mir. »Es wird also ein bisschen dauern, bis Luis oben angekommen sein wird.«

Ich nutze diese Zeit, um Johannes eine Frage zu stellen: »Was bedeutet dir diese Aktion?«

»Diese internationale Unterstützung bedeutet mir unglaublich viel. Wir sind ein kleines Dorf an der Peripherie und haben uns mehr oder weniger mit allen angelegt, von der Pharmaindustrie bis zur Politik, die partout nicht will, dass das kleine widerspenstige Mals Erfolg hat. Wenn sich jetzt jedoch 21.000 Unterstützer innerhalb von wenigen Wochen hinter den Malser Weg stellen, dann gibt uns das unglaublich viel Kraft für die kommenden Jahre.« Ihm gefalle auch der religiöse Aspekt, fügt Johannes hinzu, der Anklang an tibetische Gebetsfahnen. Denn für ihn sei der Kampf gegen Pestizide auch eine Gewissensfrage, »eine Frage der Achtung vor der Schöpfung«.

Eine Frage der Ehrfurcht vor dem Leben, denke ich. »Es wird oft betont, dass Gott gesagt habe, macht euch die Erde untertan«, sagt Johannes. Das stimmt auch. Aber er hat nicht gesagt, macht sie kaputt. Wir dürfen nutzen, was wir zum Leben brauchen. Aber wir dürfen uns nicht schamlos bereichern, auf Kosten zukünftiger Generationen.

Luis, der erfahrene Bergretter, steht nun in schwindelerregender Höhe auf den Zinnen des Turms und beginnt die Fähnchen hochzuziehen. Seine rote Windjacke flattert dabei, ganz so wie die Fähnchen im Wind. Wir filmen die Fähnchen von allen Seiten und aus allen Perspektiven. Von oben nach unten. Von unten nach oben. Und schließlich mit einer Drohne, die entlang der Fähnchen aufsteigt und die, oben angelangt, den Blick auf Luis und Margit freigibt, die dort oben die Seile befestigen.

Am Fuß des Turms steht Johannes. Er hat sich eines der Zehn-Meter-Seile mit den bunten Fähnchen auf die Schultern gelegt, wie den Querbalken eines Kreuzes. Nun breitet er seine Arme aus, und die Seile mit den Fähnchen werden dabei vom Wind erfasst und in die Luft gewirbelt. Als hätte Johannes Flügel. Ein fröhlich lachender Engel, der jeden Augenblick abheben wird, auf den Schwingen des Widerstands und der Solidarität.

### *Im Zeichen der Vielfalt*

Am Sonntag, dem 23. April, weht nur noch eine schwache Brise in Mals. Ein Fahrzeug hält am Dorfanger. Elisabeth Viertler, Margit Gasser und Beatrice Raas steigen aus. Zuerst holen sie eine Sonnenblume aus Holz mit einer Aufschrift aus dem Wagen: dem berühmten »Ja« der Malser. Sie lehnen die Sonnenblume an eine Hausmauer. Danach holen sie Tischdecken, Gebetsfahnen etc. Jetzt kommt auch Pia Oswald in einer dicken Daunenjacke und hilft beim Entladen des Wagens.

*»Dass wir bewahren, was Jahrhunderte lang gewachsen ist.«*

»Warum eigentlich JA?«, fragen wir Margit für unsere TV-Dokumentation.

»Ja zum Pestizidverbot. Ja zu einer schönen Landschaft. Ja zur Freiheit. Auch im Denken«, erwidert Margit und lässt sich durch unsere Frage nicht von der Arbeit abhalten. »Ihr werdet am Nachmittag sehen«, fügt sie lachend hinzu, »wie schön diese Landschaft ist. Also ich, ich bin wirklich total verliebt in diese wunderbare Landschaft.«

Nun wenden wir uns Beatrice zu: »Was ist der Sinn der heutigen Aktion?«

»Mit der heutigen Aktion wollen wir zeigen, dass wir niemals aufgeben werden«, antwortet sie. »Wir wollen zeigen, dass wir die Wahl haben: zwischen Monokulturen und Kulturlandschaft.« Sie lacht: »Wenn's nach mir ginge, sollte unsere gesamte Landschaft UNESCO-Weltkulturerbe werden.«

Am Dorfanger steht ein Gebäude mit einer kleinen Küche. Beatrice verschwindet in dem Gebäude und sagt, als sie zurückkommt: »Ich wünsche mir, dass wir hier nicht den gleichen Fehler begehen wie weiter unten im Tal. Ich wünsche mir, dass wir bewahren, was Jahrhunderte lang gewachsen ist.«

Die Sonntagsglocken beginnen zu läuten. Der Platz füllt sich nun mit weiteren Frauen und Kindern. Ihre Jacken sind noch bunter als ihre Fähnchen. Orange, hellgrün, himmelblau. Drei Frauen setzen sich gemeinsam auf eine Steinmauer. Zwei weitere stehen bei ihnen. Sie plaudern. Und hemmungslos fröhlich zwitschern die Vögel.

Vom fernen Ortler scheint Rauch aufzusteigen. Weißer Rauch. Doch es sind nur Wolken, offensichtlich vom Wind gepeitscht, der nun auch im Tal wieder stärker weht.

In der Zwischenzeit ist Luis angekommen und hilft den Frauen dabei, Transparente zu befestigen. »Unser Lebensraum – FREI von Pestiziden«, steht drauf. Weiter unten am Dorfanger steht Johannes und spricht mit einem Ehepaar, das sich augenscheinlich erkundigt, was hier heute stattfinden soll. Ich gehe hinüber und höre zu. Die Gäste erzählen, dass sie extra hierher kämen, weil Mals pestizidfrei sein will. Im Internet hätten sie davon erfahren. »Wir suchen immer nur Orte auf, die etwas für unsere Enkel tun«, sagt die Frau. Ihr Ehemann nickt.

Quer über den Dorfanger und entlang der Häuserfront werden jetzt Fähnchen aufgehängt. Martina und Margit entrollen die Leinen, Luis klettert auf die Leiter, um sie zu befestigen. Der Platz füllt sich mit Menschen. Viele davon kenne ich: Gianni Bodini, Urban Gluderer, Peter Gasser und Koen Hertoge.

Weiter unten, vor der Schule, hält nun ein moderner Reisebus. Eine Menschentraube steigt aus und bewegt sich langsam in Richtung Dorfanger. Johannes geht den Ankommenden entgegen. »Klatschen wir ab oder schütteln wir Hände?«, fragt er übermütig und begrüßt danach jeden der Gäste persönlich. »Grüß dich.« »Grüß Gott.« »Hallo.« Strahlend begrüßt er auch Karl Bär vom Umweltinstitut München. Der sagt: »Wir sind zwar nur eine kleine Delegation heute, aber hinter jedem von uns stehen noch einmal 1.000, die im Internet mitgemacht haben.«

Ein Fotograf, der mit dem Umweltinstitut angereist ist, fotografiert jetzt, wie zwei Mitarbeiter des Umweltinstituts ein mitgebrachtes Banner aufhängen: »Umweltgifte? Nein danke!«

Eine junge Frau erzählt uns, dass sie aus Solidarität hier sei. »Für die Malser, aber auch für die Insekten. – Mehr Gemeinden sollten diesen Schritt wagen«, fügt sie schüchtern hinzu.

In der Küche laufen nun die Vorbereitungen auf Hochtouren. Martina, Elisabeth, Beatrice und Margit arbeiten am ersten Gang. »Wildkräuterschaumsuppe«, sagt Friedrich Steiner vom Bio Hotel Panorama. Er führt in der Küche heute Regie. »All das wurde heute frisch gesammelt«, ergänzt er und beginnt damit, alle Kräuter aufzuzählen.

Wir hören, wie draußen vor dem Gebäude Johannes mit seiner Begrüßung beginnt: »Ganz, ganz herzlich willkommen. Ich bin der Johannes, der Sprecher des ehemaligen Promotorenkomitees.« Dann erklärt er das heutige Programm. »Im Anschluss an das gemeinsame Essen, wir bedanken uns dafür beim Bio Hotel Panorama, werden wir weitere Gebetsfahnen aufhängen. Die hier Anwesenden dürfen gerne ihre Namen auf die Fähnchen schreiben. Aber auch ihre Wünsche und Anliegen. Damit der Vinschger Wind diese Wünsche und Anliegen über das Land tragen kann. Ganz speziell zu unseren Politikern, damit sie endlich auf uns hören.«

> »Der Weg, den ihr bisher gegangen seid, der hat irgendwo ein Ende.«

Danach bedankt sich Johannes beim Umweltinstitut für die »wunderbare Aktion« und zitiert zum Abschluss die Worte eines guten Freundes: »Es ist das Schicksal der Wahrhaftigen, im Gegensatz zur Doktrin des Tages zu stehen. Es ist eine Ehre, verfolgt zu werden, vom Rudel, das man aufgescheucht hat. Es ist eine Ehre, gehasst zu werden, weil man gefürchtet wird.«

Danach ergreift Karl Bär das Wort: »Ich glaube, dass irgendwann der Punkt kommen wird, wo sich der Rest von Südtirol bei euch bedanken wird. Für das, was ihr hier gerade macht.« Das Publikum applaudiert.

»Seitdem ich ganz, ganz klein war, war ich immer wieder in Südtirol. Und wenn ich als Kind ins Tal geschaut habe, fand ich die Apfelplantagen eigentlich ganz schön. Diese regelmäßigen Muster. Wenn ich heute aber weiß, dass Hunderte Meter oberhalb der Talsohle die Ackergifte dafür sorgen, dass bestimmte Schmetterlingsarten verschwinden, dann finde ich das nicht mehr so schön, sondern halte diese Praxis für eine wirkliche Katastrophe.« Er macht eine Pause. »Natürlich brauchen die Menschen, die ein solches System aufgebaut haben, eine gewisse Zeit, um sich umzustellen. Was sie aber auch brauchen, ist, dass jemand aufsteht, um ihnen ein Stoppschild zu zeigen: ›Der Weg, den ihr bisher gegangen seid, der hat irgendwo ein Ende.‹« Pause. »Und das habt ihr in Mals gemacht. Ihr habt dieses Stoppschild gezeigt. Den Dank dafür bekommt ihr europaweit. Aber irgendwann auch in der Heimat!« Lang anhaltender Applaus.

»Wir wollen, dass ihr erfolgreich werdet. Damit es bald auch andere Gemeinden gibt, die auf Pestizide verzichten. Und irgendwann ganze Regionen. Und irgendwann werden wir dann vollständig auf diese Gifte verzichten. Und das ist unser Ziel. Und ihr habt in Mals einen wichtigen, den ersten Schritt gesetzt. Vielen Dank!«

Elisabeth und Martina beginnen bei einer kleinen Durchreiche, vor der sich eine Schlange gebildet hat, Suppe auszugeben. Alle essen und genießen. Wie es scheint, geht nicht nur Vielfalt, sondern auch Frieden durch den Magen. Denn alle wirken sehr zufrieden, sehr entspannt und glücklich.

Wir mischen uns unter Gäste und Gastgeber, fragen, warum sie gekommen sind. »Ich liebe die Vielfalt, und ich liebe die Schönheit, und ich liebe die Eigenart«, sagt eine Frau aus Prad, »und deshalb bin ich hier. Ich glaube, dass wir Respekt gegenüber der Natur brauchen«, ergänzt sie.

»Ehrfurcht vor dem Leben?«, frage ich.

»Ja, ich glaube, das ist ganz, ganz wichtig.«

Wir wenden uns einem Mann mit Glatze zu, der eine modische Brille trägt. Auch ihn fragen wir, warum er hier ist. »Weil ich mich selbst nicht vergiften will. Und weil ich auch nicht will, dass meine Kinder vergiftet werden. Oder meine Enkelkinder.«

Dann halten wir eine Mitarbeiterin des Umweltinstituts auf. »Ich denke, es ist wichtig«, sagt sie, »dass überhaupt einmal jemand anfängt, etwas zu verändern. Wenn sich das dann herumspricht, werden andere folgen.«

Wir gehen weiter zu einem Tisch, der etwas abseits steht. »Auch die Bienen wollen leben«, schreibt eine Frau auf die gelbe Fahne, die Johannes ihr hinhält. Sie zeichnet darunter eine Biene und unterschreibt mit Christina.

Danach scherzt Johannes mit einer Frau mit hellgrauem Haar und hält ihr die nächste Fahne hin. Sie schreibt: »Net lugg lossn.« (Nicht lockerlassen.) Johannes lächelt.

»Weiter so«, schreibt ein Junge und zeichnet darunter mit ganz wenigen Strichen ein Selbstporträt. Zwei Kinder sind auf den Baum geklettert und betrachten die Szene von oben.

Wir sehen Peter Gasser in der Menge und steuern auf ihn zu: »Der pestizidgesteuerte Obstbau geht dem Ende zu«, sagt er. »Die Grenzen des Wachstums sind überschritten. Die Giftspritzerei schadet längst auch dem Südtiroler Tourismus.« Peter spricht mit verschränkten Armen. Lässig, brummig, präzise, wie immer. »Doch wir sehen nicht nur Pestizide als Bedrohung. Es ist auch ein regionales Landgrabbing im Gange. Betriebe, die im unteren Vinschgau mit Obst sehr viel Geld verdient haben, kaufen jetzt unseren Grund und Boden auf. Unsere Viehbauern können da nicht mehr mithalten, weil durch die Spekulation auf Obst die Grundstückspreise explodiert sind.«

> *Es ist auch ein regionales Landgrabbing im Gange.*

Er begrüßt einen Freund und wendet sich danach wieder unserer Kamera zu. »Außerdem zerstören Betonsäulen und Plastikfolien unser Landschaftsbild. Und wir leben in erster Linie vom gesunden Tourismus und nicht von Plastikfolien.« Er lächelt. »Ein Obstbau mit menschlichem Antlitz wäre uns herzlich willkommen. Wogegen wir allerdings etwas haben, das sind jene Monokulturen, die die gesamte Talsohle von Salurn bis Schluderns zerstört haben.« Er schaut uns fragend an. Haben wir genug Wortmeldungen? Ich nicke.

»Okay«, sagt er. »Dann gehen wir jetzt ein Glaserl trinken.«

Wir kommen an Johannes vorbei, der gerade, mit einigen Gästen gemeinsam, die neu beschrifteten Fähnchen an einem Seil befestigen will, das quer über den Platz gespannt wurde. Wir lassen Peter ziehen und befra-

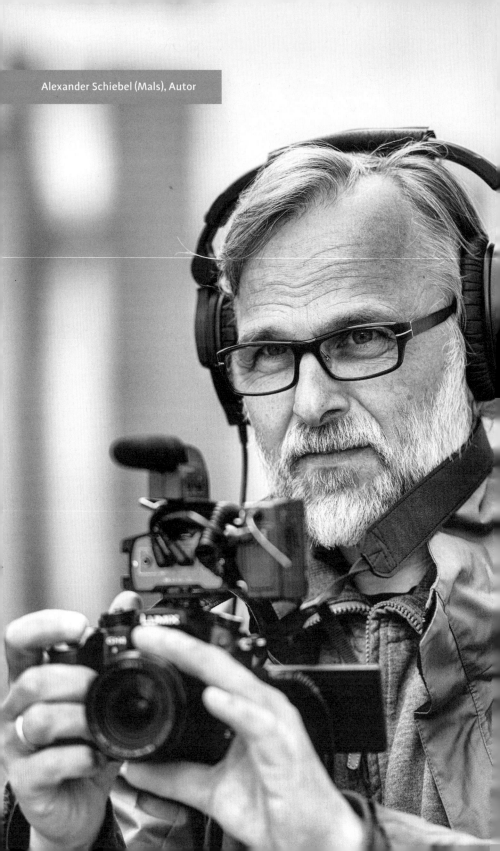

Alexander Schiebel (Mals), Autor

gen eine der Frauen, die mit Johannes die Fähnchen befestigt, was sie hierher geführt hat.

»Auch in München«, sagt sie, »kämpfen wir für die gleiche Sache. Für eine ökologische Landwirtschaft.« Sie trägt ein T-Shirt mit der Aufschrift: Artgerechtes München. Eine andere Helferin kommt aus Meran, wo sie im Krankenhaus arbeitet. »Ich sage nur eines: Auch Politiker können krank werden. Und auch deren Kinder können krank werden. Die Giftspritzerei muss sofort gestoppt werden.«

## Zauber der Unbeugsamkeit

Wir schalten die Kameras nun aus und machen Mittagspause. Ich komme zur Ruhe und lasse meinen Blick über die Menschen schweifen, die sich heute versammelt haben. Es ist nicht mehr der Blick des Jägers, auf der Suche nach den richtigen Bildern und besten Interviews, der Blick des Regisseurs also, es ist der Blick des Genießers. Der sanfte Wind, die strahlende Sonne, die spielenden Kinder, die bunten Fähnchen, der ausgezeichnete Wein: Es ist ein bezaubernder Tag.

Doch der Höhepunkt des Tages sollte erst zwei Stunden später erreicht sein, als die gemeinsame Wanderung über die Malser Haide beginnt. Am vorderen Ende unseres Zuges flattern zwei weiße Fahnen im Wind, mit dem Emblem des Umweltinstituts. Dahinter tragen einige Menschen eine Schnur mit Gebetsfahnen. Ich erkenne Beatrice Raas, und wir laufen zu ihr, um mit ihr zu sprechen.

»Ich sehe viele Menschen aus Deutschland, vom Umweltinstitut München«, sagt sie, »auch einige von der Umweltschutzgruppe. Auch Freunde aus der Schweiz sind gekommen und aus allen Teilen Südtirols, um uns zu unterstützen.«

»Wobei zu unterstützen?«, will ich wissen.

»Um den schönen Blick, den wir hier noch haben, zu genießen und zu beschützen ...«

»Ohne Betonsäulen«, sagt Urban Gluderer, der neben Beatrice hergeht.

»Ohne Betonsäulen«, wiederholt sie.

»Und du Urban, warum bist du dabei?«

»Aus Solidarität mit dem Malser Weg.« Er ist vom Anstieg außer Atem. »Als ich aufgewachsen bin, als Kind, war bei uns unten in Goldrain noch alles so wie hier.«

»Und jetzt?«

»Und jetzt ist alles voll gepflastert mit Betonsäulen und Hagelnetzen, mit einer gewaltigen Monokultur. Und das Schlimmste daran sind die Pestizide.«

Ich sehe in der Menschentraube, unweit von uns, auch den Bürgermeister von Mals. Er trägt heute die Tracht der Malser. Ein rotes Wams mit braunem Gehrock, Kniestrümpfen und Lederhosen. Auch Johannes erblicke ich neben uns. Er läuft von der Gruppe fort und wieder zur Gruppe zurück wie ein junger Hund, dem man Stöckchen wirft. Ich versteh zunächst nicht, weshalb. Erst allmählich begreife ich, dass er fotografiert.

Auch ein Filmteam der RAI ist gekommen, um einen Nachrichtenbeitrag zu machen.

Langsam nähert sich unsere Gruppe nun dem vereinbarten Ausgangspunkt, an dem wir quer über die Wiese eine Kette bilden wollen: eine Menschenkette. Ich brülle Regieanweisungen und träume von einem Megafon. Auf mein Zeichen hin setzt sich schließlich die gesamte Menschenkette, die aus mehreren Hundert Personen besteht, auf unsere Kamera zu in Bewegung. Gleichzeitig filmen wir mit einer Drohne, machen auch Luftaufnahmen. Es sind aufregende Bilder, die dabei entstehen. Die bunten Blumenwiesen, darauf die unbeugsamen Vinschger mit ihren Gästen aus aller Welt. Alle halten sich nun an den Händen. Und während sie auf uns zuschreiten, begreift man ganz unmittelbar, dass niemand sie jemals aufhalten wird.

Jetzt tauchen Gesichter in der Menge auf, freundlich und entschlossen, fröhlich und unbeirrbar. Die Menschen ziehen an uns vorüber, gehen nun auf Mals zu. Unsere Drohne schwebt direkt über ihnen. Sie steigt langsam höher und höher empor und enthüllt dabei immer größere Teile der endlos scheinenden Menschenkette.

Dann fliegen wir hinter den Menschen her, fliegen über sie hinweg auf die ferne Bergkette zu, auf die Silhouette von Mals, über die Malser Haide hin. Dabei steigt die Drohne noch höher und enthüllt mit einem Mal, um was es hier wirklich geht: die Weite und Pracht dieser Landschaft, ihre zeitlose Schönheit.

## *Memento mori*

Einige Wochen danach begleiten wir Johannes Fragner-Unterpertinger im Morgengrauen auf den Friedhof von Mals. Er bleibt vor dem Grabstein seines Familiengrabs stehen. Auf dem Grabstein ist auch sein eigener Name eingraviert und daneben sein Geburtsjahr. Nur das Todesjahr fehlt noch. Wir fragen wieso ...

»Memento mori. Bedenke, dass du stirbst, Mensch. Aus Erde, aus Staub bist du gemacht, und zu Staub kehrst du wieder zurück.« Er macht eine Pause, schaut auf sein Grab. »Es soll mich ein bisschen daran erinnern, dass wir sterblich sind und mehr Bescheidenheit an den Tag legen sollten. Es gibt Leute, die in ihrer maßlosen Gier nicht daran denken, dass wir auch

Kinder und Enkel und hoffentlich auch Urenkel haben werden. Wenn alle sich ein bisschen dessen bewusst wären, dass keiner mit einem Goldbeutel auf der Brust ins Jenseits hinübergehen wird, gäbe es weniger Gier, weniger Kriege, weniger Mord und Totschlag.«

Johannes trägt am heutigen Tage Lederhose und Schlapphut, denn heute ist der Tag der Fronleichnamsprozession. Deshalb gehen wir mit ihm zum Dorfplatz, wo er einen Altar errichten will. Das hat er schon als Kind zusammen mit seiner Mutter gemacht. Und heute macht er es immer noch. Zusammen mit seinem Cousin und dessen beiden Söhnen. Im Augenblick trägt er deshalb zur Lederhose und zum weißen Hemd schwarze Arbeitshandschuhe. Wie ein Revolverheld im Western.

Der Altar wird nun aus dem Stadel geholt. Die Frauen stehen bereit, ihn zu putzen. Dann wird er von den Männern auf einem Podest positioniert. Sie holen nun einen Teppich hervor, den Johannes ausrollt und dann, auf allen Vieren kriechend, mit einer Bürste reinigt. Danach holen die vier Männer den Altaraufbau aus dem Stadel. Auch er wird gereinigt und danach von den Männern auf den Altar gehievt und an der Wand befestigt. Zum Schluss wird in diesen Aufbau ein Bild von Jesus eingesetzt. Er hält darauf eine Hostie, direkt vor seiner Brust, denn an diesem Tag wird ja gefeiert, dass Jesus angeblich in dieser Hostie gegenwärtig ist.

Einen Augenblick lang überlege ich, ob dieses Bild vielleicht ein Plakat für meinen Kinofilm sein könnte. Ich müsste nur, durch Fotomontage, die Hostie durch einen Apfel ersetzen. »Das Wunder von Mals.« Ich erzähle Johannes von dieser Idee. Der grinst: »Du wirst in der Hölle schmoren.«

Ich lache und frage ihn: »Was hat dein Einsatz für die Umwelt mit deinem Glauben zu tun?«

»Sehr viel«, sagt Johannes. »Ich befinde mich mit dem jetzigen Papst Franziskus auf einer Linie. In seiner Enzyklika ›Laudato si‹ geht es um die Umwelt, um Soziales und um die Wirtschaft. Und nachdem ich diese Enzyklika nicht nur gelesen, sondern studiert habe, habe ich oft scherzhaft gesagt: Der Papst hat von uns Malsern abgeschrieben. Kapitelweise argumentieren wir nahezu deckungsgleich.«

»Woher kommt die Kraft, die du für solch einen Kampf benötigst?«

»Die kommt von innen. Doch sogar Heilige, sagt man, geraten immer wieder in tiefe Krisen, sacken in die Gottlosigkeit ab, um dann wieder aufzusteigen, in lichte Höhen. Genauso geht es natürlich auch mir und eigentlich allen Menschen. Es gibt Tage und Wochen, wo man gotterfüllt ist, und andere Zeiten, wo man leer ist und überhaupt nichts spürt. Es gibt einen berühmten Briefwechsel der Heiligen Mutter Teresa, die schreibt: ›Ich spüre keinen Gott. Ich höre keinen Gott. Er spricht nicht zu mir. Ich verzweifle.‹ Und doch wird sie dann eine Heilige, eine moderne Heilige. Das bin ich natürlich nicht. Absolut nicht. Aber das Unerklärliche, aus dem wir alle schöpfen, ist uns allen gemeinsam.«

»Wolltest du hin und wieder aufgeben?«

»Nein, nie. Überhaupt nie. Wenn ich mich frage: ›Möchtest du es lassen?‹ Dann kommt immer ein klares ›Nein! – Gar keine Frage, ich mache weiter.‹«

»Und lohnt sich der Kampf?«

»Selbstverständlich. Es geht um unsere Enkel. Und um die Enkel unserer Enkel. Wenn wir ihnen etwas Lebenswertes hinterlassen wollen, dann dürfen wir jetzt nicht sagen: ›Nach mir die Sintflut.‹ Es ist meines Erachtens nicht fünf Minuten vor zwölf, sondern fünf Minuten nach zwölf. Wir haben vielleicht noch eine kleine Chance. Doch sicher bin ich mir da nicht mehr.«

### Die Zukunft erfinden

Und so endet die Malser Geschichte. Vorläufig. Und das Ende dieser Geschichte erinnert mich an ihren Anfang. Denn im allerersten Video, das ich zum »Wunder von Mals« im Jänner 2015 ins Web stellte, warb ich um das Vertrauen der Malser. Ich erzählte darin von meinem Projekt und erklärte meinen Zugang.

Ich behauptete darin zunächst, dass der Film sehr spannend sein würde. Da das Ende ja offen bliebe.

> Auf der einen Seite sehen wir eine Monokultur-Dampfwalze, auf der andern Seite das kleine, unbeugsame Dorf im Vinschgau, ein bisschen wie bei Asterix und Obelix.

Danach erklärte ich in dem Video, warum mich das Thema interessierte:

> Wir interessieren uns für das kleine gallische Dorf im Vinschgau und wollen die Menschen dort kennenlernen. Warum? Weil der Moment, in dem man sich erhebt, der Moment, in dem man sich wehrt, ein sehr wichtiger Moment ist. Es ist – ich hoffe, das ist nicht zu hochtrabend – ein Moment der Selbsterschaffung.
>
> Wenn du als Sklave plötzlich sagst: »Bis hierher und nicht weiter!«, dann zeigst du gleichzeitig, was nicht zur Disposition steht: du selbst. Durch dein Nein entsteht gleichzeitig dein Ja.
>
> Unsere Frage lautet also: Wer sind diese Leute? Was geschieht mit ihnen? Wie brutal wird das sein, was auf sie zukommt? Werden sie ihren Kampf gewinnen? Oder werden sie verlieren? Wir wissen es nicht.

Abblende. Danach – überraschend – neuerliche Aufblende. Lachend sage ich:

Ich habe vorhin erzählt, dass wir nicht wissen, wie die Geschichte ausgeht. Aber eigentlich weiß ich es ganz genau: Sie geht gut aus.

Abblende. Pause. Noch einmal Aufblende.

Sie geht auf jeden Fall gut aus. Weil sie schon gut ausgegangen ist. Ich glaube nämlich, dass dieses Sichwehren, dieses Aufstehen, dieses Die-eigene-Stimme-Erproben, dieses Für-etwas-Eintreten so überaus positiv ist, dass es das Leben all dieser Menschen für immer verändern wird. Ganz egal, ob sie gewinnen oder nicht. Und vielleicht verändert unsere Begegnung mit ihnen ja auch unser eigenes Leben. Vielleicht ist es auch für mich selbst an der Zeit, endlich zu überlegen: »Was will ich nicht mehr länger hinnehmen? Wo werde ich widerspenstig sein? Wogegen werde ich aufstehen? Wofür werde ich eintreten?«

Danach lache ich, und man sieht ein paar Bilder eines seltsamen Hügels im Vinschgau. Es ist der Tartscher Bichel.

Und was sehe ich, wenn ich heute, zweieinhalb Jahre später, noch einmal in meine Glaskugel blicke?

Gerade als ich diese Frage fertig formuliert habe, vibriert mein Mobiltelefon, und ich erhalte eine Nachricht von Johannes. Ich lasse mich ablenken und lese, dass das Bozner Verwaltungsgericht soeben den Rekurs gegen die Malser Verordnung für unzulässig erklärt hat. – Immerhin, denke ich. Ein Etappensieg. Die Verordnung schlägt sich wacker.

Doch was hält die Zukunft noch bereit?

Als ich vor drei Wochen in Sheffield war, beim Documentary Campus, habe ich gelernt, wie man eine Impact and Outreach Strategy entwickelt. Besonders viel Spaß hatte ich dabei, den Outcome zu definieren und die Key Perfomance Indicators. Vormittags habe ich diese Fragen für mein neues Projekt durchgespielt und abends – in meinem Hotelzimmer – für »Das Wunder von Mals«.

*Weil der Moment, in dem man sich wehrt, ein sehr wichtiger Moment ist.*

▶ Mehr als 10.000 Menschen im deutschsprachigen Raum werden diese Zeilen lesen. Und das heißt: Sie werden vermutlich verstanden haben, wie wichtig regionale Vielfalt ist.

▶ Wir werden die Kinoversion unseres Films in 500 Gemeinden in Deutschland, Österreich und der Schweiz zeigen. Mindestens 50-mal werde ich persönlich anwesend sein, um mit den Menschen zu diskutieren.

- Die TV-Version des »Wunders« wird erfolgreich bei ARTE laufen und wird in allen ersten Programmen mehrfach wiederholt werden. Ein Millionenpublikum wird sie sehen.

- Der Druck auf die Landesregierung in Südtirol wird beständig zunehmen. Sie wird den Kampf gegen Mals schließlich aufgeben, auch weil sie nicht abgewählt werden will. Mals wird zur Modellregion: ökologisch, regional und vielfältig … und vor allem pestizidfrei.

- Um eine Volksabstimmung in Südtirol zu verhindern, wird die Landesregierung das Gesetz über den Pflanzenschutz ändern. In Südtirol werden nun regelmäßige Rückstandsmessungen durchgeführt werden. Bürgermeister müssen einschreiten, wenn Rückstände entdeckt werden.

- Von offizieller Seite wird nun der Ausstieg aus der Pestizidwirtschaft binnen Zehnjahresfrist verkündet.

- Mehr als 50 Gemeinden in Deutschland, Österreich und der Schweiz, und auch einige Gemeinden in Südtirol, werden ab 2018 bevorzugt regionale Produkte aus biologischer Produktion einkaufen, für Kindergärten, Schulen, Krankenhäuser und andere Einrichtungen der Gemeinden. So soll regionale Vielfalt forciert und stimuliert werden.

- Zehn Gemeinden begeben sich im Jahr 2018 auf den Weg zur Pestizidfreiheit.

- Weitere fünf Gemeinden wollen dazu die Bevölkerung befragen.

Wie gesagt: Die Geschichte geht gut aus!

Denn das Geheimnis der Malser Rebellen besteht darin, dass sie kein Geheimnis haben, keine übermenschlichen Kräfte und keinen Zaubertrank. Nur ein Quäntchen Eigensinn und ein bisschen Ausdauer, getragen von einem tiefen Vertrauen, dass alles letztlich gut enden wird.

Und: Was die Malser können, das können wir auch …

*Nur ein Quäntchen Eigensinn und ein bisschen Ausdauer.*